CULT 20 anos

MELHORES ENTREVISTAS

A última guerrilha de
Biografias mostram que o mito sobreviveu ao fim do comunismo
José saramago
um nobel para a língua portuguesa
JOSÉ PAULO
CULT
manuel bandeira
correspondências poéticas
mario de andrade
CULT
SARTRE
o retorno da inquietação existencialista
O lirismo absoluto de Cecília Meireles
Cult 51
CULT
ENTREVISTA
Ferreira Gullar
INÉDITO
O anônimo célebre de Loyola Brandão
CULT 110
O DOCE E POLÊMICO PAULO FRANCIS
QUEM TEM MEDO DE DIOGO MAINARDI
A AVENTURA INTELECTUAL DE
Lévi-Strauss
CULT 116
TRIBUTO A GILDA DE MELLO E SOUZA
30 ANOS SEM ELVIS PRESLEY
EXCLUSIVO:
Noam Chomsky
"Não precisamos aceitar as tiranias"
DOSSIÊ:
KIERKEGAARD
O filósofo da existência
CULT 119
DOSSIÊ
STANLEY KUBRICK
O CINEASTA DAS OBRAS-PRIMAS
ENTREVISTA
István Mészáros
"A QUEDA DO ESTADO CAPITALISTA É INSUFICIENTE PARA TRANSFORMAR A ORDEM SOCIAL DO CAPITAL"
CULT
ENTREVISTA
Naomi Klein
LITERATURA
Martín Kohan
DOSSIÊ
A resistência intelectual de
A vitalidade de seu pensamento e as novas interpretações de
131
CULT 138
DOSSIÊ
O CONFLITO DAS UNIVERSIDADES
Pensadores analisam a degradação do ensino superior
ENTREVISTA
Zygmunt Bauman
PARA O SOCIÓLOGO DA "MODERNIDADE LÍQUIDA", A POSSIBILIDADE DE UM NOVO MUNDO ESTÁ NO HOMEM
CAMILLE PAGLIA
A historiadora norte-americana fala de política, feminismo e homossexualidade
CULT
dossiê
Nietzsche
Filósofo da cultura e desafiador dos valores
149
CULT 153
dossiê
O TEMPO
Os enigmas de uma questão que intriga a humanidade
entrevista
Eduardo Viveiros de Castro, o renovador da antropologia
Maria Rita Kehl
A psicanálise é um dispositivo político, libertador e de uma potência extraordinária
CULT 175
DAVID FOSTER WALLACE
a realidade da
CULT 185
a lucidez de Marilena Chaui
PENSADORA FALA DAS MANIFESTAÇÕES RECENTES, DE SUAS CRÍTICAS AO PT, DE POR QUE CONTINUA PETISTA E DA DIFERENÇA ENTRE FASCISMO E VIOLÊNCIA REVOLUCIONÁRIA
DOSSIÊ & ENTREVISTA EXCLUSIVA
JUDITH BUTLER
A FILOSOFIA QUE DESAFIA AS CLASSIFICAÇÕES CONSAGRADAS E CRIA UM NOVO PENSAMENTO SOBRE IDENTIDADE, FEMINISMO E SEXO, REVELANDO NOVAS LINGUAGENS PARA QUESTÕES CONTEMPORÂNEAS
CULT 186
ENTREVISTA
VLADIMIR SAFATLE
"HÁ UMA HUMANIDADE POR VIR, E NÃO TEMOS O DIREITO DE TEMÊ-LA"
DOSSIÊ
A MODERNIDADE DE FRANCISCO DE ASSIS
O LEGADO DE UM REBELDE QUE INFLUENCIOU A ARTE, A LITERATURA E A HISTÓRIA DA CIVILIZAÇÃO OCIDENTAL
189
MEMÓRIA
1964: AS MARCAS DE CADA UM
DOSSIÊ
Antonio Negri
O PENSADOR DA POTÊNCIA POLÍTICA
UM MARXISMO POUCO ORTODOXO, QUE COLOCA "MARX ALÉM DE MARX", ENSINA QUE A HISTÓRIA E O PENSAMENTO ESTÃO EM MOVIMENTO. AO MILITANTE CABE REINVENTAR A AÇÃO POLÍTICA
CULT 192
17 ANOS
DOSSIÊ & ENTREVISTAS
RACIONAIS MC'S
A VOZ DE TROVÃO ANTICORDIAL
O GRUPO QUE MARCA UM ACONTECIMENTO POLÍTICO DENTRO DA CULTURA COMPLETA 25 ANOS
ESPECIAL
A arte e o pensamento político de PIER PAOLO PASOLINI
CULT 201
ENTREVISTA FREI BETTO
PERFIL HILDA HILST
CINEMA JULIO BRESSANE
ENSAIO SEGUNDA GUERRA
CULT 208
DOSSIÊ
ENTREVISTA
POESIA
EMILY DICKINSON
ESPECIAL
CULT 216
DOSSIÊ
SAUSSURE 100 ANOS DEPOIS
CULT 218

Daysi Bregantini,
Welington Andrade (Orgs.)

CULT 20 anos MELHORES ENTREVISTAS

autêntica 20 ANOS

EDITORA RESPONSÁVEL
Rejane Dias

EDITORA ASSISTENTE
Cecília Martins

PESQUISA
Paulo Henrique Pompermaier
Nathalia Garcia Parra

REVISÃO
Carla Neves
Carolina Quetz
Lúcia Assumpção
Mariana Faria
Renata Silveira

CAPA
Diogo Droschi

DIAGRAMAÇÃO
Waldênia Alvarenga

Dados Internacionais de Catalogação na Publicação (CIP)
(Câmara Brasileira do Livro, SP, Brasil)

Cult 20 anos : melhores entrevistas / Daysi Bregantini, Welington Andrade, (Orgs.). -- 1. ed. -- Belo Horizonte : Autêntica Editora, 2017.

ISBN 978-85-513-0256-9

1. Artistas - Entrevistas 2. Cult (Revista) 3. Entrevistas (Jornalismo) 4. Escritoras - Entrevistas 5. Escritores - Entrevistas I. Bregantini, Daysi. II. Andrade, Welington.

17-05189 CDD-070.444092

Índices para catálogo sistemático:

1. Entrevistas : Jornalismo 070.444092

GRUPO AUTÊNTICA

Belo Horizonte
Rua Carlos Turner, 420
Silveira . 31140-520
Belo Horizonte . MG
Tel.: (55 31) 3465 4500

Rio de Janeiro
Rua Debret, 23, sala 401
Centro . 20030-080
Rio de Janeiro . RJ
Tel.: (55 21) 3179 1975

São Paulo
Av. Paulista, 2.073,
Conjunto Nacional, Horsa I
23º andar . Conj. 2301 .
Cerqueira César . 01311-940
São Paulo . SP
Tel.: (55 11) 3034 4468

www.grupoautentica.com.br

Cultura, termo tão preciso quanto abstrato, refere-se a conceitos em diversas disciplinas intelectuais e em sistemas de pensamento distintos.

A cultura existe na vida coletiva e está relacionada à produção e à transmissão do conhecimento.

A comunicação – tornar comum, partilhar – ajuda a preservar e aprimorar a cultura, e essa é uma das contribuições do jornalismo cultural.

Criada em 1997, a revista CULT é a mais longeva revista de cultura do país e procura debater e refletir, em parceria com a pesquisa acadêmica, o conhecimento também como ação para a cidadania.

As entrevistas aqui reunidas foram selecionadas com muito cuidado entre as centenas que foram publicadas ao longo dessas duas décadas e permanecem atuais, esclarecedoras, vigorosas.

Daysi Bregantini

EDIÇÃO 01 • JULHO 1997

DÉCIO DE ALMEIDA PRADO*

Às vésperas de completar 80 anos, em 14 de agosto, Décio de Almeida Prado é um dos intelectuais brasileiros mais admirados em nosso meio artístico e cultural. Conhecido principalmente como crítico teatral e historiador do nosso teatro, desempenhou várias atividades, destacando-se como editor do "Suplemento Literário" de *O Estado de S. Paulo* e como professor na Escola de Arte Dramática de Alfredo Mesquita e na USP. Foi diretor do Grupo Universitário de Teatro, presidiu várias vezes a Comissão Estadual de Teatro e, recentemente, já aposentado, ajudou a criar a *Revista USP* e dirigiu seu Conselho Editorial por cinco anos. Sua trajetória intelectual iniciou-se em 1941, ao lado de Antonio Candido, Paulo Emílio Salles Gomes, Lourival Gomes Machado, Ruy Coelho e Gilda de Mello e Souza. Com esse grupo oriundo das primeiras turmas da Faculdade de Filosofia, Ciências Humanas e Letras da USP, nasce a revista *Clima*, que em seus dezesseis números atesta o surgimento de uma verdadeira geração de formadores. A dívida das gerações mais jovens para com todos eles é enorme, porque o traço comum que os caracteriza é a generosidade intelectual. Em suas aulas, em seus livros e mesmo em conversas informais, não há quem não tenha colhido um ensinamento, uma ideia, uma sugestão de trabalho. Nesta entrevista, que marca o lançamento da revista CULT, Décio de Almeida Prado fala justamente sobre suas atividades como editor de cultura: o envolvimento com a criação da revista *Clima*, na juventude, e o trabalho à frente do "Suplemento Literário", na maturidade.

por **João Roberto Faria**

* Décio de Almeida Prado faleceu em fevereiro de 2000, em São Paulo.

O sr. é hoje o maior estudioso do teatro brasileiro, autor de vários livros sobre o assunto. Mas, em sua trajetória intelectual, envolveu-se também na criação de revistas literárias, como a *Clima* e a *Revista USP*, e dirigiu o "Suplemento Literário" do jornal *O Estado de S. Paulo*. Como o sr. encara a função de editor? ■ O editor de uma publicação cultural é diferente do editor de jornal que lida com fatos políticos ou econômicos. Sua função principal é saber quem deve incluir no seu veículo e quem deve excluir – função que os norte-americanos comparam ao porteiro de clube, que deixa os frequentadores entrarem ou não. É claro que tanto ao incluir quanto ao excluir corre-se certos riscos. Se há aceitação de todos os que se apresentam, a qualidade literária ou artística pode baixar muito. E, ao contrário, se o editor acentua mais o lado da negação, da exclusividade, se só um grupo é aceito, há o perigo do esnobismo, que pode existir na área artística como existe na vida social.

Qual foi seu papel na revista *Clima*, que é a revista da sua geração de intelectuais? ■ A *Clima* ainda reflete um período de grande amadorismo. Nós tínhamos acabado de nos formar, estávamos começando nossa carreira profissional como escritores e esta era a primeira vez que Antonio Candido, Paulo Emílio Salles Gomes, Lourival Gomes Machado e eu escrevíamos para o público leitor. Por outro lado, a própria cultura brasileira não era tão profissionalizada como hoje. Quando eu vejo espetáculos de teatro atuais, fico admirado em ver como os diferentes desempenhos são organizados, como cada pessoa faz exclusivamente uma coisa. Em nossa época, a tendência era o grupo agir coletivamente, todo mundo fazia todas as tarefas.

Do ponto de vista prático, como era feita a revista? ■ Não havia nem sequer uma sede. Nos primeiros meses, as reuniões foram feitas na casa de Lourival Gomes Machado. Nesse período eu estava fora do Brasil e foi então que houve a distribuição das seções para as diversas pessoas do grupo. Esse trabalho foi feito sobretudo pelo Alfredo Mesquita, que não colaborou propriamente na revista, mas foi o seu inspirador (depois ele ficou mais ou menos à parte). Nosso trabalho tinha um caráter "material" mesmo: pegar originais na casa das pessoas, levar à gráfica da [editora] Revista dos Tribunais (que tinha também uma relação meio amadorística conosco e fazia a *Clima* por camaradagem, já que nós podíamos pagar pouco), descer até a oficina, pegar as provas (que corrigíamos normalmente na minha casa), devolver à gráfica e, depois de impressa, fazer o trabalho de distribuição da revista uma a uma, pelo correio e para bancas de jornais.

A revista teve duas fases: a primeira entre 1941-1943 e a segunda em 1944. Quais as características das duas fases? ■ Na primeira, a revista se dividia em duas partes. Uma delas com seções fixas, que davam o colorido, definiam a natureza da revista e cuja especialização é, a meu ver, um traço universitário decorrente da Faculdade de Filosofia, Ciências Humanas e Letras da USP – cujos cursos nós todos tínhamos feito. Havia alguém que fazia literatura (Antonio Candido), alguém que fazia artes plásticas (Lourival), cinema (Paulo Emílio), teatro (eu) e economia (Roberto Pinto de Souza). E, ao lado disso, havia a colaboração "solta", de artigos. Mas, em geral, julgamos que a revista nessa primeira fase era muito pesada, com artigos muito longos. Faltava uma certa leveza. Na segunda fase, portanto, procuramos exatamente adquirir essa leveza e, além de seções fixas e artigos, admitimos crônicas mais ligeiras e notas.

As diferenças eram somente na estrutura editorial? ■ Outra diferença entre 1941 e 1944 é que, em certo momento, nós nos manifestamos politicamente como gente de esquerda. Na primeira fase, não havia e nem poderia haver nenhuma demonstração política, pois a censura do governo Getúlio Vargas era sufocante. Aliás, eu tenho a publicação oficial em que saiu a autorização para editar a *Clima*. Entre vinte e trinta pedidos, o único atendido foi o nosso, porque houve uma movimentação política no Rio de Janeiro, feita pelo Antonio Candido, que conseguiu a permissão alegando que nossa revista era puramente literária. E de fato foi assim durante muito tempo, porque as manifestações políticas estavam totalmente proibidas. Quando o regime começou a perder força, quando o período getulista caminha para o final e o Brasil entra na Segunda Guerra ao lado dos aliados, nós nos manifestamos como um grupo de esquerda – mas da esquerda democrática, isto é, não comunista. Nosso grupo não era nem stalinista nem trotskista, que eram as esquerdas existentes. Queríamos formar um terceiro grupo. Era uma posição original, decorrente em grande parte da experiência política do Paulo Emílio, que tinha sido e estava deixando de ser comunista.

Além do núcleo central da *Clima* [os críticos que assinavam as seções fixas], quem mais colaborava? ■ Havia duas pessoas intimamente ligadas à revista, que colaboravam não só escrevendo, mas também fazendo aquele trabalho de ir à gráfica, corrigir provas, distribuir exemplares: Ruy Coelho e Gilda Moraes Rocha (que depois se casou com Antonio Candido e passou a se chamar Gilda de Mello e Souza). Eles participavam intensamente de todas as nossas tarefas, embora não assinassem seções fixas – talvez porque fossem os dois mais jovens do grupo.

Vocês se preocupavam em definir um público? ■ Olha, o público era ignorado! [risos] Mas isso não era tão incomum assim. Mesmo no *O Estado de S. Paulo* (onde trabalhei depois), o público era aquele que se ajustava aos princípios do jornal. Quem realmente dirigia era o dr. Júlio de Mesquita Filho, em vista do que ele achava que era melhor para o Brasil. Na *Clima* também era assim. Não se cogitou qual era o público. Mas, sem querer, acho que estávamos nos dirigindo a determinado público, a pessoas interessadas em literatura, música, cinema, teatro, artes plásticas e ciências humanas.

Qual a ligação do grupo da *Clima* com a geração modernista de 1922? ■ Nós nos dávamos especialmente com Mário e Oswald de Andrade. Mais com Oswald, por causa da convivência. Íamos em grupo à casa dele aos domingos. Ficávamos mais à vontade com ele do que com Mário. Ele não parecia ter uma cultura tão maior do que a nossa. Ele tinha vivido na França, participado dos movimentos artísticos da década de 1920, conhecia pessoalmente os principais representantes dessas correntes, enfim, tinha uma experiência muito maior do que a nossa. Mas, pelo lado da piada, da brincadeira, ele mais ou menos se equiparava a nós.

Tanto é que chamou vocês de "chato boys". Vocês não ficaram bravos na época? ■ Não, foi uma coisa de brincadeira, exatamente porque ele achava – e isso era comum na época – que nós representávamos o pensamento da Faculdade de Filosofia da USP. Nós representávamos um pouquinho, mas para ele já era o bastante, ele achava que nós éramos sérios demais. Quando escrevíamos, éramos sérios, mas pessoalmente éramos um grupo divertido. As reuniões na casa de Oswald eram ruidosas, com muita gargalhada, piada, brincadeira.

E com Mário de Andrade? ■ Com Mário éramos mais cerimoniosos, pois ele também era cerimonioso conosco. Ele nos acolhia na casa dele e me lembro de uma ocasião em que recebeu dois artistas da vanguarda argentina e convidou nosso grupo. Nós ficamos só ouvindo os mais velhos, que eram pessoas de uma cultura incomparável à nossa. Mas tínhamos uma boa relação com ele. O primeiro artigo da *Clima* foi "Elegia de Abril", de Mário de Andrade. Essa relação se estabelecia também por meio de Gilda, que era prima do Mário.

Vocês também se relacionavam com a geração de 1945, que era quase contemporânea? ■ As pessoas que viriam a fazer parte da geração de 1945 participavam sobretudo na parte de poesia, já que 1945 foi um movimento poético. Nós publicamos, por exemplo, poesias do Péricles Eugênio da Silva Ramos – um dos principais poetas de 1945. Mas não éramos iguais a eles, porque, de maneira geral, a geração de 1945 foi contra a de 1922 e procurava não propriamente desfazer o que o modernismo tinha feito, mas "corrigi-lo" em relação à poesia, voltando a uma linguagem mais nobre, literária, menos ligada à prosa, ao prosaísmo. Nós não negávamos em nada a geração de 1922. Pelo contrário. Acho que minha função foi lançar o modernismo no teatro, o que aconteceu na década de 1940. E acho que o Antonio Candido e o Paulo Emílio também procuraram estender o modernismo a seus campos.

O senhor poderia falar sobre o "Suplemento Literário" de *O Estado de S. Paulo*, sempre lembrado como a mais importante iniciativa cultural da imprensa brasileira? Talvez não seja errado considerá-lo uma continuação da *Clima*, uma vez que as mesmas pessoas que a fizeram de uma certa forma vão estar à frente do Suplemento. ■ A presença da *Clima* é indireta e está em parte no projeto, inteiramente definido pelo Antonio Candido a pedido do *Estado*, em parte na execução, que coube a mim nos primeiros dez anos, de 1956 a 1967. Além disso, como em *Clima*, a seção de artes plásticas era feita pelo Lourival, e a de cinema pelo Paulo Emílio. A diferença é que o Suplemento era inteiramente profissionalizado. Eu era bem pago como editor e todos os artigos, por sugestão do Antonio Candido, também eram muito bem pagos, mais ou menos três ou quatro vezes mais do que pagavam os melhores jornais do Brasil.

Como era a linha editorial? ■ A orientação expressa no primeiro número era a de que daríamos mais importância à literatura do que à vida literária. Raramente havia entrevistas. O principal não era o lançamento de um livro ou peça, mas a crítica, o julgamento. Nesse ponto, acho que era bem diferente dos jornais de hoje em dia, que às vezes dão mais importância ao lançamento de uma peça do que à crítica. Ou que então, quando do lançamento de um livro, fazem uma entrevista com o escritor, mas depois a crítica não sai, ou sai muito pequena.

Quem eram os colaboradores? ■ O jornal tinha colaboradores fixos e, quando assumi a direção, alguns nomes já tinham sido escolhidos. Mas pouco a pouco houve modificações e eu fui escolhendo gente bem mais nova. Quando morreu Brito Broca, que escrevia sobre literatura estrangeira, convidei a Leyla Perrone-Moisés para escrever sobre literatura francesa. Para a colaboração sobre literatura italiana, escolhi Alfredo Bosi, em começo de carreira, embora já bastante conhecido. Outro colaborador bastante jovem foi Roberto Schwarz. Anatol Rosenfeld praticamente começou em língua portuguesa no "Suplemento Literário". E, ao lado deles, havia críticos consagrados, como Lúcia Miguel Pereira, Eugênio Gomes, Augusto Meyer e Otto Maria Carpeaux.

Como era a relação do Suplemento com as tendências literárias do período? ■ Procurávamos exprimir a literatura, mas não "guiar" a literatura, favorecendo alguma corrente. Ao contrário, aceitávamos todas, desde que julgássemos que tinha nível literário. Em relação ao concretismo, por exemplo, não só aceitamos a colaboração deles como abrimos espaço para que fizessem uma diagramação – concreta.

EDIÇÃO 12 • JULHO 1998

HILDA HILST*

A escritora paulista Hilda Hilst passou anos em luta contra o esquecimento e o desdém da crítica. Em mais de quarenta anos de literatura, Hilda escreveu poesia, ficção e teatro – com resultados notáveis nas três modalidades segundo os poucos críticos, como Anatol Rosenfeld, que ousaram estudá-la. A escritora lança agora sua incursão pela crônica, gênero a princípio pouco afim com seus temas preferidos: a morte, a redenção, Deus. A editora Nankin reuniu no livro *Cascos e carícias* as crônicas que Hilda escreveu para o jornal *Correio Popular* de Campinas entre 1992 e 1995. A mesma Nankin, em conjunto com a editora canadense Noroît, está relançando o livro de poemas *Da morte: odes mínimas*, de 1980, em edição bilíngue português/francês. Aos 68 anos, Hilda Hilst continua esbravejando contra o silêncio da crítica e a incompreensão dos leitores, mas ostenta agora uma sarcástica soberba a respeito da própria obra. Falando sobre qual seria seu gênero literário preferido, ela não economiza autoelogios: "Eu me acho perfeita nos três. O que eu escrevi é tão bonito... Eu leio e fico besta. Como é possível eu ter feito uma coisa tão deslumbrante e ninguém compreender?".

por **Bruno Zeni**

* Hilda Hilst faleceu em fevereiro de 2004, em Campinas.

Como foi a experiência de escrever crônicas, falar do dia a dia, você que é uma autora preocupada com a noção de Deus e a ideia da morte? Foi muito diferente de escrever ficção e poesia? ■ Foi muito diferente. Eu até aproveitei para divulgar o meu trabalho, voltar aos meus textos. É uma necessidade que eu tenho. Quando eu estava de saco bem cheio, não tinha nada para falar, aí eu punha trechos dos meus textos. E também faz muito tempo que eu estou dura. Mas aí teve um ano que eu fiquei sem dinheiro mesmo. As pessoas não me compram, não compram os meus livros, é dificílimo. Agora parece que está mudando um pouco. Quando você está quase morrendo, parece que dá vontade nas pessoas de te conhecer. Mas acho que eu ainda não estou suficientemente velha. Nas crônicas às vezes dava para falar do dia a dia. Eu gosto especialmente das crônicas mais engraçadas, como a do E.G.E. [Esquadrão Geriátrico de Extermínio], em que eu proponho que as velhinhas (eu incluída) besuntem as pontas de suas bengalas com curare e saiam por aí espetando os políticos. Tem outra deslumbrante em que eu começo falando do Camus e, de repente, baixa o doutor Fritz e eu começo a falar com aquele sotaque alemão. Como em outra sobre a minha dívida de IPTU: "Venho atrravés de meu aparrelho, senhorra Hilst, que está adorrmecida em posizon de lótus, mas psicogrrafando meu mensagem, deizerr-lhes que o aparrelho prrecisa de dinheirras parra pagarr imposto PETÚ" [risos]. É engraçadíssimo.

Na crônica "Receitas antitédio carnavalesco" você recomenda um ritual que culmina com um tiro na cabeça. No seu livro *Estar sendo – Ter sido* também há muitas receitas de suicídio. Você já pensou em se matar? ■ Era uma brincadeira que eu fazia comigo mesma: "Será que não é bom a gente pegar aquele revólver, comprar um 9 mm?" – eu fiquei entendendo dessas coisas, 9 mm e tal. Mas me vinha uma coisa desagradável. Eu tenho muito medo de me assustar. Há também uma receita para isso de se assustar: é só fechar um olho. Quando for se matar, fecha um olho que aí você não fica tão mal, não se assusta tanto. Mas depois de um tempo aconteceram comigo coisas notáveis em matéria de mediunidade, que nem adianta contar porque as pessoas acham que eu sou uma louca. Então desisti, percebi que era uma fantasia minha esse negócio de me matar. Mas continuei interessada no assunto. Procurei por muito tempo esse livro, *Suicídio: modo de usar* [de

Claude Guillon e Yves de Boniée], do qual eu tirei aquelas receitas. Às vezes a pessoa quer se matar em casa e não dá certo. Fica todo mundo batendo na porta, ou arrebentam a porta e tal. Então nesse livro eles ensinam muitas maneiras de se matar. Você pode tomar alguma coisa de efeito retardado, tipo Vesparax, que demora 48 horas, ir para um hotel e pôr aqueles avisos de "*Do not disturb*" em todas as línguas. Com esses remédios de efeito retardado, a pessoa dorme magnificamente e morre.

A morte é um tema recorrente dos seus textos. ■ Eu tenho um cagaço tenebroso da morte. As pessoas dizem, "nossa, você que fala tanto da morte, tá assim cagada de medo...". É que eu tenho medo do sofrimento. Eu sempre pedi que eu ficasse obscura contanto que não sofresse. E olha que o lá de cima, esse Deus, que eu não conheço, ele cumpriu, não deixou que eu sofresse.

Você nomeia Deus de muitas maneiras: "Grande coisa obscura", "Cara cavada", "Máscara do nojo", "Cão de pedra", "Superfície de gelo encravada no riso". Sua concepção de Deus se aproxima da do poeta alemão Rainer Maria Rilke, do Deus imanente a todas as coisas, do "Deus coisificado"? ■ Não é bem isso. O meu Deus não é material. Deus eu não conheço. Não conheço esse senhor. Eu sempre dizia que Ele estava até no escarro, no mijo, não que Ele fosse esse escarro e esse mijo. Há uma coisa obscura e medonha nele, que me dá pavor. Ele é uma coisa. Se bem que depois que eu li Heidegger, e releio sempre, não consigo mais falar "coisa". Heidegger escreveu um livro enorme só para falar o que é uma coisa. Mas esse tipo de conversa você não pode pôr na revista. As pessoas ouvem falar em Deus e se chateiam. Tem que falar de coisas normais. Só quando o Paulo Coelho fala em Deus é que as pessoas escutam.

Você sempre diz que ninguém lê seus livros. A resposta a seu livro anterior, *Estar sendo – Ter sido*, não lhe deixou satisfeita? ■ Este ninguém entendeu nada. Não sei o que é, parece que fica cada vez pior. Eu sempre acho que vai melhorar, mas ninguém entende nada. O que será que é, hein? Às vezes eu releio o que eu escrevo e penso "meu Deus, mas está tão compreensível!". O que será que é?

Você não é uma escritora mais dada à sedução do que à comunicação? ■ Sabe que não sei muito bem. Eu não entendo nada de crítica. Os críticos escrevem umas coisas tão dificílimas sobre o meu trabalho que, ao invés de auxiliarem o outro a compreender, parece que obscurecem tudo. Eu fiquei por anos escrevendo como uma louca sem ninguém entender. Eu sei o que eu sou como escritora. Tenho perfeita noção de quem eu sou como escritora. Mas se leem e entendem não é o meu departamento.

É imprescindível que entendam os seus textos? Suas narrativas são bastante envolventes e muitos se dizem extasiados – mesmo que confusos – depois de lerem seus livros. ■ Há amigos meus que dizem que eu enlouqueço as pessoas. Eu fico meio triste com isso porque a loucura como um valor predeterminado confere uma certa opacidade ao texto. A loucura criadora também é paralisante. Jung fez um trabalho sobre a filha de Joyce, que era esquizofrênica e paranoica, mas não tinha o talento do pai. Meu pai [o poeta Apolônio de Almeida Prado Hilst] escrevia lindamente e acabou esquizofrênico e paranoico. Mas esquizofrenia você não pega como uma gripe, você nasce esquizofrênico. Existe na esquizofrenia uma coisa monocórdica. Graças a Deus eu não fiquei assim. Muitos críticos acham meus textos esquizofrênicos porque há uma certa dificuldade com a pontuação e o fluxo de pensamento dos personagens, o dizer claramente, francamente, mas eu não acho que os textos sejam esquizofrênicos. Eu os leio tão bem...

A loucura e a perda do pai foram determinantes na sua formação literária? ■ Totalmente. O fato de ele ficar louco me impressionou muito. Eu não cheguei a conhecer meu pai, de quem eu fui separada quando tinha 3 anos, mas eu fiquei sempre sonhando com esse homem. Eu ouvia muitas histórias a respeito dele. Minha mãe dizia "ele não tem nada, ele é louco". Eu achava incrível. Ela me mostrava os jornais em que ele escrevia e eu me apaixonei pelos textos dele.

A virada que você deu em direção à literatura pornográfica (com a trilogia *O caderno rosa de Lori Lamby*, *Contos d'escárnio* e *Cartas de um sedutor*) me parece uma falsa mudança. Você continuou escrevendo da mesma maneira, falando da morte, do inanimado, de Deus, com a mesma descontinuidade

narrativa. ■ É verdade. A Gallimard chegou a dizer que eu transformei a pornografia em arte. Jorge Coli diz que considera meu trabalho uma coisa deslumbrante, ele me faz elogios maravilhosos. Mas quando eu mandei para ele as *Cartas de um sedutor* – livro que eu gostei muito de escrever e possibilitou que me familiarizasse com uma linguagem mais agressiva –, ele me disse: "Hilda, depois de ler o livro, eu fiquei doente oito dias". Mas você não riu? – eu disse. E ele: "Mas era para rir?". Eu ria muito escrevendo o *Cartas de um sedutor*. Eu gosto muito deste personagem, o Karl, eu queria muito que ele continuasse a viver. Outros disseram que o livro era cruel. Sempre me dizem isso, que meu trabalho tem uma crueldade específica.

A maioria dos seus personagens é homem. São eles que têm a necessidade da expressão e da transcendência. As mulheres, por outro lado, são quase sempre um estorvo. Por quê? ■ Porque meus personagens pensam muito. É difícil você imaginar uma mulher assim, com tudo isso na cabeça. São raras as mulheres com fantasias muito enriquecedoras. A fantasia que elas mais gostam parece que é o 69. É o mais imaginoso que elas conseguem [risos]. As mulheres querem ter filhos, gostam de penduricalhos, de dançar, de ir a bailecos, eu não sei o que é. Mas meus personagens são muito engraçados também. São meio cínicos, às vezes meio debochados, mas têm muita coisa lá dentro.

Você escreve poesia, ficção e teatro. Qual dos gêneros literários você prefere? ■ Eu me acho perfeita nos três. Pode escrever isso. A única coisa que eu pude fazer na vida foi escrever, porque é a única coisa que eu sei fazer mesmo. Dizem que eu sou megalômana. Sou. Meu texto de ficção é deslumbrante, é da pessoa ficar gozando o tempo todo. O meu teatro continua às moscas, todo inédito. Eu ganhei o prêmio Anchieta com *O verdugo* em 1969. Gianni Ratto disse que foi a mais bela peça que ele viu na vida. Poesia é algo de especial. Subitamente você sente alguma coisa diferente. O João Cabral fala horrores da inspiração, mas existe, sim, inspiração. Você fica mesmo com febre quando a poesia acontece. Durante alguns dias você fica tomado por alguma coisa que você não sabe o que é, com uma espécie de febre interior. Quando eu releio as minhas poesias, me dá uma comoção de ter escrito aquilo. Eu me acho deslumbrante como poeta e como escritora. Quando me vem a poesia, ela vem em português de Portugal, com a sonoridade da língua portuguesa original. Minha mãe era filha de portugueses, deve ser por isso. O primeiro verso do *Cantares do sem-nome e de partidas*, "Que este amor não me cegue nem me siga", me veio assim, com sotaque português. O primeiro verso é base para mim. Me vem o primeiro verso e depois, durante dias, vêm os outros, difíceis de trabalhar. Eu fico vermelha, passo mal. Acontece esse milagre.

Você nunca pensou em escrever filosofia? ■ Eu escrevo filosofia em todos os meus livros. Com fundo narrativo ou não, é filosofia pura.

Você foi convidada a participar do Salão do Livro de Paris deste ano e se recusou a ir. Por quê? ■ Eu não vou nem a Pirituba mais. Eu acho um engodo você ter que aparecer e se mostrar. Eu quero que me leiam. Eu não quero explicar o meu trabalho. Você acha normal ficar explicando? E também eu só sei falar a minha língua. Leio muito bem em francês, mas não saberia falar em outra língua as coisas que eu falo em português. Ir lá para quê? Paris era bom quando eu fodia, com 20 anos.

Você continua escrevendo? ■ Não. O que eu escrevi é tão bonito... Eu leio e fico besta. Como é possível eu ter feito uma coisa tão deslumbrante e ninguém compreender? Chega uma hora, quando você vai envelhecendo, vai dando um desapego, você não se importa mais com nada. Nem com a fama. Eu fico lembrando a passagem da *Odisseia* em que Ulisses está na gruta e o ciclope pergunta "Quem é?". E ele responde "Ninguém, meu nome é Ninguém". É assim que eu me sinto: ninguém, ninguém. Um astrólogo amigo meu disse que em outra vida eu fui uma puta. Por isso que nessa vida eu fiquei obscura, porque na outra eu fui muito conceituada como puta. [risos]

EDIÇÃO 13 • AGOSTO 1998

HAROLDO DE CAMPOS*

Haroldo de Campos fala de seu novo livro, *Crisantempo*, que viaja num território poético sem fronteiras, registrando experiências de viagem, homenageando amigos, traduzindo desde Catulo até poetas israelenses, e atualizando cada ocasião numa "concreção de linguagem" que ultrapassa o rótulo redutor do concretismo e revela as dicções variadas desse poeta da "agoridade".

por **José Guilherme Rodrigues Ferreira** *e* **Manuel da Costa Pinto**

* Haroldo de Campos faleceu em agosto de 2003, em São Paulo.

Crisantempo reúne, a um só tempo, trabalhos que revelam diversas práticas de invenção, desde as "Transluminuras", traduções de gregos e latinos, até poemas como o dedicado aos sem-terra. Há também uma série que funciona como uma memória nada convencional das suas viagens. Você poderia falar sobre algo que unificasse ou até fosse a negação da unidade entre esses poemas? ■ De fato, há uma unidade nessa variedade. O livro abarca os últimos doze anos de minha produção poética, com algumas coisas mais antigas, que tinham ficado meio marginais. É o caso do conjunto de traduções de Catulo. *Crisantempo* se caracteriza exatamente por aquela proposta que formulei no ensaio "Poesia e modernidade", onde falo do poema pós-utópico. Esse ensaio foi apresentado num encontro por ocasião dos 70 anos de Octavio Paz, no México, foi depois publicado na *Folha* e, mais recentemente, no livro *O arco-íris branco*. Nesse ensaio eu falo de uma poesia pós-utópica, ou seja, de uma poesia da agoridade, da presentidade. *Crisantempo* representa esse momento específico do meu trabalho, em que cada poema é uma ocasião textual atualizada. Eu já não faço poesia concreta, nos moldes daquela estética específica do Plano Piloto, ou pelo menos não faço poesia concretista, *stricto sensu*, desde meados da década de 1960. Em 1963, eu já comecei as *Galáxias*, que, embora tenham na microestrutura elementos de concreção, jogos de linguagem que correspondem aos poemas concretos, é uma experiência completamente no outro sentido, da proliferação. Embora eu não esteja mais fazendo poesia concretista, nos termos daquela estética de culminação (culminação não no sentido de valorização axiológica, mas sim no sentido de radicalização de toda uma poesia do Ocidente que viria desde Mallarmé), continuo fazendo uma poesia concreta no sentido *lato*. Trabalho com a materialidade da linguagem, numa grande diversidade de opções estilísticas, ocasiões concretas de linguagem atualizadas em dicções diferentes. Daí porque, por exemplo, se em determinado momento a situação sobre a qual o poema incide é uma situação lírica, eu trabalho com uma dicção lírica.

Em que medida as celebrações, evocações de _Crisantempo_, são o paideuma de Haroldo de Campos? ■ *Crisantempo* tem um paideuma embutido que serve quase como uma rosácea de referências. Há nele linhas de formação do poeta que se traduzem em algumas escolhas. É claro que eu tenho uma influência muito definida, nesse particular, do Pound. Mas há também diferenças, algumas vezes até bastante grandes. E não estou falando do lado político, que isso é evidente. Falo do lado estético. Pound nunca compreendeu o barroco. Ele criticava Gôngora, não aceitava Milton, que pode ser considerado um maneirista, de certa maneira um barroco também. Pound tinha outras escolhas na literatura inglesa, valorizava muito os tradutores de Homero. Eu dou imensa importância ao barroco, mas não tenho, em relação ao Pound, a postura de um Harold Bloom. Bloom privilegia justamente a tradição contra a qual Pound se insurgiu, que era a tradição de Milton. Pound não aceitava Milton porque, dizia, "escreve um inglês como se fosse latim", fazendo aquelas inversões. A tradição de Bloom é a do grande romantismo, Milton, Blake, Keats, depois Yeats, Wallace Stevens, Elizabeth Bishop, que exclui toda linha Pound-Eliot, que privilegiou os poetas metafísicos. Meu dissídio com Pound, no barroco, não implica aceitar as propostas de Bloom, muito interessante nas formulações críticas, na metalinguagem, mas tradicional e reacionário nas escolhas. É bom lembrar que ele é tradicional no sentido sublime. Não se pode confundir o seu tradicionalismo com o das revistas literárias americanas.

Qual a relação entre esse tradicionalismo e aquele que chega ao público por meio das revistas literárias? ■ Você não vê a vanguarda poética americana nas revistas normais, nem nas mais sofisticadas, tipo *New York Review of Books*. Elas publicam poemas sempre dentro dessa tradição neorromântica, que significa conservadorismo em termos poéticos. Seria como se as revistas e os jornais brasileiros privilegiassem uma produção romântica tipo Augusto Frederico Schmidt. É como se, de repente, o tom da literatura brasileira fosse dado por esse poeta. Na época da revista *Clima*, o tom era Frederico Augusto Schmidt. Basta ver a coleção. A revista o elogiava como "o" poeta, apesar do fato de ser um poeta reacionário, um homem de direita. Não vou fazer esse juízo moralista e ideológico, porque se ele fosse reacionário e um bom poeta... Mas era um mau poeta. Chegavam a pôr poeta com pê maiúsculo, que é o que fazem quando não sabem explicar por que o poeta é bom. A revista *Clima* é uma legenda não decodificada, as pessoas a aceitam em bloco. Nunca ninguém foi ver o que está escrito lá, os artigos, as posições tomadas, os poetas que eles publicavam. É só ver... A revista *Clima* chegou a celebrar um poetaço, o Rossini Camargo Guarnieri, tratado como um futuro Drummond, não vou dizer nem por quem. E é uma revista da década de 1940. Se fosse uma revista do romantismo alemão! Eu já comprei vários exemplares em sebo e tenho toda a revista xerocopiada, porque estou interessado em discutir esses assuntos, mas sem respeito reverencial. Não sou movido por respeito reverencial, sou movido por *amore*, amor à poesia. À poesia e ao fato. Diferentemente das publicações quase oficiais desse romantismo de diluição. E o Bloom é hoje o grande responsável por isso, no foro universitário. Ao privilegiar o grande romantismo e excluir a outra linha, ele acaba oferecendo os fundamentos ao alicerce dessa gente medíocre. O Bloom é um crítico de formulações brilhantes, mas não é um analista de texto. Ele trabalha com temas que muitas vezes conforma às suas teorias. Num certo sentido, para ser polêmico e fazer uma brincadeira, ele é o exemplo de mau crítico, do ponto de vista de Pound, que é aquele que chama atenção antes para suas ideias do que para os textos que analisa. Isso é uma pequena digressão.

Voltemos às suas escolhas pessoais, de certo modo refletidas em *Crisantempo*

■ O barroco é algo fundamental para mim, com suas várias literaturas, Sor Juana Inés de la Cruz, Gregório de Matos e a herança fantástica hispano-americana. Eu tenho outras leituras de interesse que Pound não teve. A poesia hebraica, por exemplo, que estudei por seis anos. Também entrei por uma vanguarda alemã que nunca interessou especificamente ao Pound. Ele tinha as preferências dele, os provençais, Dante, aquela linha de língua inglesa que está no *ABC da literatura*, os gregos e latinos, sobretudo Catulo e Horácio, Propércio e a linha coloquial, irônica, do simbolismo francês. Esse é o grande contorno. Não apreciava Petrarca, não apreciava Virgílio, apreciava Ovídio. Embora, nesse particular, me considere um aluno desse paideuma poundiano, eu me interessei por poesia russa, que não esteve no endereço de Pound. Então eu posso dizer que tenho um paideuma meu, instigado, inspirado na ideia de paideuma que Pound veicula, que corresponde mais ou menos àquela ideia da *Bildung* [formação] que vem desde Goethe. A educação dos sentidos é a finalidade da história universal. Quanto mais música uma pessoa ouve, mais ela pode apreciar música. Se você é ouvinte de Bach, você entende melhor Schoenberg do que uma pessoa que nunca ouviu Bach. Se você conhece os últimos quartetos de Beethoven, terá uma sensibilidade para a música atonal que não teria se não tivesse contato com essa tradição.

Como se deu a aproximação com a poesia russa, tão cara aos poetas concretos? ■ Houve uma série de conjunções favoráveis a isso. Nós não chegamos ao formalismo russo através dos franceses. No Brasil havia fermentos para esse interesse. Um deles era o fato do Mattoso Câmara ter sido aluno de Jakobson, na época em que esteve em Nova York. Então nós tínhamos aqui o principal linguista e fonólogo brasileiro, discípulo de Jakobson, difundindo a existência da Escola de Praga. Tivemos também a felicidade de termos uma pessoa como o Boris Schnaiderman, que escrevia sobre método formal no "Suplemento Literário", do jornal *O Estado de S. Paulo*. Conheço o Boris através disso e ficamos amigos para a vida inteira. Isso foi na década de 1960. Eu estava traduzindo Maiakóvski com imenso sacrifício. Fazia um curso na União Cultural Brasil-Rússia, onde a professora não sabia nada de literatura, só de conversação. E eu não estava interessado exatamente nisso. Quando procurei o Boris, minha tradução do poema sobre Iessiênin estava quase pronta, e ele ficou espantado com o trabalho que eu já vinha fazendo, me ajudou a resolver algumas estrofes e me ofereceu aulas de russo por quase dois anos. Então todos esses fatores existiam, mais o ideológico. "Sem forma revolucionária não há arte revolucionária." Nas propostas do formalismo russo, a semântica existia, só que era pensada numa dialética de forma e conteúdo. Mais tarde pude conhecer pessoalmente o Jakobson, nos Estados Unidos. Depois ele fez uma memorável visita ao Brasil.

Quando foi isso? ■ Foi em 1968. Ele adorou. Gostou mais de São Paulo do que de qualquer outro lugar. Era um homem muito urbano, tinha muita experiência em grandes capitais, era uma espécie de judeu errante. Aqui ele reviu o Mattoso Câmara. Uma das conferências dele ia ser na Biblioteca Municipal, mas o público não cabia na sala. Então Jakobson foi da Biblioteca até a Aliança Francesa a pé [onde se deu a conferência]. Foi uma verdadeira passeata com o Jakobson à frente – e em pleno 1968!

Uma coisa interessante observada a partir de *Crisantempo* é que você está sempre agregando novos nomes, como no caso dos poetas israelenses. ■ Nesse meu livro, eu ponho algumas traduções numa seção que eu chamo de "Transluminuras", que vem desde o meu livro anterior, *A educação dos cinco sentidos*. São traduções que não cabem especificamente em nenhum livro, algumas delas marcadamente parafrásicas. Há aquela tradução de Horácio ["Ad Pyrrham"] em que faço toda uma modificação estrófica, em que uso um falso latim, duplex, latex, "a rosicama do teu duplex"... Há também algumas traduções de poesia japonesa, inclusive de um poeta meu amigo, Gozo Yoshimasu. Finalmente, na seção "Israel", mostro alguns poemas sobre cidades e templos daquele país e algumas traduções, as primeiras que fiz de poetas israelenses modernos. Estive com todos eles, à exceção de Amir Gilboa, que já faleceu. Dentre esses poetas, Gilboa tem a minha preferência pela sua radicalidade. Um poema dessa série é dedicado a Yehuda Amichai, que é considerado o maior de todos eles. O mais interessante é que a maioria deles veio de fora, não são nativos de Israel.

Que tipo de radicalidade desses poetas o atraiu? ■ A primeira razão é mesmo a questão da língua. A língua bíblica e a atual são a mesma, um caso único. É como se você fosse a Roma e o pessoal começasse a falar latim. O que esses poetas têm é uma forte impregnação da Bíblia, de aspectos bíblicos, da literatura de parábolas e, por outro lado, têm um trabalho com a linguagem coloquial bastante interessante. Eu traduzi dois poemas do Haim Guri, por exemplo, que são lindos. Um deles diz que todo israelense nasce com uma faca no coração.

Onde você escreve esses poemas que evocam cidades, templos, lugares? Aqui ou nos países visitados? ■ Às vezes lá, às vezes aqui. Na verdade, eles correspondem a um princípio dos poemas-galáxias, o princípio da epifania. No caso do Japão, a viagem era um sonho de mais de trinta anos. Quando recebemos o convite, já havia todo um Japão na minha cabeça e fui conferir aquilo, visitar o túmulo de Fenollosa [estudioso norte-americano da arte japonesa], de Bashô [escritor japonês do século XVII], os grandes templos de Quioto. E aí, é claro, houve ocasiões epifânicas e eu fiz muitos poemas. O mesmo aconteceu em Israel. Uma das coisas lindas de Jerusalém é que ela é uma cidade multicultural. Há um lugar do qual, segundo a tradição islâmica, Maomé voou aos céus, levado pelo arcanjo Gabriel, montado num burrico alado. Um tipo de excursão ao Paraíso, que Dante celebra. No Japão, conhecemos muitas pessoas interessantes, como o vice-presidente da Fundação Fenollosa, Tetsuo Maekawa, que nos acompanhou na visita ao túmulo de Bashô. E houve uma coincidência fantástica porque, na cidade de Nara, havia uma exposição maravilhosa sobre Fenollosa. Como ele resgatara a arte japonesa num momento em que o Japão estava entrando numa fase acadêmica, ele acabou fazendo uma coleção extraordinária, porque tudo aquilo estava desprezado, jogado nos templos. Fenollosa foi uma das pessoas que contribuiu para que os japoneses reavaliassem a sua arte. Essa exposição reunia os objetos pessoais dele, uma série de manuscritos, e era a primeira vez que algumas peças voltavam dos Estados Unidos para o Japão. Chegamos a sentar no sofá do Fenollosa. É aquela coisa... atualizar a ocasião numa concreção de linguagem. Isso acontece muito. Nesse livro há também poemas motivados por uma viagem aos Estados Unidos, sobretudo Nova York, outros por uma viagem a Tenerife, nas Canárias, onde participei de um curso de tradução. Lá eu pude ver a estátua monumental de Anchieta, que é um grande vulto de Tenerife, justamente ele que é o inventor da literatura brasileira, o codificador da gramática tupi e até taumaturgo no Brasil. Há também alguns poemas que eu fiz em Medellín, na Colômbia, onde eles organizam um festival internacional de poesia extraordinário. Havia poetas do Canadá, da Itália, da França, da Alemanha, e havia uma siberiana, Sainkho Namtchylak, que não era bem uma poeta, era uma espécie de rapsoda xamânica, com uma voz inacreditável. Ela fazia uma apresentação basicamente sonora, uma coisa que deixava você transido. Seria uma espécie de poesia vocal mágica. Em Medellín conheci também um poeta da Guatemala, cuja primeira língua é maia, uma versão do maia que não tem nem gramática. O grupo dele é que está começando a dar uma escrita a essa tradução oral. Ele é um poeta de expressão espanhola, mas seu espanhol é submetido a várias coisas típicas do maia, com técnicas muito parecidas com as orientais. Ele consegue um efeito de um espanhol que é descolonizado através de um aporte maia. Foram encontros muito fraternos.

Há um contraste forte entre o que você viveu e a imagem de violência que se tem da Colômbia. ■ Você tem a impressão que vai sair de Medellín levando tiros. Não, Medellín é uma cidade linda, fica num vale, tem um clima de primavera permanente, um equipamento cultural surpreendente, com teatros, planetário, o Museu Botero, com joias da sua coleção. Teatros em zonas populares. Eu fui num teatro que ficava no interior, em zonas até meio perigosas, você sabe que a guerrilha está por ali. Mas havia uma coisa bonita: o festival era uma demonstração de que ali a população de Medellín, jovens estudantes universitários, não têm nada a ver com o tráfico, eles são pessoas que amam a cultura. Uma das minhas leituras públicas foi feita num teatro ao ar livre. Tinha um público de show de rock. Eu nunca tinha visto um auditório como aquele para poesia. Parecia com aquelas leituras feitas pelo Ginsberg nos Estados Unidos, na época de ouro dos beatniks.

Além da referência aos poetas, há uma parte do livro dedicada a pintores e artistas plásticos. ■ Aí é um convívio antigo. É a ideia, que a poesia concreta sempre teve, de que a poesia não é uma arte beletrista, isolada. Ela está ligada à pintura, à música. A minha relação com os pintores é antiga, desde a década de 1950, desde o Grupo Ruptura, do Waldemar Cordeiro. Aqui na minha casa, pelos quadros que tenho, se vê um pouco dessa ligação. Tenho Geraldo de Barros, Sacilotto, Fiaminghi, Antonio Dias, Tomie Ohtake. Muitos dos quadros são presentes de pintores para os quais eu fiz apresentações de exposições, ou sob a forma de poemas ou sob a forma de textos. Tozzi, Fleming, Aguilar, Mira Schendel, Rubens Gerchman.

Assim como você tem a preocupação epifânica dos encontros, você tem também uma preocupação política com o presente, tem poemas sobre ecologia, o poema aos sem-terra ■ O poema aos sem-terra nasceu da impressão que eu tive quando vi uma foto na *Folha*, numa reportagem sobre o massacre no Pará. Ele tem um grande requinte formal e, para minha surpresa, teve uma repercussão tremenda. Esse poema chegou a ser lido pelo Sérgio Mamberti na Assembleia Legislativa de São Paulo, na ocasião em que houve um protesto contra a não punição dos algozes. Depois, me pediram uma cópia para a Internet e já saiu num boletim do PT. A Aurora [Bernardini] fez uma tradução para o italiano, e o poema foi lido no Festival de Veneza. Vai ser reproduzido na revista do festival, organizada pelo poeta Lello Voce. E agora está sendo publicado numa versão para o alemão, numa série de trabalhos feitos naquele país sobre escritores latino-americanos.

E o poema sobre Cubatão, como nasceu? ■ Tem um caráter de feliz coincidência. Fui convidado para aquela mostra de comemoração da Poesia Concreta que o [José Roberto] Aguilar organizou na Casa das Rosas, em que cada um escolhia um pintor. Eu escolhi o Marco Gianotti. Na ocasião da mostra ele apresentaria uma série sobre os problemas lá de Cubatão. Ele me deu umas fotos, e eu fiz o poema, antes mesmo de ver os quadros. O poema saiu inteiro. É um poema longo, no qual eu retomo uma ideia de Nékuia, o inferno dentro da concepção do *Signância quase céu*, um inferno aí tratado com caráter metafísico. Eu passei então para um inferno tratado como ocasião factual, que é o inferno da destruição ecológica.

EDIÇÃO 17 • DEZEMBRO 1998

JOSÉ SARAMAGO*

O escritor José Saramago nasceu em 1922 na cidade de Azinhaga, na província portuguesa de Ribatejo. Antes de se tornar o primeiro escritor de língua portuguesa a receber o Nobel de Literatura, em outubro de 1988, ganhou o Prêmio Camões de 1995. Atualmente, vive na ilha Lanzarote, na Espanha, onde se autoexilou depois que o governo português negou a inscrição do romance *O evangelho segundo Jesus Cristo* no Prêmio Europeu de Literatura, em 1991. Na entrevista a seguir, Saramago trata dos principais assuntos que o mobilizam como escritor e cidadão: a aventura da literatura e as possibilidades da atuação política.

por **Horácio Costa**

* José Saramago faleceu em junho de 2010, em Lanzarote, nas Ilhas Canárias.

Eu queria que você dissesse o que ficou da experiência dos gêneros que você praticou ao longo de várias décadas – crônica, poesia, ensaio, teatro – antes da publicação do *Manual de pintura e caligrafia*. Por que você acha que demorou vinte anos para escrever um segundo romance? Há um primeiro, uma tentativa pouco madura nos anos 1940, mas a sua primeira obra em prosa de ficção sólida é esse *Manual*. ■ Em primeiro lugar, quando se pergunta o que ficou de uma obra, que supostamente pertence a um tempo passado, pressupõe-se uma dúvida, se alguma coisa terá ficado. Porque, se não existisse essa dúvida, então a pergunta não teria sentido. Quando se começa a escrever muito jovem, corre-se o risco e, afinal, isso me aconteceu, porque aos 25 anos publiquei um romance. Romance que ficou por aí, que foi reeditado apenas em 1997 porque o editor achou que se o romance fazia cinquenta anos, desde a primeira publicação, tinha que ser novamente publicado – e então temos uma edição nova de um romance que se chama, perdoem, *Terra do pecado*. Eu não tenho culpa de o romance ter esse título, a culpa é do editor. O romance se chamava *A viúva*. Um jovem de 25 anos, que era o que eu tinha, não sabia muito de pecados, e menos de viúvas... Mas eu percebi que não tinha tanta coisa para dizer, nada importante. E me calei, me calei por vinte anos praticamente. Isso não é verdade, porque escrevi um outro romance que se chama *Claraboia*, que permaneceu inédito – e, esse sim, permanecerá inédito. Não o destruí porque não devo destruir as coisas que faço; se não posso destruir todas, por que vou destruir algumas? Se eu pudesse apagar todas as coisas ruins – e agora não estou falando do livro, estou falando de coisas ruins que a gente faz na vida –, eu as apagaria. Mas como *Terra do pecado*, apesar de tudo, não é a pior coisa que eu fiz na vida, então que fique aí; e *Claraboia* ficará, mas com a condição de não ser publicado enquanto eu viver. Até 1966, quando eu tinha 44 anos, não escrevi nada. Salvo no período imediatamente anterior a 1966, que foi quando escrevi um livro de poesia chamado *Os poemas possíveis*. E por que eu o escrevi? Bom, a resposta é sempre a mesma, ou quase sempre: porque me apaixonei. E eu já havia feito uns quantos sonetos e coisas assim no tempo que fazíamos sonetos, aos 18 anos. Acho que os jovens de hoje já não sabem o que é escrever sonetos e as meninas não têm a felicidade de receber um soneto dos garotos. Isso acabou, que pena! Bom, então eu me apaixonei nessa época e daí saiu o livro.

Confesso que, quatro anos depois, me apaixonei de novo e saiu outro livro de poemas que se chama *Provavelmente alegria*. E então acabou-se a história de publicar pelo fato de me apaixonar [risos]. A partir de 1966, por circunstâncias da vida, me encontrei mais próximo do mundo literário porque trabalhava numa editora – desde os anos 1950 e durante quase quinze anos. Eu tive uma vida que não tinha nada a ver com a literatura. Eu fui várias coisas na vida: trabalhei numa oficina mecânica, fui desenhista, funcionário da saúde pública, depois não sei o quê, depois editor, e era assim. Então, eu não me preparei para ser escritor. Sou escritor por um acaso. E que acaso é esse? É que chegou um momento em que eu, além de me apaixonar e por isso pôr sobre a mesa livros de poesia, comecei a colaborar em jornais, escrevendo crônicas. De 1966 até 1977, houve onze anos de publicação: publiquei três livros de poesia – e o terceiro não tem nada a ver com minhas paixões –, crônicas, ensaios políticos, que no fundo eram editoriais de jornal, de um jornal que já não existe, chamado *Diário de Lisboa*, e já em 1975, que chamávamos o ano ardente da revolução, eu era diretor adjunto de um outro jornal, *Diário de Notícias*, e acho que tudo começa aí. Quando, em novembro de 1975, ocorreu a contrarrevolução, o que se chamava o processo contrarrevolucionário – e talvez algumas pessoas não estejam de acordo com a qualificação ou com a classificação –, eu fiquei na rua, sem emprego, sem salário, sem trabalho e sem possibilidade de encontrar outro facilmente, porque o jornal estava com a revolução. Aí eu tomei a decisão definitiva da minha vida, que era a de não procurar trabalho, e me dizia: você tem sete ou oito livros escritos, que são dignos, sérios, honestos, mas por aí você não vai chegar a lugar nenhum. Se você está pensando na história da literatura, então, resigne-se a que digam (se disserem) que o senhor fulano nasceu nessa data, morreu numa outra, publicou alguns livros e ponto. Uma linha, duas linhas e nada mais. Não que eu aspirasse a um capítulo completo da história da literatura, não é isso. A decisão de não procurar trabalho era enfrentar essa ideia de que, talvez, eu seria um escritor, mas faltava uma prova, porque aqueles livros não eram na minha opinião suficientes para tal. Isso foi o que depois levou a toda essa série de livros, romances, obras de teatro, diários que caracterizam esses últimos vinte anos. Isso é o que me leva a dizer que eu sou um jovem escritor, que eu sou um velho escritor da nova geração – porque a verdade é que eu estou escrevendo obras mais sólidas não há cinquenta, mas há vinte anos; portanto, supondo que se começa, talvez, a escrever e publicar aos 20, 23 anos, então, agora, literariamente, eu não tenho mais do que 45 anos. Sou um menino... [risos] O que ficou do que ficou para trás? Eu diria que ficou tudo. E ficou tudo em que sentido? Eu muitas vezes digo que se alguém quiser entender bem o que eu estou dizendo nos romances que estou escrevendo é preciso ir às crônicas que escrevi nos jornais e que estão em dois livros: *Deste mundo e do outro* e *A bagagem do viajante*. Quase todos os temas que estão agora nos romances, certos pontos de vista, visão de mundo, obsessões e preocupações de ordem não apenas literária, preocupações de ordem política, de ordem civil, tudo isso se encontra nesses pequenos textos publicados em jornais, e quem se interesse pelo que eu faço – além dos romances que têm maior reputação, dos quais se fala, que saem na crítica, que estão nas livrarias e tudo isso – tem que ir a esses pequenos textos porque eu mesmo, quando por algum motivo tenho que voltar a esses textos, me reencontro. Nessas crônicas há muito de ficção, e sobretudo há o trabalho sobre a memória, a memória da infância, da adolescência, a memória dos adultos, dos avós, das coisas vistas – e esse, se eu chegar a escrevê-lo, será o conteúdo de um livro que já tem título, mas que ainda não está escrito e que se chamará *O livro das tentações*. Já estou me antecipando, mas uma coisa chama a outra. É uma autobiografia minha. Eu sou tão vaidoso que inclusive vou escrever a minha biografia. Mas é uma autobiografia um pouco estranha, porque termina aos 14 anos de idade. O que eu quero fazer é isso, recordar o menino que eu fui. Tentar saber quem era esse menino. Porque a verdade é que nós pensamos que toda a nossa vida está aí para que nos tornemos adultos. E, quando somos adultos, nos comportamos como se olhássemos para nós como algo que saiu do estado de crisálida, imaginando que a infância e a primeira adolescência são a crisálida, e que depois da crisálida saiu o inseto adulto com todo o seu esplendor, as suas cores, com toda a sua beleza. Nos casos em que têm esplendor e que são belos, claro; há insetos que deveriam ter ficado na crisálida e não sair. Eu não penso assim. Para dar-lhes uma ideia do que eu penso nesse sentido: não sei se o meu leitor percebeu que eu ponho sempre epígrafes; a epígrafe de *Todos os nomes*, para falar do último romance publicado, é "Conheces o nome que te deram, não conheces o nome que tens", é uma citação de um livro chamado *Livro das evidências*, que não existe, como em outro romance, *História do cerco de Lisboa*, há uma outra epígrafe que foi tirada do *Livro dos conselhos*, que também não existe. E isso é um pouco borgeano, e se isso continuar, não terei mais remédio do que escrever o *Livro das evidências* e o *Livro dos conselhos*. E, então, a epígrafe que terá o *Livro das tentações* – e com isso acho que terei explicado tudo o que tentei explicar até agora – é a seguinte: "Deixa-te levar pelo menino que foste". Porque, na verdade, de nada eu gostaria mais – ou de poucas coisas eu gostaria tanto – do que poder passear pela rua, não levando pela mão o menino que fui, mas sendo levado pela mão desse menino. Se eu pudesse recuperá-lo, tê-lo agora mesmo, quanto eu gostaria. Vocês podem pensar: mas que ideia estranha essa, você é ele e ele é você. Não, eu sou ele, mas ele não sou eu. Um deles não conhece o outro; e o fato de que um deles não conheça o outro me perturba. E por isso eu digo: deixa-te levar pelo menino que foste. Talvez o menino, supondo que os meninos não são maus – alguns são péssimos, claro –, fosse capaz de, na hora que vamos fazer uma coisa errada, de puxar pela nossa roupa e dizer: não faça isso. Há uma continuidade de pensamento e inclusive uma continuidade de sensibilidade no que estou fazendo agora e que vêm dos textos mais antigos. Como os textos não nascem do nada, nascem de alguém que está vivendo, mesmo que não esteja escrevendo, então tudo é uma relação que vai pelo interior da vida e que une tudo a tudo. O que eu posso dizer, claro, é que há algumas coisas que fiz antes e que, se eu as fizesse agora, tentaria fazê-las melhor. Mas não se trata aqui de mais qualidade literária ou de menos qualidade literária, trata-se do que se está dizendo aqui.

A forma como se desenvolve sua "carreira" é bastante atípica, especialmente em relação ao que cada vez mais acontece no mundo literário, afetado por uma série de problemas externos, a questão do mercado, os prêmios literários etc... Num texto crítico dos anos 1960, parte das suas colaborações para a *Seara Nova*, você escreveu: "A literatura não é uma carreira". Aquele momento era especialmente significativo, porque então você era conhecido em

Portugal como poeta. Você estava publicando o seu segundo livro de poesia, ou prestes a publicá-lo, e entrava na literatura ou na vida cultural lisboeta por meio da atividade poética. E você começa a escrever essas notas críticas numa publicação importante da literatura portuguesa contemporânea, a *Seara Nova*. Então, eu gostaria que você desenvolvesse essa ideia de autor, naquele momento biologicamente já não muito jovem, nos anos 1960, que tem consciência de que a literatura não é uma carreira; e como você vê isso agora, não só com relação ao mundo contemporâneo, mas também à luz da sua produção posterior. ■ Quando me convidaram para fazer crítica nessa revista, eu só havia publicado esse livro de poesia chamado *Os poemas possíveis*. Inclusive impus uma condição, a de que não faria crítica de livros de poesia. Porque me parecia que isso não teria muito sentido para mim, um jovem poeta, com apenas um livro, e que não era Rimbaud nem Fernando Pessoa. Pode-se perguntar: você não quis fazer crítica sobre livro de poesia, mas estava disposto a fazer sobre romances? Sim, do ponto de vista do leitor, como se eu fosse um leitor, já que no fundo o crítico é um leitor. No entanto, é um leitor que tem o direito de publicar a sua opinião. Essa é, suponho, a diferença mais visível que há entre um e outro. E é verdade que numa dessas críticas eu escrevi que a literatura não é uma carreira. Uma contradição entre a minha vida e essa afirmação, porque eu vivo do que escrevo. Mas não tenho os tipos de obrigações de um trabalho, não tenho ações, não tenho bens, não tenho nada senão o que pode ser posto sobre a mesa, o que escrevo. Eu nunca me lancei a isso que chamamos uma carreira de escritor. Entendo que uma pessoa se lance a uma carreira de advogado, médico, engenheiro ou algo parecido porque isso significa que se preparou para exercer uma atividade profissional e, portanto, está nisso e vai trabalhar nisso. Os médicos precisam de doentes, mas estão certos de que doentes sempre existirão, não? E, portanto, estão certos de que podem abrir o seu consultório para recebê-los. Esses, sim, podem falar de uma carreira. De repente, amanhã pode ser que eu não tenha nenhuma ideia para um livro, e se isso acontecer eu deixarei de escrever. E o fato de que eu esteja vivendo da literatura, porque é verdade, não significa que eu não escreva nada de que eu necessite escrever como homem. Isto é, eu não posso viver sendo duas pessoas em uma – a pessoa corrente e normal, que, afinal, sou, e uma entidade, um pouco estranha, que se chama escritor. Esses dois não vivem lado a lado, são um apenas, estão fundidos um no outro. E se o homem não tem nada para dizer como homem, também não terá nada para dizer como escritor. Se isso acontecer, e eu já disse isso, me calarei. E poderia ter acontecido de eu me calar depois do *Memorial do convento*, do *Ano da morte de Ricardo Reis*, da *História do cerco de Lisboa*, ou do *Evangelho segundo Jesus Cristo*. Poderia não ter tido mais nenhuma ideia, e fim. E é verdade que, cada vez que eu termino um romance, não tenho nenhuma outra ideia e fico esperando para ver o que acontece. Pode levar um mês, dois, três, seis meses, até me ocorrer uma ideia. Eu acho que os que me leem perceberam que os meus livros não se repetem. Eles percebem que o autor é este pela forma de narrar, pelas preocupações que expressa, mas cada livro contém alguma coisa que aí se acaba. E isso tudo é o contrário do que se necessitaria para uma carreira. Para uma carreira, o conveniente seria explorar os filões encontrados para que ela pudesse se desenvolver, não? Mas eu fico assim, sem enredo, esperando para ver o que acontece.

Você disse que não teve uma educação formal em literatura, que foi um leitor. Mas eu lhe peço que comente a importância que tiveram a atividade crítica que você exerceu e a atividade de tradutor nesse período de formação, de autoaprendizagem. ■ É preciso dizer algo que ainda não foi dito e que deve ser considerado. Se eu, aos 20 e poucos anos, escrevi um romance, foi porque alguma coisa eu tinha lido. E tinha lido muitíssimo. Onde? Nas bibliotecas públicas. Entre 16 e 22 anos, eu fui um leitor noturno, porque tinha que trabalhar de dia, ia a uma biblioteca pública de uma cidade pequena e lia tudo o que encontrava. Às vezes, não entendia nada, ou quase nada, de alguns livros que lia; não tinha ninguém que me dissesse: esse agora não convém, é melhor que você leia esse outro. Mas, de qualquer modo, com todos disparates, erros e incompreensões, creio que pude ler uma gama bastante ampla de autores. Eu diria que *Terra do pecado*, por um lado, funcionou como uma sedimentação de leituras; pode-se dizer que não há nada de original ali, mas, se não somos Rimbaud, o que entendemos por "original" aos 20 e poucos anos? Você pergunta se o fato de fazer traduções influiu em alguma coisa. Não, em nada, nada, nada... É muito diferente sentar-se para traduzir uma obra pelo desejo de traduzi-la, por vontade própria e, então, desfrutar do trabalho de tradução, buscando as funções mais adequadas e tudo isso... Mas eu não traduzi por gosto, por prazer; eu traduzi para ganhar a vida e traduzi de tudo: livros de política, de economia, de arte, romances, coisas tontas como uns livros de um senhor chamado Jivkov, que era búlgaro, secretário-geral do Partido Comunista da Bulgária e ao mesmo tempo presidente, e eu tive que traduzir coisas dessas. Com isso não aprendi nada. Mas claro que há outro tipo de aprendizagem. Quando tive que traduzir Bonnard, aprendi muito. Mas não aprendi a escrever e acho que quem tem que traduzir nas mesmas condições e circunstâncias que eu corre o risco de ter a sua escrita prejudicada pela variedade de estilos, de modos de narrar dos diferentes autores que tem que traduzir. Então, posso dizer que não aprendi nada. Agora, acho que aprendi a escrever porque li muito. Sempre li muito, desde menino, desde adolescente, ia à biblioteca pública para ler, para ler e nada mais, e no dia seguinte tinha que me levantar cedíssimo para ir à oficina onde estava trabalhando. Não estou idealizando a minha vida, não estou fazendo romantismo barato e falso, estou falando de fatos e nada mais; sem cair na tentação de exagerar para uma vida extraordinária, senão o contrário. Eu comecei por esse romance, depois a poesia, depois a crônica, depois fiz um pouco de teatro. Mas o teatro não foi por uma iniciativa minha. Eu tenho quatro obras de teatro, todas elas foram representadas, e aparentemente eu poderia dizer: sou dramaturgo. Não, não sou, eu não me vejo como dramaturgo. Romancista, sim; mas depois de todas essas experiências e de tudo isso. Mas talvez o romancista que sou deva algo a uma circunstância que a que ver com uma obra da qual não se fala muito, e é uma pena que não se fale muito dela, que é esse romance que publiquei em 1980 e que se chama *Levantado do chão*. Em 1975, como disse, fiquei sem trabalho. Em 1976, eu estava no Alentejo, no sul de Portugal. Eu venho de uma família de camponeses pobres, sem-terra, do norte de Lisboa, a uns cem quilômetros, mais precisamente, do nordeste; e, nessas alturas, quando eu estava com essas dúvidas – "o que vou fazer da minha vida? escrevo, não escrevo? como? o quê? para quem? e com que meios?" –, veio-me a ideia de escrever algo sobre a minha gente – avós, pais –, que viveu no campo nas condições que os mais velhos aqui podem imaginar, se viveram no campo há quarenta, cinquenta, sessenta, setenta, cem anos: saberão o que é isso. E eu soube, não muito profundamente, mas, de qualquer forma, soube. O estranho é que eu deveria ir diretamente aos meus lugares, à minha cidade, e ficar ali, mas, talvez porque eu conhecesse muito bem tudo isso, não queria escrever sobre isso. Então, fui ao Alentejo em 1976 e fiquei lá dois meses, falando com as pessoas, indo ao campo onde trabalhavam, comendo com eles, dormindo com eles. E voltei, depois, por mais algumas semanas. Portanto, juntei uma quantidade de ideias, informações, histórias e tudo isso. E esse livro foi escrito em 1979 e publicado em 1980. Quer dizer, foram precisos três anos para que eu pudesse escrever esse romance. Na verdade, durante esse tempo escrevi um livro de relatos curtos, *Objecto quase*, e publiquei o *Manual de pintura e caligrafia*. Portanto, estive fazendo algumas coisas. Mas não estava fazendo o que tinha de fazer – agora sei disso, mas naquela época eu não sabia. Porque eu não sabia de uma coisa, muito mais importante do que às vezes se imagina: eu tinha uma história para contar, a história dessa gente, de três gerações de uma família de camponeses do Alentejo, com tudo: a fome, o desemprego, o latifúndio, a polícia, a igreja, tudo. Mas me faltava alguma coisa, me faltava saber como contar isso. Então eu descobri que o como tem tanta importância quanto o quê. Não se pode contar como se não há o que contar, mas pode acontecer de você ter o quê e ficar paralisado porque não tem o como. O tema que eu tinha estava claríssimo, era um romance neorrealista, bastavam camponeses, fome, desemprego, luta, tudo isso. E modelos do romance neorrealista português, nós os temos, e grandes romances. Portanto, o molde eu já tinha e só precisava colocar nele a minha própria matéria e, então, já teria o romance. Mas, não, algo dentro de mim dizia: não, não e não; enquanto você não encontrar a sua própria forma, não poderá escrever. Claro que isso eu estou dizendo agora, com certeza vocês não estarão imaginando que naquela época eu conversasse dessa forma comigo mesmo: não, eu não conversava. Mas eu tinha uma barreira que me impedia de ir adiante. Quando eu voltava ao Alentejo e encontrava os amigos que eu tinha feito lá, gente de uma qualidade humana impressionante, eles me perguntavam: e o romance, quando você vai publicá-lo? Eu dizia: é que estou ocupado agora com outros assuntos e tal. Não, na verdade eu estava em pânico [risos]. Em pânico porque eu não tinha o como. Até que, em desespero de causa, pensei: isso não pode ficar assim e tenho de começar a escrever esse romance, e comecei a escrevê-lo como um romance normalzinho. E quando eu digo romance normalzinho, e há grandíssimos romances normaizinhos, não estou dizendo nada contra, ao contrário: surpreende-me que numa forma quase canônica possam ser escritos romances magníficos, sem rupturas... Claro que há outros romances magníficos que o são por vários motivos, entre eles porque romperam com convenções e com tudo isso. E comecei a escrever com cada coisa no seu lugar: roteiro e tal... Mas eu não estava gostando nada do que estava fazendo. Então, o que aconteceu? Na altura da página 24, 25, estava indo bem e por isso eu não estava gostando. E sem perceber, sem parar para pensar, comecei a escrever como todos os meus leitores hoje sabem que eu escrevo: sem pontuação. Sem nenhuma, sem essa parafernália de todos os sinais, de todos os sinais que vamos pondo aí. O que aconteceu? Não sei explicar. Ou, então, tenho uma explicação: se eu estivesse escrevendo um romance urbano, um romance com um tema qualquer de Lisboa, com personagens de Lisboa, isso não aconteceria. E tenho certeza de que hoje estaria escrevendo esses romances como todo mundo – talvez bons, talvez não tão bons, mas estaria acatando respeitosamente toda a convenção do que se chama escritura. Mas alguma coisa aconteceu aí: eu havia estado com essa gente, ouvindo, escutando-os, estavam contando-me as suas vidas, o que tinha acontecido com eles. Então, eu acho que isso aconteceu porque, sem que eu percebesse, é como se, na hora de escrever, eu subitamente me encontrasse no lugar deles, só que agora narrando a eles o que eles me haviam narrado. Eu estava devolvendo pelo mesmo processo, pela oralidade, o que, pela oralidade, eu havia recebido deles. A minha maneira tão peculiar de narrar, se tiver uma raiz, penso que está aqui. Não estou certo de que seja a única, mas com certeza, essa conta. Quando esse romance foi publicado em Portugal, houve um reboliço porque as pessoas não entendiam nada, inclusive um amigo meu me chamou para dizer: olha, eu sou seu amigo, mas a verdade é que leio três páginas e me perco, eu não entendo o que você diz. E eu disse: você tem em casa um corredor comprido, não? Pois então, acenda a luz à noite e comece a andar de um lado para o outro no corredor, lendo em voz alta. Se você ler em voz alta, vai ver o que acontece. Da mesma forma que, quando nos comunicamos oralmente, não necessitamos nem de travessões, nem de pontinhos, nem nada do que parece necessário usar quando escrevemos, pois então, você, como leitor, colocará aí, não o que falta, porque não falta nada... A palavra escrita num livro é uma palavra morta; quando fazemos a leitura silenciosa, não está morta, acorda um pouquinho; mas a palavra só fica acordada quando a dizemos. Para que a palavra soe desperta é preciso dizê-la; ler silenciosamente as palavras não é suficiente. E nós todos sabemos que, quando se lê poesia, fazer uma leitura silenciosa de uma poesia ou fazer uma leitura em voz alta dela são dois mundos completamente diferentes. Quando eu digo ao meu leitor "você tem que ler escutando dentro da sua cabeça a voz que está dizendo", isso se aplica ao autor. Eu começo um romance, um conto, um relato, ou algo assim, mas enquanto não ouço dentro da minha cabeça a voz que está dizendo, o texto não avança. A prosa fica ali, parada. Tem que soar dentro. E é ainda bastante estranho que isso aconteça, porque parece que não percebemos que no fundo falar e fazer música é a mesma coisa, exatamente a mesma coisa. Fala-se e faz-se música com os mesmos ingredientes: sons e pausas, nada mais. Toda música pode ser reduzida a isso: sons e pausas. Toda palavra, ou todo discurso, pode ser reduzido a isso, som e pausa. Mas, da mesma forma que a música necessita de uma espécie de suporte rítmico que a conduza – não estou muito certo disso, mas estou falando de outras músicas –, o próprio discurso, que está sendo escrito, talvez dele necessite.

Eu gostaria que você falasse sobre o romance, ou melhor, sobre o exercício da prosa de ficção por meio do romance: o exercício desse imaginário no mundo contemporâneo. O que é isso? Qual a sua importância? ■ O que é hoje para mim ficção? É como uma voz, tudo é uma voz, diria o poeta, o dramaturgo, na circunstância em que eu falei antes. Ocorre que a voz, no meu caso, tem toda a importância do mundo. No meu caso, o homem e o escritor, como eu disse antes, não apenas estão juntos, mas estão fundidos um no outro. Então eu diria que a ficção para mim, hoje, não sendo uma carreira, é o recurso que eu tenho para expressar minhas dúvidas, minhas perplexidades, minhas ilusões, minhas decepções. Não no sentido de uma literatura confessional. A preocupação que eu tenho é esta: em que mundo estou vivendo? Que mundo é este? O que são as relações humanas? O que é essa história de sermos o que chamamos a humanidade? O que é isso de ser Humanidade? Ter encontrado para essa ficção uma forma pessoal de narrar, que é a minha, acho que esse meu privilégio – eu não sei como nem a quem pagá-lo – de haver podido chegar a ter uma voz própria para narrar o que tenho para narrar não tem preço. Agora, isso tudo depois passa por uma quantidade, porque o meu processo narrativo, que nasce com *Levantado do chão* e que aparentemente se repete em todos os outros romances, repete o essencial, mas há mudanças, adaptações ao próprio tema, à própria história que está sendo contada. Eu estou percebendo que, depois de uma expressão bem mais barroca, como é o caso do *Memorial do convento*, talvez por interferência do próprio século XVIII em que tudo acontece, estou me aproximando cada vez mais de uma narrativa seca, cada vez mais seca. Encontrei, outro dia, uma fórmula que me parece boa: é como se durante todo esse tempo eu estivesse descrevendo uma estátua – o rosto, o nariz –, e agora eu me interessasse muito mais pela pedra de que se faz a estátua. Quer dizer, já descrevi a estátua, todo mundo já sabe que estátua é essa que eu estive descrevendo desde *Levantado do chão* até o *Evangelho segundo Jesus Cristo*. A partir de *Ensaio sobre a cegueira*, em *Todos os nomes* e no próximo romance, se o escrever, trato da pedra.

EDIÇÃO 22 • MAIO 1999

JOSÉ PAULO PAES*

Num de seus ensaios, publicado em *O lugar do outro* (Editora Topbooks), José Paulo Paes se autodenominava um poeta distrital. Ele mesmo costumava dizer que era o poeta mais importante do seu quarteirão, na rua João Carlos da Silva Borges, em Santo Amaro. Credite-se o epíteto ao seu habitual senso de humor. Em um poema de *A poesia está morta mas juro que não fui eu*, ele simplesmente era poeta de ribeirãozinho/ estrada araraquarense. Esse refinado tom humorístico estava na poesia, na prosa de ensaísta e na fala de José Paulo. Em dezembro de 1992, logo depois da publicação de *Prosas seguidas de Odes mínimas*, liguei para ele pedindo uma entrevista para o *Jornal da USP*, onde trabalhava. Foram algumas horas de conversa sobre sua infância em Taquaritinga (onde nasceu e foi criado); os anos de estudo e de atividade literária intensa em Curitiba (onde foi estudar química e participou da famosa revista *Joaquim*, de Dalton Trevisan); as amizades literárias, anos depois, em São Paulo, com Oswald de Andrade e Osman Lins... Boa parte dessa conversa está agora aqui reproduzida, com ênfase nas perguntas que haviam ficado de fora na primeira publicação da entrevista. E através dela pode-se perceber que o poeta distrital atravessou ruas, pontes, mares, aprendeu e traduziu várias línguas. Foi um escritor do seu tempo e um observador sempre irônico das contradições do vasto mundo.

por **Rinaldo Gama**

* José Paulo Paes faleceu em outubro de 1998, em São Paulo.

Em *Prosas seguidas de Odes mínimas*, o leitor nota um forte sabor memorialista e uma diferença razoável em relação aos seus livros anteriores. Há quanto tempo o sr. vem trabalhando nesses poemas e como surgiu essa vertente da memória em sua poesia? ■ Quanto à questão do tempo, na realidade há pelo menos dois poemas que datam de 1947 ["Escolha de túmulo" e "Canção do adolescente"] e que ficaram na minha gaveta de guardados porque eu não achei lugar para eles em nenhum dos livros que publiquei. Eles destoavam das tônicas dominantes destes livros. Já a maioria dos poemas foi escrita nos últimos cinco anos, depois que eu tive um problema de saúde muito grave, tive uma perna amputada. E eles de certo modo estão ligados a esta peripécia, tanto que um dos poemas é uma ode a minha perna esquerda. Essa foi uma fase difícil da minha vida, com certo risco de vida, e, nessas ocasiões, a gente repensa os valores. Eu tive de repensá-los e uma das coisas que me marcaram, nessa época, foi a experiência onírica, sonhos insistentes que me perseguiam e acabei descobrindo que tinham um significado mais profundo, pois estavam ligados a essa minha experiência traumática e a ligavam a certos acontecimentos da infância e da juventude. O clima das prosas é um clima rememorativo, mas não chega a ser confessional, enquanto que as odes mínimas são poemas mais objetivos, mais fenomenológicos ou mais descritivos.

Nesse livro, o sr. faz um mergulho no seu passado, lembrando de familiares e de personagens de sua infância em Taquaritinga. O sr. poderia falar um pouco sobre esses personagens? ■ Esses personagens estão ligados à casa onde nasci, onde passei a primeira infância e para onde eu voltei, durante as férias escolares, anos a fio, enquanto os meus pais estavam vivos. Depois, eles morreram. Primeiro morreu meu avô, depois minha avó, depois meus pais, depois meus tios, de modo que essa casa, que era casa familiar, onde a família vivia uma espécie de congregação ao modo patriarcal, foi ficando vazia e acabou sendo fechada. E ficou abandonada durante anos. Então, nesses meus sonhos vinha insistentemente a ideia dessa casa abandonada. Daí nasceu o poema "A casa", em que tento recuperar a atmosfera da casa, do ponto de vista não mais da criança, mas do homem de 65 anos que vê uma casa fechada e assombrada. E assim nasceram os outros poemas, o poema ao meu pai, à minha mãe, ao meu avô J.V., à minha avó Dona

Zizinha, outro ao velho empregado da livraria e, também, claro, aos loucos da cidade.

No poema "Noturno" o sr. fala sobre a expansão do mundo através da leitura. Qual era seu contato com o "vasto mundo" nessa época? ■ Nesse poema o que se exprime é minha condição de rapaz de interior, de uma cidade pequena cujo contato com o mundo era através do trem. O apito do trem me dava um sentimento de distância e, ao mesmo tempo, de exílio. Quer dizer, eu estava exilado do grande mundo. Estava nos confins do grande mundo. Cada vez que o trem apitava, meu quarto ficava menor ainda e o mundo ficava cada vez maior. O trem partia e me deixava para trás. Na medida que o mundo cresce na imaginação, o lugar no qual você está encerrado se fecha. E aí você só pode abri-lo através da imaginação. E principalmente através dos anseios juvenis, o anseio do mundo dos livros, da literatura, do mundo físico, do desconhecido, do mundo geográfico, de outros países, das outras terras remotas desde Ufir até aquela Samarcanda, cuja sonoridade sempre me impressionou muito. E finalmente, claro, através da experiência erótica, da experiência amorosa.

De Taquaritinga o sr. foi estudar em Curitiba. Que ambiente literário propício o sr. encontrou por lá? ■ Minha ida para Curitiba teve motivo puramente pragmático. Eu tinha terminado o curso ginasial e não queria seguir Letras, porque naquele tempo Letras só abria caminho para a profissão de professor, e eu sempre tive horror da escola. Eu sempre gostei muito de aprender, mas fora da escola. Então, eu queria arranjar uma profissão que pudesse exercer tão logo quanto possível e me libertasse da tutela econômica dos meus pais. Escolhi um curso de química, que era um curso rápido, de quatro anos, que me daria uma qualificação profissional. Como eu não consegui ser aprovado no Mackenzie, aqui em São Paulo, fui para Curitiba e consegui entrar no Instituto de Química do Paraná, onde estudei por quatro anos. Saí com o diploma de químico e a cabeça cheia de sonhos, não químicos, mas literários e políticos. O meu ritual de batismo literário foi em Curitiba. Até então, a literatura para mim era uma espécie de vício solitário. Mas lá encontrei um grupo de rapazes da minha idade, com sonhos literários, e me liguei a eles. Fizemos suplementos, revista, participamos de congressos de escritores e publicamos nossos primeiros livros. Dessa maneira, eu passei a ver a literatura como uma espécie de empresa associativa, comunal.

Quem fazia parte dessa "empresa associativa"? ■ Havia vários amigos de que eu me lembro, inclusive havia um belo poeta, o primeiro e verdadeiro poeta que eu conheci, Glauco de Sá Brito, que era um desses poetas espontâneos, já nasceu com o gênio da coisa. Ele não chegou, infelizmente, a realizar uma obra muito sólida, mas me impressionou muito pela espontaneidade com que escrevia. Aquilo que para mim custava um trabalho danado, o Glauco fazia com a maior facilidade possível. Havia também Armando Ribeiro Pinto, que se interessava muito por cinema, Samuel Guimarães da Costa e, depois, a geração do Dalton Trevisan, ao lado de pintores, como o pintor Carlos Scliar, que ficou nosso amigo. Era um grupo que se interessava por pintura, por literatura, por arte em geral. Curitiba, nessa época, por volta de 1945, 1946, era muito provinciana e essencialmente acadêmica. A esta altura, me parece que havia em Curitiba quatro ou cinco academias de letras. Tanto é que a gente brincava dizendo que, por metro quadrado, é a cidade onde há mais imortais no país todo. Havia, por isso, uma literatura muito acadêmica. Nós representávamos, naquela época, a modernidade, tardia, porque a modernidade brasileira vem de 1922 e nós estávamos naquela altura no comecinho do pós-guerra. De qualquer modo, ainda se lutava muito por lá. O Dalton, por exemplo, aparece com a *Joaquim*, que foi uma revista irreverente e que se ergueu principalmente contra os tabus acadêmicos da própria Curitiba. O Dalton até hoje é um crítico feroz de Curitiba, dentro da qual ele descobre dimensões secretas.

Como o sr. vê a experiência da revista *Joaquim*? ■ Ela era literária, se bem que os nossos interesses fossem vastos. A gente se interessava por pintura, cinema, escultura, ficção, poesia, enfim, tudo que dizia respeito a arte nos interessava. Ela tinha circulação nacional. A *Joaquim*, dessa geração de 1947, que eu prefiro chamar de imediato pós-guerra, me parece que foi a revista mais bem lograda, mais conhecida e mais representativa por seu caráter combativo. As academias tinham horror a ela, não sabiam o que aquilo significava, achavam que era feito por um bando de loucos, o que nos enchia de orgulho. O Paraná teve a sorte e a má sorte de ter sido um dos focos do Simbolismo. Teve poetas curiosos, como Emiliano Perneta e Dario Vellozo. Mas o máximo que àquela altura a intelectualidade local tinha chegado era o Simbolismo. Eles achavam que depois do Simbolismo o mundo acabava. E nós não. Achávamos que o Simbolismo tinha ficado definitivamente para trás, que havia muito mais coisa entre o céu e a terra do que os Simbolistas imaginavam. Mas era uma época eminentemente política e o nosso anseio de renovação no plano artístico também estava ligado ao plano político. Tínhamos ainda o mito da utopia socialista, de um mundo só, que depois foi sendo progressivamente desmontado, primeiro pela Guerra Fria, depois pela derrubada do mito stalinista e pela crise toda do marxismo que chegou hoje ao auge.

O sr. falou sobre a participação do Congresso Brasileiro de Escritores em 1947, em Belo Horizonte. O que significou esse Congresso para o sr. e para a sua geração? ■ O Congresso reuniu escritores do Brasil todo, tinha gente do Rio, São Paulo, Rio Grande do Sul, Nordeste. Foi o primeiro congresso que a nova geração apareceu em bloco. Até então, a gente só tinha tido contato por cartas, troca de livros e revistas. Esse congresso representou, inclusive, a nossa tomada de consciência como geração. Nós sentíamos que tínhamos uma série de ideias e sonhos comuns e que de certo modo não eram os mesmos da geração que nos antecedeu. Havia uma série de diferenças, principalmente a preocupação política, que foi muito marcante entre nós, o que não era tanto na geração de 1930. Na poesia, com exceção de Drummond, não havia nenhum grande poeta que estivesse politicamente engajado. Nós também tínhamos uma outra visão da poesia, inclusive com um certo interesse pela técnica poética mais tradicional. E, ao mesmo tempo, vínhamos com novas influências. Até então as influências dominantes da literatura brasileira tinham sido francesas, e a nossa geração foi a geração que começou a estudar inglês sistematicamente e a penetrar o mundo da literatura de língua inglesa. Foi a época em que conhecemos T.S. Eliot, Auden, Cristopher Caudwell, um pensador que me influenciou bastante na juventude.

Normalmente, o sr. situa a sua geração como a do pós-guerra ou geração de 1947. Quais afinidades o sr. tinha com essa geração? ■ Acho que essa coisa de geração é muito relativa. São rótulos de que os historiadores literários têm necessidade para fazer as suas ordenações, às vezes um pouco arbitrárias. De qualquer modo, é uma simples situação cronológica, mas não tem nenhum valor judicativo. A geração de 1947 foi marcada por algumas preocupações que estão ausentes da minha poesia publicada. De tal modo que não me sinto assim muito afinado com uma certa ala dessa geração. É uma geração um pouco díspar, porque mistura João Cabral com Péricles Eugênio da Silva Ramos, José Paulo Moreira da Fonseca, Marcos Konder Reis. É um saco de gatos. A minha preocupação sempre foi a de achar minha própria voz, e ela é minha, e não de uma geração.

Quando o sr. publicou seu primeiro livro, *O aluno*, Sérgio Milliet escreveu um artigo sobre o seu trabalho, e Drummond enviou-lhe uma carta. Como eles tomaram conhecimento de sua obra e qual foi a recepção? ■ Quem realmente fez o livro foi o Carlos Scliar. Quando ele veio a Curitiba, nós mostramos a nossa produção, ele se interessou por ela e achou que nós devíamos publicá-la em livro. Então, ele arranjou um editor, fez todo o projeto gráfico, acompanhou toda a feitura gráfica do livro. Saíram três livros: *O marinheiro*, do Glauco de Sá Brito, *Os gatos*, de Armando Ribeiro Pinto, e o meu. Dois livros de poesia e um de contos. E as edições eram muito simples, mas muito bem cuidadas do ponto de vista gráfico. Eu tinha naquela época – isso foi em 1947 – 21 anos. Eu mandei o livro para o Sérgio Milliet e ele escreveu um artigo muito favorável, muito elogioso, que me fez andar nas nuvens durante uma semana. Então, eu senti pela primeira vez em mim o borbulhar do gênio, para descobrir que aquilo não era nada. Borbulhar de coisa nenhuma. E ao mesmo tempo recebi uma carta do Drummond, muito simpática, mas muito severa fazendo restrições. Essa carta me irritou muito na época, porque como eu estava me achando um gênio, aqueles reparos críticos me apearam das nuvens do autoincensamento, mas para o chão firme da autocrítica, que é o chão por onde todo poeta deve caminhar sistematicamente.

Quais foram esses reparos apontados por Drummond? ■ Ele achava que eu tinha um certo domínio do verso livre, um bom sentido de ritmo, mas eu estava me procurando através dos outros, enquanto eu deveria me encontrar dentro de mim mesmo. Então, ele me recomendava inclusive que eu procurasse ler os poetas estrangeiros, em outras línguas, porque eram mais universais e havia o esforço, se não de imitá-los ou aclimatá-los a nossa língua, mas de traduzi-los. Havia, portanto, uma refração e um quociente pessoal que nunca é dado pela influência dentro do próprio idioma. Veja hoje: os epígonos do João Cabral são facilmente reconhecíveis; aliás, existe um certo maneirismo cabralino que esses epígonos pegam com muita facilidade. E a vantagem do Drummond é que ele era um poeta bem mais aberto, então o epigonismo drummondiano é menos marcado que o epigonismo cabralino. Mas de qualquer modo é um epigonismo. E toda a minha luta desde então, graças a essa carta do Drummond, foi de tentar puxar minha voz própria, uma vozinha que fosse pequenininha, que fosse fraquinha, mas que fosse minha, ou como dizia o Oswald, "mau mas meu". Toda a minha luta foi por aí. Graças à carta do Drummond, eu deixei de lado uma sonetística meio parnasianoide que faziam então Lêdo Ivo e Paulo Mendes Campos. E eu estava entrando nessa. Foi aí que me voltei para uma poesia mais crítica e mais satírica das *Novas cartas chilenas*, que foi o primeiro resultado concreto da sacudida que recebi do Drummond. A partir das *Novas cartas chilenas*, a minha poesia fica impessoal, ela se debruça sobre o mundo, principalmente para vê-lo sob lentes críticas, ideologicamente informadas. Eu me debruço sobre a sociedade de consumo para denunciar a pequenez e as misérias dela.

Essa é uma preocupação de sua poesia, que, como diz Alfredo Bosi, no ensaio "O livro do alquimista", é uma poesia que vê a máquina do mundo sob suspeita. O sr. poderia falar um pouco sobre essa preocupação? ■ Minha preocupação social começou em termos partidários, ligados a um problema ideológico, politicamente definido. Depois, a própria marcha da história foi desmentindo várias dessas ilusões, mas jamais apagou em mim o sentido da utopia social. Vou ser um utopista social até a morte. Acredito que é possível uma sociedade mais justa e mais fraterna. Não só é possível, como é indispensável que ela venha. E nós temos que lutar por ela seja de que forma for. Agora, cada vez mais eu estou descrente dos esquemas partidários e ideológicos, porque eu sei que eles são redutores. O que é fundamental nesse sentido utópico é o sentido de solidariedade humana e a ânsia de igualdade humana. Estes são os sentimentos fundamentais e é sobre esses sentimentos de base que se constroem ideologias, e as ideologias de certa forma ressecam os sentimentos. Este sentimento de perda do calor das origens está em vários poemas meus. Em *Prosas seguidas de Odes mínimas*, há "Sobre o fim da história" e "Mundo novo", que são poemas que têm a ver com essa questão do ressecamento do sentimento humanitário pelas vendas, pela estreiteza ideológica. Isso pervaga de certo modo minha obra toda engajada ou interessada. Ela é engajada, sim, é ideologicamente engajada no sentido de refletir uma visão de mundo, mas essa visão do mundo não é partidária, nem evangélica. Eu não quero convencer ninguém. Cada um tem direito de errar por conta própria, sem que ninguém lhe transmita os próprios erros.

Na sua poesia, a ironia é um traço marcante. Alfredo Bosi fala, no mesmo ensaio, em um observador irônico... ■ Essa ironia é clara. Eu aprendi primeiro com Drummond, depois com Oswald de Andrade, que eu conheci em São Paulo. Com ele, tive uma relação muito curiosa, porque o Oswald a essa altura tinha rompido com o Partido Comunista e eu ainda continuava meio linha justa, de modo que nós tínhamos grandes discussões sobre questões políticas e de certo modo sobre questões de literatura, já que ele era um crítico da chamada geração de 1947. Ele achava que era uma geração reacionária, que estava voltando ao verso metrificado, rimado. Ele achava que tudo isso era totalmente anacrônico. Ao mesmo tempo, essas discussões para mim foram vitais porque também foram uma outra sacudida. Eu não conhecia a poesia do Oswald, pois naquela época era inacessível, a gente achava um ou outro poema dele nas antologias. E quando eu vim a São Paulo, ele me presenteou com um dos exemplares daquela edição *Poesias Reunidas: O. Andrade*, feita pelas Edições Gaveta. Foi aí que eu tomei contato com a poesia dele e fiquei fascinado. E logo depois eu li numa primeira edição a *História do Brasil*, do Murilo Mendes. E naquela época eu andava muito metido com história do Brasil, estava lendo Caio Prado, Sérgio Buarque de Holanda. E aquilo tudo se mexeu na minha cabeça e saiu esse poema que se chama *Novas cartas chilenas*, que é uma tentativa de revisão irônica da história do Brasil, traindo então a influência de Murilo e Oswald, mas já consciente dela e tentando superá-la em busca de uma voz pessoal que, modéstia à parte, eu acredito ter começado a encontrar a partir desse livro.

Em São Paulo, nos anos 1960, o sr. também se aproximou da poesia concreta. Como foi essa aproximação e que subsídios trouxe para a sua linguagem poética? ■ Eu tive uma aproximação do grupo de poesia concreta através do Cassiano Ricardo, que foi publicado pela editora onde eu ia então trabalhar, a Cultrix. E ele me aproximou do grupo. Depois, o grupo acabou brigando com o Cassiano. Cheguei a colaborar na revista *Invenção* e partilhei algumas das ideias, mas nem todas. A minha formação era diferente, eu não tinha raízes nem mallarmaicas, nem joyceanas. De modo que minha aproximação se deu sob o signo do humor e do laconismo da economia verbal. O que me impressionou muito nos experimentos concretos foi essa possibilidade de utilizar certos recursos de linguagem para aguçar e tornar mais acurada aquela ponta satírica que já havia na minha poesia. Durante um certo tempo, nós caminhamos juntos, mas depois a minha poesia foi despontando para outro tipo de coisa e a novidade da experiência concreta foi se diluindo.

Como o sr. se interessou pela poesia grega moderna? ■ Eu sempre tive vontade de conhecer a Grécia, mas nunca tive dinheiro para isso. Eu só fui ter dinheiro quando eu já estava na idade madura, aí eu consegui fazer um mínimo de economia para fazer a minha primeira viagem à Grécia. Tanto que costumo dizer que o turismo é uma espécie de serviço militar obrigatório da maturidade. Então, como era a primeira vez que iria à Grécia, achei que seria uma falta de respeito não saber dizer "bom dia", "obrigado", "até logo", na língua dos nativos. Eu pedi ao Wilson Martins, que então lecionava na Universidade de Nova York, que me comprasse um curso de linguafone de grego moderno. Durante oito meses, todos os dias, duas ou três horas por dia, eu ficava ouvindo aquilo e repetindo as lições. Com isso, adquiri os rudimentos do grego moderno, que é aliás uma língua fascinante. Essa experiência da Grécia me fascinou.

Pela primeira vez, tive noção exata do ser grego. Eu acho que os gregos de hoje são os continuadores dos gregos antigos. Aquela ideia de uma Grécia aviltada, empobrecida, é uma besteira. O espírito grego continua vivo. As coisas mudaram, como tudo mudou, a história é implacável, mas esse espírito você sente convivendo com os gregos de hoje e lendo Homero, o teatro grego. São fundamentalmente os mesmos gregos. E a própria língua é o penhor dessa continuidade histórica e intelectual. É a mesma língua – claro, modificada através dos séculos, mas fundamentalmente é a mesma língua, apesar de bem mais simplificada. Tanto que, primeiro, aprendi o grego moderno e agora estou aprendendo o grego antigo. Preferi o caminho que me parece o caminho correto, do vivo para o morto, do presente para o passado, para acabar com essa mania antiquária de achar que só o que ficou no passado é que interessa quando o importante é você descobrir os nexos de continuidade que tornam a cultura um organismo vivo. É por isso que me voltei para a literatura moderna da Grécia. Eu acho que a poesia que se faz hoje na Grécia está entre as melhores do mundo.

Agora, voltando ao poeta José Paulo Paes, como é seu processo de criação poética? ■ Não há um processo de trabalho. O poema nasce por conta própria, você é apenas a parteira. Não é mais do que isso. Agora, é claro, no processo de inseminação você pode ser inseminado por uma frase que você ouve, por uma leitura que você faz, por um fato de sua vida, por um sonho. Há vários elementos incitadores para a origem do poema. Às vezes por exemplo há um torneio de linguagem que você guarda, "um dia vou escrever um poema explorando isso". Eu me lembro de um poema meu. Existe aquela expressão "homem público", que é o canastrão, cidadão respeitável, pai da pátria. Ao mesmo tempo, e isso é curioso, quando você fala em "mulher pública", todo o campo de conotação é totalmente diferente. Você passa da esfera da respeitabilidade, da hipocrisia respeitável, para a esfera da degradação e do desrespeito. Toda a ética da sociedade machista está nessa simples oposição. Tanto que eu pensei em escrever um poema explorando esse tipo de coisa, quer dizer, o mesmo adjetivo aplicado a dois substantivos diferentes gerando dois campos contraditórios de significado. Comecei e percebi que iria diluir a ideia inicial. E o poema ficou só nesses dois versos e se chama "Lembrete cívico".

É comum, atualmente, as pessoas torcerem o nariz para a inspiração, com um certo preconceito. No seu trabalho tem inspiração? ■ Claro. Todo meu sentimento religioso se concentra na crença da inspiração. Não como uma potência divina, mas como uma dimensão interior sua que só aflora em momentos privilegiados. É como o sonho significativo. Você tem uma quantidade muito grande de sonhos, mas há certos sonhos que o perseguem porque neles está se exprimindo alguma coisa de fundamental para a sua vida. E a inspiração é isso, uma virtualidade que você traz dentro de você que, numa conjuntura favorável, estimulada por circunstâncias propícias, aflora. De modo que eu acredito piamente na inspiração. Não que o poema venha pronto; vem apenas o germe, depois você tem que trabalhar, você tem que ter artesanato, tem que ter um cabedal de leituras, um arquivo de modelos para, à luz disso tudo, ir tentando, não imitá-los, mas socializar aquele seu achado. Porque a poesia é um processo de socialização, você tornou o dentro em algo fora e público. Mas às vezes a inspiração pode ser falsa. O sujeito pode simplesmente achar que é inspiração o pior dos lugares-comuns. Você precisa de toda uma experiência literária para poder separar o joio do trigo, para saber o que é simplesmente mero eco de leitura e aquilo que possa ter algo de original. Essa é uma das maiores dificuldades, você saber descobrir aquilo que é seu.

Como sr. vê a poesia brasileira de hoje? Têm saído vários livros de poetas novos. ■ Está se publicando muito. Bom, por um lado; e mau por outro. Mau porque está se publicando sem senso crítico. O pior no Brasil é a falta de publicações periódicas literárias, suplementos e revistas. É de uma pobreza lastimável. A revista e o suplemento seriam o lugar natural para o sujeito começar a publicar. Agora, o que acontece? O jovem não tem onde publicar, então ele pega, junta num volumezinho, ele próprio financia a edição e publica. Porém, o livro é uma coisa definitiva. O periódico, como a própria palavra diz, é uma coisa circunstancial, ligada a um momento. Então, o que está acontecendo é que uma pré-poesia está sendo publicada como poesia, quando seria bom que houvesse a possibilidade de os jovens estarem publicando em revistas e suplementos. Acho que o escritor é por natureza e por definição um livre atirador. E a melhor forma é ele trabalhar na área da guerrilha. E nessa guerrilha a arma fundamental é a publicação de revista e suplemento. O que me impressiona hoje é a falta disso. O sujeito está sozinho. Ele publica o livrinho dele e não tem quem leia, nem quem se interesse ou critique. Tudo isso me dá a impressão de indigência de época e de clima. A minha geração era iconoclasta como toda geração que se preze, mas é uma iconoclastia que sabia o que quebrar e nós tínhamos os nossos sagrados. Eu me lembro da primeira vez que conversei com Graciliano Ramos, para mim foi uma experiência espantosa ter passado a tarde inteira num café conversando com ele. Ele se dignou a perder uma tarde inteirinha com um rapazola que vinha lá da província. Ou o [Otto Maria] Carpeaux, que perdeu uma noite comigo. Ele sempre trabalhava à noite. Lembro que cheguei no Rio e liguei para ele, eram 9h30 da noite. "Estou te telefonando para te dar um abraço." E ele disse: "Venha já para cá, hoje eu quero sacrificar minha noite de trabalho para conversar com você". E fui lá para o apartamento dele e saí às 3h da manhã. Eu não era nada, era um rapazola que tinha chegado de Curitiba com uma brochurazinha de poemas. Isso tudo é muito importante, você ter respeito e convivência com os mais velhos. Como eles têm mais experiência literária, já passaram por todas as peripécias que uma carreira literária envolve, estão muito mais em situação, não digo de orientá-lo, mas de pelo menos lhe dar uma força. Para isso, é preciso que os jovens tenham o mínimo de interesse, conhecimento e, mais, um mínimo de ardor e de paixão pela literatura.

O sr. acha que é possível fazer com que o jovem de hoje se interesse mais por poesia? ■ Estou mesmo pensando em escrever um livro de como fazer para que o jovem goste de poesia, uma espécie de propedêutica da poesia, no melhor sentido, no sentido não sistemático, não escolar, mas no sentido de uma espécie de yoga poética, para que o sujeito se sinta motivado a ler poesia e curtir poesia. É possível despertar quem tem algum gosto pela coisa através de um elenco, por exemplo, de como a linguagem da poesia funciona, qual o caminho para entender certas coisas aparentemente inexplicáveis e que entretanto são verdadeiros ovos de Colombo. Minha própria experiência de leitor ajuda. Eu tive um "estalo de Vieira" quando eu passei de Augusto dos Anjos para Bandeira e Drummond. De repente, numa noite, me veio uma iluminação e eu passei a entender aquele negócio de verso livre, daquela linguagem do cotidiano em contraposição àquela linguagem enfeitada que eu imaginei que fosse a linguagem preferencial da poesia. E aí todo um novo mundo se descortinou nos meus olhos. E eu quero saber se é possível, através de uma certa seleção de textos, provocar esse efeito num eventual leitor, inclusive ajudando-o a ver isso, de como a poesia pode estar numa notícia de jornal, num anúncio. Eu me lembro que nessa época, quando descobri o Bandeira, vi numa revista um anúncio de um batom que dizia assim: "De lábio em lábio, dou a volta ao mundo". Pronto, pensei, é só você colocar "Don Juan", no título e você tem um epigrama prontinho. De modo que, tendo os olhos e a sensibilidade em estado de alerta, você pode captar o poético a todo momento.

EDIÇÃO 23 • JUNHO 1999

LYGIA FAGUNDES TELLES

Lygia Fagundes Telles nos recebeu em seu apartamento, no bairro paulistano dos Jardins, para uma entrevista que deveria ter como tema a reedição de sua obra pela Rocco e o lançamento de seu próximo livro, cujo título provisório é *Invenção e memória* e deve sair no último semestre deste ano. Antes de entrar em assuntos mais literários, porém, Lygia disse que gostaria de falar sobre os problemas sociais do país, fazendo então uma apologia do compromisso do escritor num mundo em que o flagelo da miséria e a falência do sistema educacional ameaçam a sobrevivência da própria cultura (e não apenas em sentido literário ou estético). Nenhuma surpresa nessa profissão de fé. Afinal, se a autora de *As meninas* ajudou a estabelecer uma dicção autenticamente feminina dentro da prosa brasileira, Lygia sempre teve consciência de que o espaço ficcional por ela reivindicado tinha uma dimensão política profunda. Foi sobre essas oscilações entre subjetividade e engajamento – sempre filtradas pelo imaginário afetivo e intelectual de quem mandava cartas sentimentais para ícones da literatura brasileira como Drummond e Érico Veríssimo – que Lygia Fagundes Telles nos falou nesta entrevista à CULT.

por **Fábio Lucas** *e* **Manuel da Costa Pinto**

Antes de começarmos nossa entrevista, a sra. falou que queria dizer algumas palavras sobre a responsabilidade do escritor diante da realidade presente do país. O que a preocupa? ■ Antes de mais nada eu queria dizer que acho intolerável conviver com estas estatísticas que dizem que há cerca de seis milhões de crianças sem escola, mais de quatro milhões de crianças trabalhando, cavando, plantando para levar uma miserável contribuição para a família; há no Brasil dez milhões de desempregados e três milhões de sem-terra. Acho isso intolerável. Por isso eu exijo que se faça justiça ao grupo de escritores de minha geração que participou de verdadeiras cruzadas em favor da educação e da literatura. Escritores como Ricardo Ramos [filho de Graciliano Ramos], João Antônio e Osman Lins e eu viajávamos pelas cidades do interior em andanças por escolas e centros culturais. Nós aceitávamos convites sem ganhar nada – apenas um ramo de flores, que eu oferecia a alguém antes de entrar no ônibus, porque a gente ia longe e as flores murchavam no caminho de volta a São Paulo... Algumas vezes eu ia sozinha, pois era jovem e tinha disponibilidade; eu ia lá para o "cu do Judas" para falar não sobre minha obra, mas sobre literatura; eu fazia conferências sobre Gonçalves Dias, sobre o romantismo, sobre Drummond. Minha tônica nessas "falações" eram a poética e a necessidade das escolas, algo em que eu insistia muito antes de haver esse flagelo de hoje, com os pais dormindo nas calçadas para conseguir para seus filhos uma vaga na escola. Recentemente eu li uma entrevista do sociólogo francês Pierre Bourdieu na *Folha de S.Paulo* [caderno "Mais!"] em que ele dizia com outras palavras aquilo que eu afirmava nessas minhas andanças pelo interior. Bourdieu afirmou que o dinheiro que não for aproveitado em hospitais, escolas e creches será aproveitado em prisões. Pois bem, eu repetia *ad nauseam* que, se tivéssemos mais escolas, teríamos menos hospitais. Hoje eu acrescentaria: menos violência e menos drogas – que não existiam na minha época (ou existiam de forma mais velada). Eram tempos mais ingênuos, havia patriotismo e vontade de ajudar. Eu pertenço a uma geração que cantava um hino acadêmico que dizia "Sois da Pátria a esperança fagueira/ branca nuvem de um róseo porvir" – mas nós fomos enganados, assim como as gerações que vieram em seguida. O que nos aconteceu foi cruel.

Essa atitude do escritor sair falando sobre questões de seu tempo remonta ao romantismo. Castro Alves fazia proclamações a favor da libertação dos escravos. O escritor tinha participação social muito importante – e a sua geração repetia isso. Os escritores de hoje são omissos? ▪ Sim, existe essa ausência e por isso eu exijo que se faça justiça a esse grupo do qual participei, que se faça justiça a esse alerta que fazíamos. Era como se estivéssemos adivinhando o que acontece hoje, esse horror – pois a violência, a boçalidade e a vulgaridade desse país nascem da ignorância. Eu sempre tive essa preocupação ética. Em *Disciplina do amor*, de 1982, eu digo que há três espécies no Brasil em processo de extinção: a árvore, o índio e o escritor. Quanto à árvore e ao índio, trata-se de um lugar-comum (mas eu gosto de repetir as coisas primárias, elementares). Quanto ao escritor a resposta está nos pais dormindo ao relento por uma vaga na escola. Para quem escreve e para quem vai escrever o escritor num país desses? Nesse sentido, minha literatura é engajada. Eu sempre me dediquei com a maior devoção a essa temática do Terceiro Mundo. Espero que tenha ficado alguma coisa.

Há um ensaio de Cristina Ferreira Pinto [*O Bildungsroman feminino: quatro exemplos brasileiros*, editora Perspectiva] que fala da conquista da linguagem feminina na literatura brasileira. Segundo ela, Rachel de Queiroz e Lúcia Miguel Pereira têm uma linguagem que pode ser subscrita pelo homem, em que os valores vigentes são masculinos; já a sra. e Clarice Lispector trariam para a literatura brasileira uma voz feminina que não pode ser substituída pela voz masculina, porque o seu enfoque tem um ritmo, um modo e uma linguagem que são exatamente femininos; ou seja, se fosse possível estabelecer um limite entre o discurso masculino e o feminino, as peças mais importantes a serem analisadas seriam a sua obra e a de Clarice. ▪ Concordo com isso, porém é preciso distinguir essa voz feminina de um certo feminismo que existe por aí. O cientista social italiano Norberto Bobbio afirmou, num de seus livros mais recentes, que a mais importante bandeira do século XX foi a da mulher. Mas essa bandeira sofreu um mascaramento que é de um machismo terrível, uma manipulação machista do corpo. Eu evito a palavra feminismo, porque ela foi muito deturpada. Houve um feminismo publicitário que não faz parte dessa bandeira. A ideia do diálogo com o homem como substituto da subordinação deu lugar a um diálogo em que a mulher virou mercadoria. Quanto a Clarice, nós nos gostávamos muito, embora tivéssemos pouco contato. O maior contato foi em Cáli [Colômbia], numa semana que lá passamos no Congreso de la Nueva Narrativa [1976]. Nós ficamos no mesmo hotel e ela dizia [Lygia imita a voz de Clarice Lispector]: "Não quero ouvir essa gente chata, eu não entendo nada do que eles falam. Vamos beber, vamos ficar no bar". E depois de ficarmos ali, conversando, completou: "Agora você masca esse chiclete para tirar o hálito. Olha a cara dessa gente! Nós estamos lindas, coradas e radiantes". Resultado: quando fui falar, um espectador se levantou na plateia e perguntou em que língua eu estava falando – e eu respondi: "Estou hablando português com estilo brasileiro"...

Sua ficção tem um lado gótico, mórbido, mas também um lado que não foi devidamente explorado: o cômico, a ironia, o gosto pelo lado grotesco do ser humano. ■ Acho que é por isso que eu gosto tanto da poesia do Drummond, que tem um humor meio velado, que de repente explode de forma admirável. Há também esse humor no Álvares de Azevedo, essa vontade de rir de si mesmo e dos outros.

Hoje os meios de comunicação tornam o diálogo entre as pessoas instantâneo e há um gênero literário que pode até desaparecer: as cartas. Mas a sra. escreveu muitas cartas que provavelmente vão se incorporar a seu acervo literário. O que é discutido nessas correspondências – assuntos eruditos ou temas de interesse mais emocional, confessional? Com quais escritores a sra. manteve correspondência mais constante? ■ Na juventude, tive dois grandes amigos – Érico Veríssimo e Carlos Drummond de Andrade – que foram maravilhosos e me deram confiança ao responderem minhas cartas. Eu era muito jovem, não tratava de assuntos transcendentais; ainda não tinha entrado nessa fase da juventude – posterior ao curso da Faculdade de Direito do Largo de São Francisco – em que comecei a escrever e em que comecei a ter aquelas preocupações que me levaram a fazer as viagens pelo interior. Antes disso, eu era jovem e delirante, preocupada com o amor, com o casamento. Eu escrevia coisas muito primárias. Estava nos primeiros anos da faculdade quando, com a audácia e a fortuna dos jovens, escrevi uma carta convidando Érico para fazer uma conferência em São Paulo (fiz a mesma coisa também com Cecília Meireles). O Érico me enviou então os livros dele, publicados pela editora Globo na coleção Nobel, obras como *Música ao longe* e *Caminhos cruzados* (ele ainda não tinha entrado na trilogia *O tempo e o vento*). Eu escrevera em nome do jornal *O Libertador*, da Academia de Letras da Faculdade de Direito, do qual fazia parte, e ele aceitou o convite. Mas nós não tínhamos dinheiro nem para passe de bonde e, quando ele chegou, o máximo que fizemos foi conseguir com que um colega fosse buscá-lo no aeroporto – na verdade, não sabíamos nem em que hotel ele ia ficar. O Érico porém entendeu tudo e aceitou ficar num hotel precaríssimo chamado Cineasta, na av. S. João, e fez a conferência. Depois da conferência, conseguimos a duras penas fazer uma reunião na casa de uma família da pequena burguesia paulistana. Eu morava com minha mãe, que estava separada de meu pai havia muito tempo, e éramos muito pobres, nosso apartamento era modestíssimo. Falei para minha mãe que queria convidá-lo para vir em casa, junto com amigos e um grupo do Centro Acadêmico XI de Agosto que tocava violão – mas aí ela perguntou o que iríamos servir para Érico Veríssimo (pois a gente só bebia guaraná e só havia dinheiro para comprar um vermute da pior qualidade...) e resolvemos fazer a reunião na casa dessa família de classe média. Foi a partir de então que comecei a escrever para ele.

E como era a correspondência com Drummond? ■ Eu comecei a escrever para Carlos Drummond também na época da Faculdade de Direito. Eu tinha um namorado no Rio de Janeiro que estava me traindo barbaramente e contava isso para o Carlos... Ou seja, as cartas não tinham dimensão metafísica. Eu estava preocupada comigo mesma, com meu futuro, com o que ia escrever. Érico e Carlos eram amigos generosos, compreensivos; quando Drummond morreu, eu peguei uma caixa de sapato em que guardava minhas cartas e procurei pelo Carlos ali dentro; mas, em vez de encontrar o Carlos, eu me encontrei, porque nas cartas ele não falava dele, mas de mim, de suas preocupações comigo.

Você fala muito de poesia e de poetas, mas nunca escreveu um livro de poemas... ■ Eu só escrevi poesia quando era muito jovenzinha, no ginásio, uma poesia sobre uma prostituta que morre e vira santa no caixão, coisas assim de adolescência... [risos] Um dia eu levei essa poesia da prostituta num leito branco imaculado para o Péricles Eugênio da

Silva Ramos (de quem eu era contemporânea na Faculdade, embora ele estivesse adiantado em relação a mim), e ele disse: "Desista. Poesia não!". É claro que todos recebemos influências dos grandes poetas através da pele, dos olhos, dos ouvidos. Todos nós, que estamos vivos, ficamos sujeitos a essa influência – e talvez os mortos também, por meio dos vermes que passam de um corpo para outro. Mas, sobre isso, o Machado de Assis pode falar melhor do que nós...

Falando em Machado, este ano se comemora os cem anos da publicação de *Dom Casmurro* e a sra. é, juntamente com Paulo Emílio Sales Gomes, autora de um roteiro cinematográfico chamado *Capitu* [publicado pela Siciliano]. Como foi essa realização? Vocês caíram na armadilha de discutir a possível traição de Capitu? ■ Eu conto a história de como escrevi esse roteiro num dos textos do meu novo livro, que vai se chamar *Invenção e memória* – que vou entregar em breve para a editora Rocco. O texto se chama "Rua Sabará, 402", endereço em que residi por cerca de dez anos com Paulo Emílio, meu segundo marido. Depois nós fomos para a rua Pernambuco, onde ele morreria em 1977. Pois bem, estávamos um dia na paz do Senhor quando chegou o diretor Paulo César Saraceni, que era muito amigo do Paulo Emílio e do meu filho, Goffredo da Silva Telles Neto, filho do meu primeiro casamento [com Goffredo da Silva Telles Jr.] e que é cineasta, creio que por influência do Paulo Emílio (aliás, o livro *Três mulheres de três PPPês*, de Paulo Emílio, é dedicado ao Goffredo Neto). Saraceni disse-nos então que queria fazer um filme baseado no *Dom Casmurro*. Ficamos no maior entusiasmo. Paulo Emílio era fundador da Cinemateca Brasileira, ensaísta e crítico de cinema, ou seja, já tinha lidado com isso; mas eu nunca tinha escrito roteiros. Começamos a reler Machado – e aí começou uma coisa extraordinária, que eu conto nesse texto de *Invenção e memória*. Minha primeira leitura de *Dom Casmurro* aconteceu quando ainda estava na faculdade. Fiquei deslumbrada, mas com ódio do Bentinho. Eu punha tudo em mim mesma (quando se é jovem, você é o centro de gravidade das coisas) e pensei nas primeiras arremetidas das mulheres na literatura e na arte, nas minhas tias, apavoradas, cercadas pelo olhar puritano, escondendo poemas e composições de piano. Minha mãe era compositora e pianista e, no entanto, não se realizou. Uma de minhas tias escreveu um poema, no estilo de *Elzira, a morta virgem* [série de livros populares vendidos em bancas no início do século], cujos versos foram escritos com tinta roxa enquanto ela esperava pela morte. Ela teve uma paixão pelo Dr. Paixão (um médico mulato) e a família não quis que eles se casassem; ela então colocava toalhas ensopadas debaixo da camisola para ficar tuberculosa e, antes de morrer, pediu que aqueles versos fossem colocados no travesseirinho do caixão (eram tempos mais cômodos: os mortos tinham travesseiro...). Morreu inédita e virgem... Lembrei dessas tias a propósito de *Capitu*, por causa do moralismo que cercava a mulher. A primeira poetisa que ousou falar em sexo no Brasil foi Gilka Machado [1893-1980], que era tida como imoral, degenerada. Quando li *Dom Casmurro*, portanto, fiquei com péssima impressão do Bentinho.

Essa impressão se transferiu para o roteiro *Capitu*? ■ Um belo dia, depois de reler o livro para fazer o roteiro, cheguei para Paulo Emílio e disse: "Mudou tudo: Capitu traiu Bentinho e o filho é do outro, do Escobar". Paulo Emílio riu e respondeu: "Mas nós não podemos nos imiscuir nisso, Cuco!" ("Cuco" era o apelido pelo qual ele me chamava). A mudança foi tão grande que, numa certa manhã, levantei-me de cara fechada e perguntei para o Paulo Emílio: "Na faculdade você vive com moças que o cercam como abelhas em torno do mel. Com qual delas você me traiu?". Ele caiu numa gargalhada e me chamou de "Cuco-Bentinho". Eu estava sob a impressão dessa segunda leitura de *Dom Casmurro*, na qual Capitu aparecia como uma manipuladora de homens... Nós tínhamos discussões que varavam a noite. Paulo Emílio concebia o roteiro e eu escrevia os diálogos. Consegui abrandar aquela fúria contra Capitu, até que um dia eu descobri que estava voltando à primeira impressão em relação ao Bentinho, percebi que ele era um monstro, que, mesmo que o filho não fosse dele, Bentinho não poderia ir ao teatro e jantar com apetite depois de receber a notícia da morte daquele que, quando criança, sentava nos seus joelhos, passava as mãozinhas no seu rosto e falava "papai, papai querido". Para mim, Capitu era agora uma pobre mulher esmagada pelo marido intelectual e que, como todo seminarista, era um hipócrita. Contei essa mudança para Paulo Emílio, mas ele se saiu com esta: "Está certo, Cuco. Mas escute: não descarte a traição...". O resultado é que nós trabalhamos o roteiro deixando essa dúvida no ar, pois realmente não é possível haver um julgamento definitivo.

Sua obra está sendo reeditada pela Rocco. Há alguma mudança significativa nos livros em relação às edições anteriores? ■ Há alterações ligeiras, nada que seja profundo. Mas cortei os primeiros livros, que não significam muito. Eu era muito imatura, descabelada, selvagem, literariamente inconsciente.

Na sua opinião, quando começa sua maturidade literária? ■ Segundo Antonio Candido, foi a partir de *Ciranda de pedra*, de 1954. Concordo com ele.

Falando em Antonio Candido, qual era seu relacionamento com o grupo da revista *Clima* [editada entre 1941 e 1944], do qual ele participava ao lado de seu marido, Paulo Emílio Sales Gomes, e de críticos como Décio de Almeida Prado, Gilda de Mello e Souza, Lourival Gomes Machado e Ruy Coelho? ■ A relação ficou mais profunda quando me casei com Paulo Emílio, que era amicíssimo deles. Eu já os conhecia quando era aluna de Direito, respeitava-os muito – mas era uma coisa mais distante. Eles eram da Faculdade de Filosofia e acho que havia um certo preconceito dos filósofos em relação à Faculdade de Direito. Depois, quando me casei com Paulo Emílio, todos iam muito a nossa casa, havia grande cordialidade, nós íamos muito ao sítio do Décio de Almeida Prado. Mas é aquela coisa: há os amigos do marido e os amigos da mulher. Quando Paulo Emílio morreu, houve um afastamento natural, agravado pelo fato de que sou uma pessoa tímida. Mas continuei muito amiga do Décio.

Como será seu novo livro, *Invenção e memória*? ■ O livro é composto de pequenos contos, de textos em que abro as portas e as janelas do inconsciente, onde imaginário e memória são uma coisa só. Sempre que você conta um fato a alguém, você percebe que omitiu ou acrescentou detalhes que podem ser frutos da imaginação. Será que eu inventei ou vi esses detalhes acessórios? Essa dúvida é o emaranhado da memória com o imaginário. Por isso acho muita graça nos loucos, porque neles esse emaranhado é explícito. A epígrafe de *Invenção e memória* é do Paulo Emílio, e talvez explique tudo: "Invento, mas invento com a secreta esperança de estar inventando certo". Os contos de *Invenção e memória* são uma memória fantasiosa, um depoimento imaginoso, ou ainda uma mistura de realidade com fantasia.

EDIÇÃO 33 • ABRIL 2000

SEBASTIÃO UCHOA LEITE*

Uma das mais acertadas definições sobre Sebastião Uchoa Leite só poderia mesmo vir de um amigo de juventude. João Alexandre Barbosa, na orelha crítica de *Obra em dobras*, que reúne a poesia de Uchoa até 1988, escreveu: "O poeta-espião espreita o mundo". Concentrava nessa pequena frase as diversas dobras dessa poesia marcada por um refinado humor e principalmente pela experiência de um homem que testemunha seu tempo, às vezes assustado com o cinismo e a seriedade exagerada da época atual. Curiosamente, a definição citada também continha o título do novo livro de Sebastião Uchoa Leite, *A espreita*, que saiu pela coleção Signos, da editora Perspectiva, e sobre o qual o poeta fala nesta entrevista à CULT.

por **Heitor Ferraz** *e* **Carlito Azevedo**

* Sebastião Uchoa Leite faleceu em novembro de 2003, no Rio de Janeiro.

Sebastião, você está lançando um livro novo de poemas, *A espreita*, e já tem outro engatilhado? Você normalmente planeja antecipadamente seus livros?
■ *A espreita* foi entregue à editora em 1997. Em março de 1998 acrescentei "Antídoto" ao volume. São dois anos de espera, ou mais. Não planejo livros. Não sinto a menor necessidade de planejar. O livro geralmente vai nascendo aos poucos, "como Deus é servido" (segundo Bandeira), e espero que o desenvolvimento, ou seja, a produção dos poemas, se dê em algum sentido que me permita ter a sensação de que produzi algo unificado. E isso é o que tem acontecido sistematicamente na minha produção poética. Nunca me sentei e disse: vou fazer um poema sobre tal assunto. Os assuntos vêm para mim. Não como cães atentos às minhas ordens, mas como gatos caprichosos, teimosos. Por causa disso, alguns críticos insistiram muito nesse ponto, o de algumas ideias me dominarem, como Nelson Ascher, que falava em obsessões na minha poesia. Não sei se são obsessões, mas são fragmentos de memórias persistentes que vêm ao meu espírito com mais frequência e isso se reflete na produção poética, o que não quer dizer que eu esteja procurando esse efeito determinado que deu a Nelson a ideia de obsessão. Não estou buscando dar ênfase a uma determinada impressão quando escrevo. Eu realmente vou escrevendo aquilo que me ocorre na hora. Deixo de molho uns tempos e depois modifico, visando a alguma expressão mais compacta.

Dentro desse tipo de método, os livros acabam adquirindo individualidades muito fortes. No que *A espreita* se diferencia de *A ficção vida*, de 1993? ■ *A ficção vida* nasceu nitidamente de uma experiência marcante que foi uma experiência de doença. A primeira parte do livro, chamada "Incertezas", reflete o período que passei num hospital e no qual eu estive, no começo, muito mal, em coma na UTI, e saí do ar. O livro está marcado por isso. A segunda parte é mais misturada; e a terceira é mais sistemática, "Anotações". Ali, eu fiz uma série de poemas muito semelhantes quanto à fatura, os quais, estranhamente, parecem muito presos a um único método, mas são, na verdade, libérrimos. Já *A espreita* não tem essa unidade, os poemas divergem muito entre si quanto à maneira de serem estruturados, embora tendam para uma coisa que é, feliz ou infelizmente, o meu próprio caráter. Não é um modismo formal, é o meu caráter mesmo – eu não sou de falar muito, então os poemas não são grandes, sou um robô minimalista. Não sou muito de espichar. Eles nascem de um certo *insight*, uma certa atmosfera, e eu digo só aquilo que me parece necessário dizer. Eu seria totalmente incapaz de escrever o que se chama de um poema épico, uma ode, uma elegia de amor; definitivamente não sei cantar coisa alguma, a terra natal, o solo pátrio, os grandes ideais, o amor, a justiça, a esperança. Meu coração fraco não aguentaria. Sei somente, como dizia Walt Whitman, cantar a mim mesmo, fazer coisas a partir daquilo que está me passando pela cabeça ou está diante dos olhos. Do grande Heine só guardei o senso crítico e irônico; o entusiasmo romântico pela vida, bem pouco.

Você falou das seções de *A ficção vida*. Neste novo livro, você aboliu esse tipo de organização. Por quê? ■ Achei tudo desigual e heterogêneo, mas resolvi: "Sabe de uma coisa, eu vou deixar assim mesmo". Por que fingir que eu organizei a coisa? Ocorreu o seguinte: no começo, eu estava com um certo luto, digamos assim, mais interiorizado, mais voltado para dentro. Estava produzindo coisas um pouco sinistras. Quando tinha cerca de trinta poemas, percebi que o todo estava bem heterogêneo. Conversei sobre isso com algumas pessoas. "Por que você não divide?" Eu fizera isso nos outros livros, mas decidi deixar como ele foi feito, e a ordem do livro seria a cronológica, como foram escritos. Depois de ensaiar alguns títulos, optei por *A espreita*. Talvez alguns poemas sugiram isso, mas não o clima do livro todo. De qualquer forma, consegue dar uma identidade ao livro. Ele é diferente de *A ficção vida* por um motivo menos de composição que do momento em que se vivenciaram as coisas. Na velha classificação de Max Bense de poesia natural x poesia artificial, sinto-me mais do natural, como Bandeira (que era grande), mesmo admirando alguns "artificiais" (mas não todos). Os livros são diferentes, porque os vivi diferentemente. Lendo-os, você descobrirá vários tipos de motivações de um poeta "natural" apenas médio.

De fato, percebe-se nos poemas uma mistura de motivações, como observações de rua, lances de memória ou de leitura. ■ São motivações completamente distintas. Como, por exemplo, "Os três in-seres" ou "O que se nega", que foram publicados no primeiro número da revista *Inimigo Rumor* e foram observações de rua. Esses seres existem, eles não foram inventados. Estão aí, eu só fiz registrar a estranheza deles. Em Londres, passando por Charing Cross Street, vi um tipo que era um vagabundo estranho, todo coberto de andrajos mesmo, não roupas esfarrapadas, mas como se a roupa dele fosse construída de retalhos estragados, uma coisa esquisitíssima. Era um homem-andrajo, um homem-espantalho, mas na época, 1993, não escrevi nada. Essas pessoas existem no mundo inteiro e escrevi sobre esses seres anos depois. Eu tinha ficado impressionado em ver pessoas que vivem uma espécie de subvida. Esse indivíduo estranho, de que falo em um dos poemas, virado para uma parede, existe mesmo. Ou existia. Pois ele desapareceu. Foi uma coisa muito estranha. Antes ele ficava de frente e pedia esmola e de repente passei por aquele edifício Marquês de Herval, onde fica a Livraria Leonardo da Vinci, aqui no Rio, e percebi que ele descera a rampa e passara a ficar de costas para as pessoas, voltado para a parede. O que é o máximo da negação, da agressividade, como quem está dizendo "eu não estou querendo saber da esmola de vocês". Um outro poema de observação, "O campo é o ninho do poeta" [citação jocosa de Castro Alves], tem uma história engraçada. Estava num sítio, no campo, e de repente vejo a seguinte cena: estou andando, tem um laguinho com uns patos. Chega uma espécie de tratador com a ração dos patos e começa a jogar para o ar. Daí os patos se transformaram de uma maneira espantosa. Vieram voando, em bando, se atropelando, naqueles voos rasteiros, e caíram de chofre em cima da ração. Davam bicadas uns nos outros, não tinham a menor educação, num salve-se-quem-puder total. E pensei: "Patos do mundo inteiro, uni-vos". Isso é a natureza, mas também é um retrato nosso, é a nossa natureza, a humanidade é assim também. Quando alguém leu, me disse que se tratava de um poema político. É, de certa forma trata-se de um poema político. Esses poemas nasceram de uma observação, de algo que estava dentro de meu campo de visão. Não quer dizer que todos os poemas sejam assim. Não exijo isso. Se há unidade nos poemas, é a unidade do observador e, digamos assim, idealizador. Observo, memorizo, lembro coisas, e é o que dá unidade a tudo, mais nada.

Esses poemas nasceram na rua, de coisas que você viu e elaborou. Mas existem outros que são referências mais culturais, de um filme, de uma música, de um

quadro. Como você faz esses de referência intelectual? ■ Esse é um processo misto. Não é um processo em que eu selecione as impressões no sentido de privilegiar algumas e desprivilegiar outras. Eu não seleciono, são as sensações e as impressões de coisas que eu vi, de sensações que eu tive, visões de filmes, de um quadro, ou de uma lembrança de música. São, na verdade, pequenas memórias que emergem ocasionalmente sem que eu as predetermine. Às vezes, vêm muito a propósito, às vezes nem tão a propósito, parecem extravagantes, porque emergem gratuitamente, podendo perturbar a leitura do poema, mas isso eu acho bom. Coisas que ficam claras demais, em geral, acabam enjoando. Elas não emergem à toa. Surgem a propósito da condição do momento histórico e pessoal que você está vivendo e do cruzamento de vários fatores. Há um poema nesse livro que se chama "Spiritus ubi vult spirat" [O espírito sopra onde quer]. O que é esse poema? Quando eu estava trabalhando no IPHAN, num prédio do começo da Av. Rio Branco, gostava de procurar almoço do outro lado da Av. Presidente Vargas. Um dia passei a notar uma louca que ia para o meio do trânsito, ficava entre os carros, no meio da rua, e levantava a saia. E debaixo da saia não tinha nada, ela estava nua. Eu me lembrei disso em casa e ao mesmo tempo fiz uma associação, quer dizer, lembrei-me da frase "o espírito sopra onde quer". O espírito daquela mulher soprava naquele momento para ela levantar a saia e mostrar-se. Associei isso ao filme *Viridiana*, de Buñuel, no qual há uma cena fantástica em que os vagabundos invadem a casa de Viridiana e fazem um esbórnia total. Eles estão sentados numa mesa da sala de uma casa grande. Sentam-se e promovem uma espécie de Santa Ceia paródica, com um cego ao centro como Jesus Cristo. Uma mendiga vai para o meio da sala e bate uma foto deles. Mas, como é que ela bate a foto? Ela levanta a saia e mostra o sexo. A câmara escura é o sexo e os pentelhos negros, mas eu não me sinto na obrigação de dar essa explicação no poema. Se o leitor sobrou, paciência. Acho que há inúmeros poemas no mundo em que você não entende tudo. E acho que mesmo sem essa pista o poema vai funcionar do mesmo jeito.

Susanne Langer diz que a citação num poema tem de ser intensificação de sentido, não condição de sentido. O problema é quando uma citação vira condição – o que não é o seu caso. Podem existir poemas em que a condição

de sentido é você ter visto o filme, mas, quando não é uma condição, fica mais interessante... ■ O que estou querendo dizer é que o fato de a informação ser cultural ou nobre, ser gaiata ou de brincadeira, não importa, ela está misturada. Virei adepto da mistura, do anti-homogêneo, e isso é quase um princípio a partir de *Antilogia*. Abro o livro com uma citação de Tristan Corbière: "Mélange adultère de tout". Um princípio que diz que de agora em diante não vou mais selecionar. É o que der e vier. Se você for ver meus poemas anteriores, eles tendiam mais para a chamada dicção nobre, para a seleção, embora já contivessem elementos humorísticos mais discretos. Mas tendiam mais para uma certa postura de reflexão, meio metafísica. Era um pouco pretensioso, e eu era pretensioso como os jovens costumam ser e, talvez, até devam ser. Depois, fiquei menos "serioso". Por que vou me mascarar? Eu sou assim. Se isso é ser vagabundo, mesmo que seja, o que é que se vai fazer?

O que é que estava lhe motivando a assumir isso? ■ Eu acho que o que motivou foi a vida. Posso dizer de uma maneira grossa que tive duas vidas: uma no Recife e outra até eu chegar ao Rio, em 1965, com quase 30 anos de idade. E *Antilogia* é um livro que nasceu entre meus 30 e 40 anos. Mas só foi publicado quando eu estava com 44 anos. Então, foi uma reestreia tardia, porque passei dezenove anos sem publicar nada de poesia e de repente fiz uma reestreia. A vida que levei antes era uma vida mais homogênea, girava em torno de certos interesses, as vivências eram mais restritas, eu era um personagem recolhido e problemático – nunca deixei de ser, mas era particularmente mais problemático, então, no sentido de que eu não me abria muito para as coisas de fora. E, ao chegar aqui, no Rio, comecei a levar na cabeça e fui obrigado a mudar. Percebi que a vida não podia ser tão idealizada assim, de modo a sair toda certinha. Não que não se possa ser assim, há pessoas que conseguem ter uma vida toda projetada. Eu não consegui. E aprendi que a adversidade é quase uma necessidade que se impõe a você. Então, vi que a poesia que eu fazia, não que fosse falsa – eu não renego nada do que fiz –, não tinha mais a ver com a minha nova vida. Eu fiquei diferente e a citação de Corbière não foi gratuita nesse sentido. Ela marca todo esse período, não só de vida, mas também de produção.

Numa de suas palestras, você comentou que a poesia contemporânea brasileira em vez de seguir por um caminho mais crítico, irônico e corrosivo estava indo por um lado mais reflexivo. Você poderia falar mais sobre isso? ■ Não foi bem assim. Eu disse que está havendo entre os poetas jovens – mas não quero transformar isso numa bandeira – uma seriedade muito grande que termina por essas pessoas se levarem a sério demais. Eu não sou contra a seriedade, nem acho que a poesia não deva ser séria, em alguns casos ela só pode ser isso. No passado há vários exemplos, como o de Hölderlin. Na época moderna houve o caso de Paul Celan, a poesia dele só poderia ser isso, não tinha saída, o homem teve uma vida trágica e a poesia foi um reflexo do que ele foi, ele não podia fazer algo diferente do que fez: uma obra difícil, que retrata o complexo universo dele, pessimista, amargo. Tanto assim que o homem acabou se suicidando, ainda jovem, aos 50 anos. Acho que para ser um poeta assim, tem de ser para valer. Não a seriedade que vira uma postura do tipo "nós somos poetas sérios, essa é a grande poesia e nós somos poetas importantes", que para mim soa paradoxalmente cômica. Acho que os que estão levando isso a sério demais deveriam ter certo pé atrás. Só isso. Talvez seja algo idiossincrático sentir isso, mas no momento seria melhor o jovem ser crítico em relação à sua produção poética, crítico no sentido de ligar o desconfiômetro para não cair no dó de peito disfarçado.

EDIÇÃO 34 • MAIO 2000

ROBERTO PIVA*

Ecologia da linguagem: os poetas brasileiros têm de deixar de serem broxas para serem bruxos. A provocação é de Roberto Piva, autor de *Paranoia*, que está sendo relançado pelo Instituto Moreira Salles. Estudioso das técnicas arcaicas do êxtase, passageiro do inframundo e amigo dos orixás travessos da sombra, Piva nos fala do nexo entre arte e loucura, poesia e marginalidade; alerta-nos contra a monstruosidade do *homo normalis*, comenta a obra de Mário de Andrade e rende tributo à onça-pintada, convertida em totem da nacionalidade.

por **Fabio Weintraub**

* Roberto Piva faleceu em julho de 2010, em São Paulo.

Em entrevista recente, você declara ter utilizado o método paranoico-crítico de Salvador Dalí para escrever os poemas que compõem o livro *Paranoia*. Avesso à sistematização de tipo cartesiano, contra os "pinicos estreitos da lógica" e "torniquetes da consciência", para usar expressões suas, tal método, intuitivo por definição, se detém nos detalhes de uma composição para deles derivar... ■ ...o Dalí criou esse método a partir do delírio do paranoico. Você, que é psicólogo, sabe que o paranoico se fixa num detalhe e constrói um mundo alucinatório, imaginário, a partir daquele detalhe. Um poema como "Praça da República dos meus Sonhos", por exemplo, foi construído a partir dos detalhes da praça, num delírio semelhante ao do paranoico. Só que não é um poema de alucinação persecutória. Apesar de eu também me sentir um pouco perseguido dentro desta cidade, onde você precisa ser passarinho para atravessar a rua, para não ser atropelado. Não é isso? O poeta Allen Ginsberg dizia que a realidade é que era paranoica, não ele.

Em poemas e manifestos, você sempre insistiu no parentesco profundo entre arte e loucura. Para o artista romântico, esse parentesco significa que o eu autêntico é o eu não socializado, não sufocado pelas convenções civilizadas ou universalizado "pelo senso comum", como está no seu poema "A Piedade". Você não acha que tal compreensão deriva frequentemente para uma crítica não dialética aos constrangimentos sociais, entendidos como fachadas que encobrem o verdadeiro eu? ■ Eu, como o Pasolini, não acredito na dialética. O que existe são oposições irreconciliáveis. Acredito naquilo que o Freud afirma em *O mal-estar na cultura*: existe um movimento cada vez mais restritivo, não só da vida sexual, mas da subjetividade de modo geral. É também, de certa forma, um texto paranoico em relação à cultura, que é entendida como repressão. Quanto ao parentesco entre arte e loucura, acho que o "desregramento de todos os sentidos", de que falava o Rimbaud, refere-se não propriamente à loucura, mas a um estado de transe. Um estado de transe xamânico, porque Rimbaud era um alquimista, um xamã *avant la lettre*, que propõe mesmo a "alucinação das palavras"; o termo é dele. Os artistas, como afirma Joseph Campbell, são os xamãs da sociedade contemporânea. A loucura propriamente dita é uma coisa muito triste, horrível. Quando Huizinga fala que o louco, o poeta e a criança têm coisas em comum, ele está pensando na criação artística, na imaginação fértil, propiciatória. A esquizofrenia em si é uma coisa muito triste. Às vezes tomamos por loucura não a "doença mental" especificamente, mas as manifestações do irracional. Aquele impulso para o irracional que, conforme Pasolini, acabou fazendo do Ocidente, que tanto se empenhou em negá-lo, a vítima mais fatal. E temos aí a história que não nos desmente, não é mesmo?

Você vive afirmando que não acredita em poeta experimental sem vida experimental, que faz os poemas com "o que sobra da orgia" propondo uma identificação entre sujeito poético e sujeito empírico. Não obstante, há vários leitores seus, como o poeta Felipe Fortuna, para quem o bom resultado alcançado por você deve-se menos à radicalidade de experiências tematizadas por você (homoerotismo, drogas etc.) que ao "bom arremate literário" dado àquelas experiências. Como você encara tal tipo de leitura? ■ É aquilo que diz o Octavio Paz: há uma única forma de se ler os jornais e várias formas de se ler um poema. Cada pessoa enxerga uma coisa diferente na minha poesia, pois, no fundo, ela é muito rica e permite uma enorme variedade de interpretações. A qualidade do arremate literário não exclui a radicalidade das experiências que estão na origem do poema. Mas acho que essa valorização excessiva da fatura pode revelar certo preconceito contra o dionisismo, a ideia de que o dionisismo é algo superficial. Está errado. O dionisismo é uma das religiões mais profundas que já existiram. Basta ver que uma das suas manifestações produziu o teatro. Quer mais do que isso? Dionísio é o deus do teatro. As artes da aparência empalideceram diante de uma arte que proclamava a sabedoria na sua própria embriaguez. Donde a estética cabaço, atuando nas mais diferentes escolas literárias pelo Brasil afora. Vivemos num país profundamente dionisíaco, onde os intelectuais têm preconceito contra as manifestações espontâneas, criativas. Mesmo o fato de me enquadrarem na poesia marginal, dos anos 1970, tem a ver com isso. Eu não sou dos anos 1970 e não sou marginal; sou marginalizado. E por não ter pactuado com a universidade, com uma certa esquerda, por não participar das rodas literárias, nem dos "chás da cinco", aos poucos fui sendo excluído.

Eu queria aproveitar um pouco sua menção à poesia marginal. "Desde que foi expulso da República de Platão, todo poeta é marginal." "O Brasil precisa de

poetas perseguidos pela polícia, o resto é literatura." Como ficam hoje tais declarações feitas por você no princípio dos anos 1980? A institucionalização da bandidagem não inviabilizou esse tipo de *slogan*? Você não acha que a poesia marginal, buscando aproximar a sensibilidade do poeta da do marginal, do bandido, descambou para um tipo de idealização, de estilização que esvazia a experiência social, concreta, da marginalidade? ■ Os bandidos naquela época eram românticos e possuíam uma ética. Pasolini foi o primeiro a notar isso. Numa sociedade de massas, o banditismo e a criminalidade também estão massificados. Há uma indiferenciação muito grande. Hoje se mata porque o cara não gostou dos óculos que o outro está usando. Ou porque alguém sentou no para-lama do seu carro. Eles dizem: "Roubei o tênis que eu vi na televisão porque quem usa esse tênis é bacana". Sabemos, pela experiência de Ivan Illich, que uma cidade com mais de duzentos mil habitantes será inviável, diz ele, a partir do ano 2000. O que estamos testemunhando nos hospitais não é o simples desleixo, mas é a crise da Medicina. Como estamos assistindo à crise da Economia. Não é uma crise econômica, mas uma crise da Economia. E tudo se liga à uma crise do urbano. Não importa mais checar índices de criminalidade. O ser urbano não é um centauro, mas um ser sem horizontes; só enxerga o tênis que ele não tem. Então ele mata, às vezes, por um tênis; não pelo benefício econômico que aquilo vai lhe trazer, mas pelo prestígio. Nos anos 1960 eu conheci muitos adolescentes marginais, o equivalente dos que hoje estariam na FEBEM. Um deles sabia Baudelaire de cor, "As litanias de Satã", e andava com o *Zaratustra* do Nietzsche debaixo do braço. Era ladrão, assaltante, mas nunca matou ninguém. Havia um princípio ético que ainda regia a vida daqueles bandidos. Eles também eram de extração rural. Agora são todos urbanoides, pálidos criminaloides de periferia.

Então o lema do Oiticica, "seja herói, seja bandido", não... ■ ...mas ele estava falando do "Cara de Cavalo", o último romântico do banditismo. Atualmente o que existe é uma criminalidade de massa perigosíssima, porque o homem normal se transformou em criminoso. O homem normal, diz o Pasolini, é um monstro. Está aí a Hannah Arendt, com o *Eichmann em Jerusalém*, que não me deixa mentir. Quem é o Eichmann? Um cara pavorosamente normal, absolutamente medíocre, que fala por clichês e que mandaria matar o próprio pai se recebesse uma ordem superior nesse sentido. Um burocrata sinistro, enfim.

Muitos consideram o *Paranoia* como a *Pauliceia desvairada* dos anos 1960. Você concorda? Como foi a sua relação com a obra de Mário de Andrade? ■ Acho que o que há em comum entre os dois livros é uma experiência alquímico-futurística da cidade. Só que eu inverto tudo isso. O que eu tive foi uma relação de pesadelo... e de coisas boas, porque, no fundo, a gente só vive o momento. Há o fio condutor da explosão, a paisagem que se racha de encontro às almas, o cérebro que se racha de encontro a uma calota..., a ideia da ruína. É mais ou menos aquilo que diz o Brecht: "Da cidade sobrará apenas o vento que passa sobre ela". É claro que, além disso, há diálogos mais explícitos, por exemplo, com a "Meditação sobre o Tietê" e com o "Girassol da madrugada". Aliás, já da primeira vez que li o Mário, percebi que era um poeta com forte sensibilidade homossexual. Repare bem: "Tudo o que há de melhor e de mais raro/ Vive em teu corpo nu de adolescente/ A perna assim jogada e o braço, o claro/ Olhar preso no meu, perdidamente". No "Girassol da madrugada", isso aparece de modo muito nítido. O que não quer dizer que eu desconsidere os outros modernistas, mas o Mário foi uma descoberta que me interessou pelo lado homoerótico. Como o Sosígenes Costa. Bati o olho e disse: "Epa!". Depois, consultando um especialista na obra do Sosígenes, obtive a confirmação.

Alguns críticos chamam a atenção para o caráter moralista da sua obra. Um moralismo às avessas, radical, que também atravessa a obra de autores como Sade. Algo como um "catecismo da devassidão" que, fazendo a apologia do mal, chama a atenção para um bem supremo, utópico... ■ ...mas esses corpos de que eu falava não existem mais. Eram garotos dourados do subúrbio, da periferia. Hoje, sem a gíria criativa do subúrbio, eles só querem uma moto para colocar na garupa a indefectível garota ornamental. E apenas grunhem. Agora, é preciso também entender a orgia de que eu falo de um jeito largo. A orgia admite muitas interpretações. O Breton, por exemplo, diz que a poesia é a mais fascinante orgia ao alcance do homem. Eu fiz muitas orgias, mas não proponho isso para ninguém, porque muitas vezes as pessoas não estão interessadas. Quando escrevo, não estou propondo nada, estou relatando experiências. Meus textos não possuem caráter prescritivo, muito pelo contrário. Quero que cada vez menos gente se interesse pela orgia sexual, para sobrar mais para mim [risos].

Ainda com relação a isso, queria pensar um pouco no caráter transgressivo da sua poesia, o impulso para *épater le bourgeois*. A gente sabe que o burguês adquire o gosto de ser chocado e passa a manipular a insurreição dos artistas em benefício próprio. Você não acha que o *Paranoia* seduz hoje menos pelo furor iconoclasta que pela qualidade das imagens? Hoje ninguém se choca com "anjos de Rilke dando o cu nos mictórios"... ■ ...mas é uma imagem bonita. Fiz o seguinte: tirei os anjos de Rilke daquele pedestal metafísico e os coloquei no mictório, quase numa interpretação shivaísta do anjo do Rilke. O anjo como uma categoria de orgia, de tantrismo. Quanto à burguesia, ela se transformou em classe universal. Não acredito na burguesia em caráter genérico. O marido da Anaïs Nin, por exemplo, era um banqueiro que, sabendo que o Henry Miller transava com a Anaïs Nin, dava dinheiro para ele, que era um escritor pobre, um americano que estava em Paris e tal. Esse sujeito financiou artistas plásticos, escritores... e era um banqueiro. O valor do Henry Miller, para aquele banqueiro anarquista, estava acima do fato de ele ser amante da mulher. Aliás, formavam um trio e se davam muito bem, de acordo com a própria Anaïs Nin. O Henry Miller escreveu sobre isso. Veja você quantos anos ele ficou sem publicar nos Estados Unidos. Foi publicado primeiro na França, porque nos Estados Unidos sua obra estava censurada. Mas ele não escreveu para *épater* ninguém. O Henry Miller escreveu sobre aquilo que ele viveu. Se isso é chocante, não é culpa dele.

E quanto aos seus manifestos? O coito anal derruba mesmo o capital? ■ [risos] De certa forma, sim. Porque se todos forem homossexuais, acaba a mão de obra. A não ser naquelas sociedades de Sade, em que há a ilha onde algumas pessoas são designadas para a reprodução e, envergonhadíssimas, dirigem-se à heterossexualidade. Mas, se a sociedade inteira for homossexual, acaba a reprodução da mão de obra e, portanto, acaba o capital [risos]. Não só o capital, a espécie humana. O que talvez fosse interessante. O herdeiro seria a onça-pintada que, comovida, agradeceria [risos].

Então aproveite e fale da sua proposta de transformar a onça em totem da nacionalidade. ■ Ah, claro. Parece que, para os índios Ianomâmi, no dia em que matarem o último xamã e a última onça-pintada, o céu cairá. Acredito piamente nisso. O céu já caiu uma vez. Vai cair pela segunda vez se os xamãs e as onças desaparecerem. Proponho também que se façam experiências telepáticas com onças para conhecermos suas reais necessidades.

...você diz até que elas ajudariam a guiar crianças cegas [risos]. ■ ...ajudariam de uma certa forma [risos], devorando-as como guloseimas, não é? Porque, para os grandes predadores, crianças e mulheres são presas fáceis. Ainda nessa linha da telepatia com as onças, um experimento que deu certo foi o do Guimarães Rosa em "Meu tio, o Iauaretê". É uma obra-prima esse conto. É um conto xamânico, pois o tio se transforma no jaguar, se oncifica. Maiakóvski dizia: eu me ursifico. Esse personagem do Rosa parece dizer: eu me oncifico.

Queria que você falasse um pouco da sua relação com a universidade. Em *Paranoia*, você escreveu que professores "são máquinas de fezes". Noutro poema, sobre a batalha de Campaldino, em que aparece a dúvida quanto ao fato de os guerreiros terem comido carne humana, você diz que os "universotários", com sua "antropofagia vegetariana, apavorados, peidam no escuro". Fale um pouco sobre isso. ■ A universidade é o túmulo da poesia. Eu só fiz curso superior para poder dar aula. Não podia lecionar com dois livros publicados. Lecionei por quinze anos. Tudo o que me deram para ler na universidade ou era sucata ou eu já havia lido. Insisto em dizer que as universidades devem ser transformadas numa coisa viva, isso é, num terreiro de candomblé. Com pais de santo, ou xamãs, no lugar dos professores, de modo a propiciar aos alunos uma verdadeira iniciação. As universidades precisam de um corpo docente e um corpo indecente [risos].

EDIÇÃO 51 • OUTUBRO 2001

WALY SALOMÃO*

Desde que a poesia de Waly Salomão reapareceu com *Algaravias* em meados dos anos 1990, depois de uma dilatada navegação tropicalista (*Navilouca*, Hélio Oiticica, canções), a produção lírica do escritor baiano não deixa de crescer em encantamento e rigor, força e sabedoria, como se a palavra pudesse ser tudo: ao mesmo tempo, a oralidade e a escrita, o som e o sentido, "a exuberância órfica das coisas". Como prova desse caos e cosmos está *O mel do melhor*, antologia lançada recentemente pela editora Rocco. Poucas vozes podem representar tanto o sincretismo brasileiro e o dos nossos tempos multiculturais como a de Waly. Parte de sua escrita metabolizadora escuta-se em canções, mas outra caminha às vezes para o ensaio, para esse pensamento que se guia pelas palavras (*Armarinho de miudezas* é o melhor exemplo até agora). Na entrevista concedida à CULT no Rio, o vinho da poesia – aquele *in vino veritas* que sempre está presente – também falou alto e sonhou com outra verdade mais ampla e mais exposta. A língua do poeta, axial, de novo, sempre acaba de começar.

por **Adolfo Montejo Navas**

* Waly Salomão faleceu em maio de 2003, no Rio de Janeiro.

Por que você ficou tanto tempo sem publicar, até chegar *Algaravias – Câmara de ecos* em 1995? Parece que neste retorno nos anos 1990 você recoloca, com vários livros, a poesia em seu devido lugar. ■ Quando penso nisso, vejo que não foi por humildade nem anonimato, mas por uma ambição desmedida. Como a casca da noz, sou feito para ir crescendo muito lentamente, aprendi isso com Emerson, um pensador seminal para mim. Eu quis assimilar diferentes tradições, quis assenhorar-me de diferentes linguagens. Acho muito limitado o poeta monoglota, insulado em sua própria língua e sem tomar contatos com outras tradições. Você sabe muito bem de minha intimidade, por exemplo, com a cultura espanhola (que começou com um *Dom Quixote de la Mancha* numa tradução rococó de Antônio Feliciano de Castilho, depois Baltasar Gracián, San Juan de la Cruz, Unamuno, Ortega, Lorca, Miguel Hernández, Savater, agora José Bergamín...), e isso leva tempo, não é como uma linha de montagem industrial. Quando eu senti o alcance de uma voz singular, estavam chegando os poemas de *Algaravias*. Outra coisa de que eu gosto é que a poesia não pode ser a única ocupação do poeta. Eu vejo isso muito bem expresso em Ferreira Gullar, que não é só poeta. Porque há outras dimensões: a luta política, a própria dificuldade de sobrevivência – que tem sido crescente para mim –, os descaminhos, os desvios, as perdições, não é só acerto. Tudo isso tem sido acicates, ajudas inimagináveis para a voz poética, como as próprias incompreensões dos *scholars* brasileiros que às vezes são empanturrados de teorias e, no entanto, estão enormemente desfalcados de um faro para a poesia. Eu tenho feito um outro caminho mais difícil, mais pedregoso. Agora quando olho, vejo que tenho um lado meio ambíguo em relação a tudo isso, eu nunca gostei do manto de maldição sobre a poesia, até quando muitos poetas o aceitavam. Lembro de uma matéria emblemática na revista *José*, em que alguns poetas de Nuvem Cigana recusavam de uma forma bem grosseira a poesia concreta e seu paideuma. Um deles [Charles] dizia: é uma merda! O Cacaso era o apóstolo dessa posição da simplicidade marioandradina e da recusa da assimilação das escolhas da poesia concreta. Na época, que coincide com *Me segura qu'eu vou dar um troço* – que acabou paradoxalmente sendo o clássico do desbunde, um oximoro –, eu tentava fazer uma travessia: como é que você pode recusar de antemão penetrar num panorama/

panaroma sofisticado, requintado? Só se pode ficar empobrecido reagindo assim. Eu realmente fiz a travessia, comi a comida do leão e saí do outro lado. Eu acho que custa um tempo assimilar esses diferentes materiais, mas também mostra a altura de sua ambição. Eu sempre tomo como mantra, de um Fernando Pessoa menos conhecido, das odes de Ricardo Reis, um poema que diz o seguinte: "Ponho na altiva mente o fixo esforço/ Da altura, e à sorte deixo,/ E às suas leis, o verso;/ Que, quando é alto e régio o pensamento,/ Súdita a frase o busca/ E o escravo ritmo o serve". Naquela época eu dizia e repetia muito que se um satélite olhasse do espaço sideral para a terra mapeada da literatura e da poesia brasileira, uma muralha da China se destacaria aos olhos: o trabalho paidêumico da poesia concreta. Hoje já penso diferente, porque a gente faz a travessia, palavra tão querida de Guimarães Rosa, para não ficar mesmerizado dentro, para sair do outro lado.

Como foi a experiência poética da revista *Navilouca*? Você viveu tanto a plástica Tropicália como o musical Tropicalismo. ■ Eu não gosto da moldura de poeta tropicalista, eu não me sinto assim. (Até saiu um livro de Carlos Calado sobre Tropicalismo, mas não quis incluir-me nessa turma.) Eu tangenciei a Tropicália, por muitas razões. A primeira delas e a mais importante está na própria dedicatória da antologia *O mel do melhor: Hélio Oiticica*. E eu vou sair agora pelos jardins dos caminhos que se bifurcam. Hélio foi o primeiro leitor que tive e um propulsor. Eu deixei uma camada de textos intitulada Apontamentos do pavilhão 2, que parecia mais um rap-hip hop, e sumi porque não tinha pouso certo. Quando liguei depois para ele, já me deu um esporro pelo telefone, porque estava sentado diagramando aquele texto. Aquela reação, bem além da passividade costumeira, para mim foi algo inusitado, e poucos dias depois já levava outros textos para ele. Ele chegou a fazer uma diagramação inteira de *Me segura qu'eu vou dar um troço* que, desastrosamente, desapareceu no período da ditadura militar. O exército invadiu o apartamento do irmão de Rogério Duarte e levou o projeto gráfico junto com material subversivo. Hélio fazia uma diagramação geométrica cubo-construtivista e aquilo para os militares imbecis era como uma linguagem cifrada. E sumiu definitivamente. Isso para mim foi um desastre de proporções incalculáveis, porque não dava para acionar o exército na procura. Não há lembrança física disso, a não ser o que produziu em mim de propulsão. Aí pensei naquele poema de Drummond que diz "de tudo fica um pouco". A entropia é maior que a saudade. De muitas coisas não resta nada, nem pó de traque. Hélio e depois Lygia Clark, quando voltou de Paris, foram importantes para aumentar minha separação dos literatos. Eu nunca tive grandes aproximações de poetas e literatos, e sim de artistas plásticos. Por isso, quando fui morar em Nova York identifiquei-me com Frank O'Hara e com John Ashbery, que também haviam tido esse tipo de trajetória. A relação de O'Hara com Pollock, Kline, De Kooning é como a de um poeta entre pintores. Essa é minha educação sentimental, até meu descentramento da vida provinciana.

Há uma parte solar (tropicalista ou não) em sua poesia, mas há também um lado barroco que não é dos meandros da escrita, mas das sombras. Como é o seu sentimento barroco? ■ Meu primeiro sentimento barroco, e uso uma palavra batida, é orgânico. Sabe por quê? Porque eu não sou inteiriço, não sou um ser monolítico. Eu tenho esse amo e odeio bem forte e de forma constitutiva em minha alma. Isso é meu claro-escuro, está nas marés de minha alma sempre presente. Sobre a Bahia por exemplo, eu estou longe de contribuir para essa imagem do balneário idílico, eu vejo às vezes como uma baia turva, um jardim não só de delícias e sim de sordícias, de fuxicarias pelo próprio fato de ter sido corte. E ultimamente tenho visto uma ignorância tão crassa na mídia da Bahia, e não só na mídia. Quando fui morar lá, ligado com a Fundação Gregório de Mattos, eu poderia contar com os dedos de uma só mão as pessoas que conhecessem Fra Angélico. Eu contaria com os dedos de uma só mão. Imagina falar de Baltasar Gracián, nem meia dúzia conhece.

De onde vem essa devoção a Baltasar Gracián? ■ Eu frequento Baltasar Gracián todos os dias, como as pessoas leem os horóscopos nos jornais, eu pego *A arte da prudência*, o oráculo manual de Baltasar Gracián, e abro ao acaso ou intencionalmente, e eu leio isso como uma sonda. Foi o que me aproximou por exemplo, de Antoni Tàpies, num jantar em Barcelona que ele ofereceu para alguns artistas brasileiros presentes [Antonio Cicero, Julio Bressane, Luciano Figueiredo]. O tema dominante da minha conversa com ele foi Baltasar e San Juan de la Cruz. É por isso também que a gente às vezes demora em produzir, porque o estômago é ambicioso, quer devorar iguarias finas.

Há em artistas plásticos como Adriana Varejão ou Miguel Rio Branco essa herança barroca ainda mais presente do que parece. Como fica a contemporaneidade do barroco, agora que também existe o neobarroco? ■ A primeira coisa é que barroco é das poucas palavras portuguesas de circulação universal. Barroco quer dizer a pérola com defeito. Isso me agrada. Eu não quero fazer estruturas que tendam a ser clássicas. Tapo o nariz para essa vontade classicizante desde o início. Há um poema em *Tarifa de embarque* – "Elipses sertanejas" – no qual digo isso expressamente: "Eu não nasci para ser clássico de nascença". Se existe barroco no que faço não existe pelos ditames de uma escola, existe porque há uma atmosfera viva na cidade de Salvador que me impregnou. Não é vontade de seguir moda, a moda latino-americana do neobarroco.

Vejo num texto de Deleuze uma possível associação a sua poesia: "Produz um acorde/acordo toda vez que posso estabelecer, num conjunto de infinitamente pequenos, relações diferenciais que tornaram possível uma integração de conjunto, isto é, uma perfeição clara e distinta". Ela está à procura desses acordes/acordos que vão vincular a poesia e a música, mas também outros universos analógicos. ■ Eu li muito Derrida e Deleuze, porque acho que esse negócio de poeta ignorante é quase um termo antípoda. Ezra Pound dizia que a grande qualidade do poeta era a curiosidade, e eu segui isso *ipsis litteris*. Mas acho que quem melhor expressa essa relação de acordo e acorde é um crítico inglês, Walter Pater.

"Toda a arte aspira à condição de música." (Walter Pater) ■ Essa frase é insuperável. Supera as aporias e os críticos menores brasileiros, ou melhor dito, aqueles professorinhos que tentam estabelecer diferenças entre letras de música e poesia. Falam como se fossem a instância máxima. Eu combati essa ideia no poema "Exterior", de *Lábia*. Esses professores querem que a poesia escrita seja absolutamente superior à falada ou cantada, quando a tradição da própria língua, "a última flor do Lácio", que é o português, começa com cantar de amigo, cantar de amores, ou seja, estão falidos desde o começo. Eles falam como se a poesia do livro fosse a única que restasse, com seu poder sugestivo. A sugestão está intimamente ligada à música. Não há sugestão, em nenhuma arte e principalmente na poesia, que não esteja ligada à música. (Walter Pater, meu mestre do antiengajamento estreito do "marxismo leito de Procusto".) Eu faço minha poesia com soberania, o poeta tem que ter essa atitude crítica, ler melhores filósofos e críticos e pensadores de literatura do que aqueles que professam ler. O poeta tem que acreditar que a linguagem que ele usa é a dona das leis. Que é a senhora do mundo, das montanhas, das cidades e das matas, não pode se submeter a postulados de professorinhos e professorinhas. O poeta tem que ser o manda-chuva da linguagem, e para isso tem que trabalhar o triplo do que qualquer professor, que só olha seus horários e presumivelmente a aposentadoria. Eu não tenho possibilidade de aposentadoria, sou um homem sem profissão. Eu me formei em direito para tornar-me torto daí para frente. Eu não tenho onde cair morto, e torto rima com morto. Eu não tenho aposentadoria, eu tenho que ter uma ambição maior. Não por acaso "Um homem sem profissão" é o título do grande poeta pré e pós-moderno Oswald de Andrade.

Você tem letras e poemas que passaram a canções, como você vê essa fronteira? ■ Eu sou muito mais famoso como autor de canções que as pessoas nem sabem que são minhas. É que os autores se confundem com os intérpretes. Outro modo: alguns poemas meus foram musicados por grandes compositores, cantores e cantoras. Vou contar uma história ilustrativa sobre um poema: Lina Bo Bardi me pediu que contribuísse com um poema para a sua restauração da Fundação Gregório de Mattos, em Salvador. Infelizmente, eu não consegui fazer enquanto ela vivia, porque o poema não tem essa encomenda; só uns anos depois realizei "A fábrica do poema", pensando nos materiais que ela usava, pensando na fábrica do Sesc Pompeia. E eu fiz intencionalmente esse poema antimusical, antifacilidade, de forma que as palavras não fossem palatáveis, digeríveis, musicáveis, e aí Adriana Calcanhotto, que estava na época interessadíssima na Lina Bo Bardi, foi avisada de meu poema por Suzana de Moraes, filha do grande Vinicius – nós somos todos filhos de Vinicius de Moraes! –, me pediu o poema e eu enviei por fax totalmente descrente de que ela pudesse musicá-lo, porque tinha introduzido espinhas de peixe na garganta da palatividade. Por incrível que pareça Adriana musicou a letra de forma maravilhosa, e eu, para fazer pirraça, aumentei intencionalmente o poema para publicação em *Algaravias*. O poeta deve ser assim, pirracento com o mercado, com o mundo da facilidade, da fácil diluição. No caso do recente "Cobra coral", escolhido por entre os poemas do livro *Tarifa de embarque* por Caetano Veloso, é diferente: ele comprou o livro na livraria, pegou o poema, gostou, musicou. Mas vou-lhe dizer: todas aquelas de Bethânia ("Anjo exterminado", "Mel", "Talismã", "Alteza", "Memória da pele", "Olho d'água"...) precederam às músicas que sobre elas incidiram. Sabe por que fazia isso? Porque sou metido a besta; por um princípio de que o poeta, pelo menos nisso, é senhor da linguagem, o poeta precede à música que sobre ela vai incidir, não está fazendo uma letra adaptada para o espetáculo, para o disco-business. O músico que trabalhe, que batuque! Para quê isso? Para o poeta ter autonomia de voz, para não ficar submergido pelo mercado, como se estivesse adulando esse mundo, como fazem a maioria dos letristas que não são poetas. Nisso a crítica de poesia de livro tem razão, porque falta-lhes altivez, saber que a linguagem da poesia é maior, não é ancila como diziam os romanos, não é escrava, ela não é servil, ela manda no mundo.

Há um verso que chama muita atenção para os tempos que correm, que é "a exuberância órfica das coisas". Essa marca órfica é rara na poesia atual. Você poderia falar dessa característica? ■ Eu não faço poesia para agradar os ouvidos dos costumes, das modas, por isso pode ser voz genuína da época e do povo. Esse lado órfico me veio num momento bem difícil de minha vida: eu tinha sofrido um enfarte e pensei que minha vida tinha se esgotado e o poema sintomaticamente chama-se "Post-mortem". Nele tento reduzir e não aumentar a minha vida, o repertório de minhas buscas, minhas inquietações ao meu básico estético, ético, existencial. E nesse básico estava "Gozar, gozar, gozar", que parece hino órfico. Não sigo modas, rótulos, receitas, receituários, preceitos. Nesse ponto sou clássico. Vejo a vida como

Píndaro, como Plotino: "Malgré tout", malgrado tudo, apesar de tudo, o mundo pode estar me desenganando totalmente mas eu sigo uma linha estreita que se opõe ao mundo.

Os poucos versos do poema "Novelha cozinha poética" [*Tarifa de embarque*] criaram toda uma controvérsia mais que literária. ■ Eu sou um poeta treinado, inclusive, na teoria literária. E acho uma confusão muito grande o que aconteceu, porque o título "Novelha cozinha poética" já diz a *intentio operis*. A intenção da obra é flagrante, banal. As outras interpretações sobre a obra dizem respeito muitas vezes a políticas de áreas de departamento de letras. Muito poeta jovem pelo Brasil afora se identificou com esse poema como libertador. É de se perguntar como certas áreas e departamentos universitários de letras ficaram interessadas em marcá-lo como uma peça antissemita. Ora, eu sou filho de sírio, sou semita, pró-estado de Israel, sou contra discriminações, sou antípoda de skinheads, caretas, gente que quer perseguir e até negar a existência do holocausto. Eu sei da dificuldade de se ser judeu no mundo mas sei também, como Noam Chomsky, um judeu, da dificuldade de ser palestino no mundo. Eu quis trazer o Edward Said ao Brasil, e sei o que é ser palestino intelectual sofisticado e "despaisado". Que não me venham com esquematizações. A carapuça não cola. Contra isso minha obra se contrapõe. Eu sou marxista de formação, não quero velar o entendimento de minha obra, ela prossegue apesar disso e contra isso. Sou a favor do estado de Israel, contra a fundamentação teológica do povo escolhido, sou a favor dos direitos dos palestinos, contra o fundamentalismo talibã... e no Brasil estamos longe de estar tranquilos: eu advogo há muito tempo por um protecionismo contra o fundamentalismo evangélico das populações faveladas... Agora, antissemita, antijudaico, em hipótese alguma! E foi engraçado ver "bons pensantes" assombrados com um poema inofensivo. Seu objetivo era detonar outra área bem menor: os poetas que circundam os departamentos de letras universitários. Tudo é muito claro, não precisa ser leitor. É a hora de pôr os pontos sobre os "ís". E acho que esses poemas não vão parar. Não adianta. Minha poesia é suficientemente forte, ela abre caminho, de qualquer jeito, apesar de mim e de minhas insuficiências.

Vamos para outro lado da escrita, para esse ensaio em que o pensamento parece guiado, descoberto pelas palavras. Você parece estar mais perto de seu frequentado Baltasar Gracián do que de Montaigne? ■ Eu acho bastante chato ler um ensaio – que quer dizer tentativa – em que o autor mapeia previamente toda a trajetória dele, chega ao fim que ele previu inicialmente, cerebralmente. Eu embarco, nessas poucas tentativas que fiz, ou sobre Torquato ou sobre Hélio, da forma contrária, porque meus textos têm distância crítica e simbiose apaixonada pelo assunto nas próprias palavras.

Como você vê a sociedade literária, a academia...? ■ Eu fui aprendendo a não competir com os poetas existentes, isso da vida literária é de tirar o tapete, eu não quis isso, recusei explicitamente, e implicitamente busquei outro caminho: não superar tal e qual, fulano, ou beltrano, ou sicrano, mas superar sempre a mim mesmo; eu estou ainda me tornando, eu não vejo minha obra academicamente completa, eu não almejo a academia, nisso concordo de novo com Ferreira Gullar, eu tenho outra jogada, o que eu quero é suplantar, superar a mim mesmo, alcançar níveis cada vez mais altos de realização. O objetivo não é competitivo, é absoluto, maior: é superar o patamar que alcancei em algum momento anterior; eu quero ser maior do que eu fui. E ainda não alcancei, nem de longe, o que eu quero. Inclusive para tornar palatável, não aos olhares da indústria cultural, mas daqueles que realmente eu admirei como leitores ideais, como Hélio Oiticica. Eu não posso ser menos do que ele imaginou, quando eu era um embrião do que almejo ser.

Depois de Hélio e de Torquato, dois artistas equilibristas, como foi a relação com esse terceiro que é Joan Brossa? ■ Com Brossa foi a relação mais difícil. Para vir para cá, foi toda uma complicada aventura. Ao fim Brossa veio ao Brasil para um grande abraço com João Cabral. João Cabral contou coisas, para Antonio Cicero e para mim, lendárias: como ele se alimentava, como passava o dia inteiro comendo um pão com tomate, como ele tinha nos sapatos os furos em cima do couro. Já no Rio, no restaurante Plataforma, quando eu tentava tirar as migalhas de pão que ficavam sobre a veste dele, ele falava: não, não, deixe. Era isso, era incorporativo, era intuitivo, era um espírito dadá mais aproximado de Jean Arp – que eu amava – que de João Cabral (ainda que eles se amassem como opostos). Aliás, João Cabral tinha uma capacidade muito grande de entender o diferente de si, estava muito longe de ser um homem dogmático. Sua poesia, a maior do Ocidente, não ganhou o Nobel por um erro de nascença: escrever em português.

A última pergunta poderia ser a primeira: "Cada poema tem uma poética", diz um verso que parece uma radiografia de hoje. Na poesia brasileira, em que agora apareceu um turbilhão de edições, existe uma tendência ao beletrismo, às formas decoradas. O poeta Régis Bonvicino já chamou a atenção para a perda do sentido experimental da palavra, da invenção. Como você vê a saúde do panorama atual? ■ Eu também sempre fui e sou contra o beletrismo. A genuína poesia surge de outro modo, e não para atender a regras externas de dicção. Por isso eu disse que cada poema implica uma poética, porque cada poema dirige a forma como você vai fazer a poesia. Você quer uma relação com a tradição que não seja classicizante, que você sinta que a tradição esteja próxima, que esteja interna, dentro de você: que Manuel Bandeira, Carlos Drummond de Andrade, que Murilo Mendes seja você, que está descendo em você como um cavalo desce no candomblé. Se não for assim, é uma forma distanciada, reverencial. E eu estou falando do candomblé de forma apropriativa, não ritualística e externa. A tradição não pode ser vista de forma canônica. Eu vejo nas interpretações de críticos bacharelescos, nas invencionices de fim de semana dos jornais culturais, tentativas de imposição de dicções poéticas. Minha poesia nasce a despeito disso, na contramão. Tento fazer com que minha cabeça, meu coração, minhas vísceras não se comprimam numa visão dogmática, pretendo ser o homem dos múltiplos caminhos, heterodoxo. Eu amo o que não sou: "Tenho fome de me tornar tudo que não sou".

EDIÇÃO 60 • AGOSTO 2002

FERREIRA GULLAR*

Precursor do concretismo paulista e autor do Manifesto Neoconcreto de 1959 (que seria a ponta de lança do movimento que reuniu artistas plásticos como Amilcar de Castro, Lygia Clark, Lygia Pape e Franz Weissmann), Ferreira Gullar é um vanguardista que, após implodir a linguagem, quis implodir a própria ideia de vanguarda em nome do engajamento político. A virada na obra do poeta se deu com dois ensaios dos anos 1960 que acabam de ser reeditados em um único volume: *Cultura posta em questão e Vanguarda e subdesenvolvimento* (José Olympio). Nascido em São Luís do Maranhão em 1930, o autor de *Muitas vozes* mudou em 1951 para o Rio de Janeiro – onde levou a experimentação formal, iniciada com *A luta corporal*, até o radicalismo do *Poema enterrado (1959): uma sala subterrânea*, construída na casa do pai do artista Hélio Oiticica, em que três cubos de madeira de diferentes tamanhos contêm a palavra "Rejuvenesça". A partir daí, Gullar dá uma guinada em sua vida e em sua poética, ingressando no Centro Popular de Cultura da União Nacional dos Estudantes (CPC-UNE), fazendo a crítica do "internacionalismo" das vanguardas ("toda criação estética nasce do particular") e, paradoxalmente, produzindo alguns dos livros mais inovadores da literatura brasileira contemporânea – como o *Poema sujo*, escrito na Argentina em 1976, marcando o fim de um período de exílio que, a partir de 1971, o levou sucessivamente a Moscou, Santiago, Lima e Buenos Aires.

por **Manuel da Costa Pinto**

* Ferreira Gullar faleceu em dezembro de 2016, no Rio de Janeiro.

Você acaba de relançar, em um único volume, dois ensaios dos anos 1960: *Cultura posta em questão* e *Vanguarda e subdesenvolvimento*. Em que contexto eles foram e escritos e qual a validade deles hoje em dia? ■ *Cultura posta em questão* foi escrito durante época do CPC da UNE e publicado às vésperas do golpe militar de 1964. Eu levei os primeiros exemplares do livro para São Luís e fiz um lançamento em clima de comício. Era a época fervilhante do governo João Goulart, com lutas pela reforma agrária e pelas reformas de base – e o livro se insere nesse processo. Na volta, parando em Recife, onde me encontrei com o então governador Miguel Arraes, fiz um novo lançamento, ainda no começo de março. No fim desse mês veio o golpe e o livro, cuja tiragem ainda estava quase toda na Editora Universitária da UNE, foi apreendido e queimado. A primeira edição foi esgotada pela polícia! Não sobrou nada, só os livros que eu tinha vendido em São Luís e Recife. Fiquei com um único exemplar. Depois do golpe, algumas pessoas que compraram *Cultura posta em questão*, e que naturalmente estavam envolvidas na luta pela reforma agrária e pelas reformas de base, tiveram suas casas invadidas pela polícia – e o livro acabou sendo usado como uma prova de subversão. Muita gente que soube disso queimou o livro ou o enterrou no quintal... *Cultura posta em questão* expressa bem esse momento do CPC, que foi criado basicamente pelo Vianinha [Oduvaldo Viana Filho] e por Carlos Estevão. Depois se juntaram a eles Leon Hirzman, Arnaldo Jabor e Cacá Diegues. O CPC teve origem na peça *A mais valia vai acabar, seu Edgar*, do Vianinha, montada na Faculdade de Medicina, na Urca. O que ficava claro ali era o uso da cultura como instrumento de conscientização e transformação social. Eu não tinha nada a ver com isso, pois vinha do neoconcretismo, de uma experiência de vanguarda. Meu livro anterior era *A luta corporal*, que era um livro de fundo existencial, com questões de linguagem, de implosão da sintaxe; depois eu passei pela experiência neoconcreta, fazendo poemas espaciais. Ou seja, eu não tinha experiência política. Quando entrei no CPC, senti a necessidade de refletir sobre o que estava acontecendo ali. *Cultura posta em questão* é um livro em que eu procuro me situar diante daquelas questões e, embora eu estivesse de acordo com algumas propostas do CPC, o livro difere um pouco dessas posições.

Mas também é uma divergência em relação ao seu passado concretista. ■ Quando eu me engajei no CPC, minha experiência no plano da vanguarda tinha se esgotado; eu considerei que havia chegado a um beco sem saída, a um esgotamento. Quando eu vi o *Poema enterrado* – uma sala no fundo do chão, com três cubos, toda essa estrutura para conter apenas uma palavra –, me perguntei se não estava me transformando em arquiteto ou escultor. Eu me questionava e esse autoquestionamento correspondia a uma certa exaustão. Nunca tive a ideia de ser vanguardista. Escrevi *A luta corporal* por causa das contradições em que me envolvi. Escrevo pelo prazer e pela necessidade de responder a indagações que a vida me coloca, e não para entrar na história da literatura. Assim, meu engajamento foi consequência de um impasse. A questão social estava surgindo de modo forte. Eu estava em Brasília num cargo público [em 1961, Gullar foi nomeado presidente da Fundação Cultural de Brasília] e assisti à renúncia do Jânio; depois veio o governo do Jango e eu voltei para o Rio e comecei a entrar num outro Brasil, no Brasil real, que não era o Brasil da vanguarda, de *A luta corporal*, mas da reforma agrária, da fome. Eu realmente me engajei nisso, passei a ver a poesia e a arte de outra maneira. É uma contradição em relação a mim, mas eu sou contraditório, a vida é contraditória. Eu nunca pensei assim: a literatura é a + b + c e, a partir daqui, vou pôr isto em prática. Eu não sei o que é literatura, não sei o que é arte – estou perguntando até hoje.

***Vanguarda e subdesenvolvimento* foi escrito poucos anos depois, mas é um refinamento teórico em relação ao ensaio anterior.** ■ Já tinha havido o golpe. Por um lado, havia o reconhecimento de nossa ingenuidade política ao acreditarmos que iríamos fazer a revolução. Por outro lado, eu aprendi que a realidade social é tão ou mais complexa do que a estética, e que uma arte engajada, para ser feita com qualidade, é tão problemática e complexa quanto a arte de vanguarda. E aí se colocou a questão do vanguardismo que, diante da derrota do CPC e de toda literatura engajada, foi favorecido pela ditadura. Não estou dizendo que os vanguardistas tinham algum compromisso com a ditadura, mas é natural que quem não critica a sociedade, não critica o governo e não tem conteúdo ideológico não seja perseguido num regime autoritário. Não por acaso, o teatro que fazíamos no Grupo

Opinião [fundado em 1964], que peitava a ditadura, foi substituído pelo vale-tudo do Zé Celso, essa coisa de mulheres nuas em cena, de espremer fígado na cabeça do espectador, essa agressão ao público com o pretexto de que ele era conivente com a ditadura. Eu falei para o Zé Celso na época: "Agredir o público? Mas o que nós queremos é conquistar o público; nós vamos agredir justamente quem nós queremos conquistar na luta contra a ditadura?".

Fazia diferença dizer isso tendo sido um vanguardista? ■ Eu não era um cara alheio à vanguarda que resolveu criticar a vanguarda. Eu levei a experiência de vanguarda na poesia brasileira mais longe do que qualquer um por aí. Eu sabia do que estava falando. O que eu coloquei foi o problema de uma vanguarda internacional que desconhecia, como desconhece, as características dos países. Já tinha havido em 1959, na Bienal de São Paulo, a experiência do tachismo [escola pictórica de origem francesa que utiliza "manchas" – em francês, taches – sobre a tela]: você andava pela Bienal e em todos os estandes nacionais – fosse japonês, argelino, brasileiro ou francês – era a mesma coisa, eram só obras "tachistas", só quadros com manchas, quilômetros de pinturas sempre iguais. Uma monotonia, uma pobreza, sem qualquer marca peculiar de cultura. Minha defesa do caráter nacional da arte não era nacionalista, pois nunca fui chauvinista, mas partia da consciência de que toda criação estética nasce do particular, e não do geral. A ciência pode nascer do geral, pois procura leis e conceitos universais; mas a arte nasce do particular.

Mas hoje a globalização não está fazendo esse particular desaparecer? O mundo e a arte não estão cada vez mais "internacionais"? ■ É uma tendência que já havia na época. A arte se tornou uma mercadoria e o mercado de arte, que era nacional, se tornou internacional. A arte conceitual que se pratica hoje no Brasil é a mesma em todas as partes do mundo. Qual é a sua característica própria? Nenhuma. Quem se expressa através disso? Como já dizia o Mário de Andrade, o internacional é o nacional de algum país. O internacional é uma abstração. É um domínio de um país sobre todos os outros. A arte conceitual, no caso, é uma tendência norte-americana, uma tendência introduzida por Duchamp num país sem tradição pictórica e que se alastrou pelo mundo. Evidentemente, a pintura do Antonio Henrique Amaral é muito mais criativa, marcante e enriquecedora do que a obra desses artistas que fazem sempre o mesmo urinol do Duchamp, ou a mesma instalação, ou a mesma arte em vídeo – como ocorreu na última Bienal de São Paulo. É contra isso que eu me voltava e nesse sentido acho que – à parte algumas coisas de caráter ideológico que não têm mais cabimento – *Vanguarda e subdesenvolvimento* continua a dizer coisas válidas no que se refere à questão da essência artística.

Falando dessa relação entre avaliação estética e mercado, você acredita que o expressionismo abstrato norte-americano se tornou hegemônico porque vem de um país hegemônico? ■ Sim, ele se impôs. E as Bienais e exposições internacionais também são expressão desse sistema da arte, em que rola muito dinheiro e prevalece o prestígio internacional do país e de suas instituições museológicas. Recentemente, o presidente da Fundação Guggenheim – que está abrindo filiais em várias cidades do mundo, incluindo o Rio de Janeiro – declarou ao *The New York Times* que hoje em dia é mais fácil conseguir dinheiro para fazer museus do que para comprar obras de arte. O museu não é mais feito para conter obras de arte, é o museu pelo museu.

É o triunfo do formalismo: não se trata mais da forma da obra, mas da forma que contém a obra... ■ O próprio Guggenheim é o primeiro museu feito assim. O arquiteto Frank Lloyd Wright projetou o Guggenheim de um modo que não tinha nada para ser museu, com paredes em curva, rampas e complicações arquitetônicas em que o museu em si é que passa a ser importante, mesmo se lá dentro estão obras de Malévitch ou Mondrian. Foi nisso que eles se inspiraram para fazer, por exemplo, o Guggenheim de Bilbao [na Espanha], que é uma extravagância arquitetônica.

E onde está a arte brasileira com traços particulares? ■ A arte brasileira é o Siron Franco, o João Câmara, o Franz Weissmann, o Marcelo Grassman, com suas gravuras belíssimas. É claro que esta arte não vai competir com esse mundo disparatado do Big Brother ou da arte em vídeo, que é uma coisa chatíssima e que só existe para curadores. As pessoas vão procurar onde está o ser humano, que muitas vezes pode estar numa pequena gravura ou num quadro. Há um ano eu assisti a um espetáculo na Urca, para um público de cinco pessoas, encenado no quarto de uma casa. Sabe o que estava sendo encenado lá dentro? *Crime e castigo* [adaptação do romance de Dostoiévski], uma experiência incrível. Enquanto o mundo vai ficando globalizado e massificado – o que vai contra o ser humano, porque ninguém nasceu para morar em cidades do tamanho de São Paulo ou da cidade do México e por isso as pessoas vão se juntando e criando pequenas tribos –, a verdadeira arte está sendo feita para pequenos grupos de pessoas que ainda se comovem.

Isso inclui a poesia? ■ O poeta não está nisso. A poesia, felizmente, não tem mercado e por isso não foi arrebatada por essa loucura. Eu costumo dizer que a poesia não vale nada, não tem nenhum valor... no mercado; ela só tem valor para as pessoas que a amam.

Voltando à questão das vanguardas: você disse em entrevista aos *Cadernos de Literatura* do Instituto Moreira Salles que sua fase neoconcreta não expressava o Brasil. Mas uma poesia subjetiva, visceral, como a de *A luta corporal* não é também uma forma de expressão da realidade? ■ Eu me referia especificamente ao neoconcretismo; eu quis dizer que o caráter abstrato, desvinculado da realidade geográfica e social, do concretismo e do neoconcretismo, não expressava aquele momento de efervescência do Brasil. Eu não quis dizer que não era expressão de nossa vida cultural, mas que não era expressão de nosso momento político; eu era desligado dessa realidade, tanto que, a partir do momento em que me engajei no CPC, comecei a ler e aprender sobre o Brasil. Eu sabia muito mais sobre literatura francesa, sobre o cubismo ou sobre o romantismo alemão do que sobre o Brasil. Eu era um analfabeto em Brasil. Depois disso, minha poesia se tornou muito mais próxima da realidade social.

Você se refere aos *Romances de cordel*? ■ Aquilo ali não é literatura. Foi o meu começo de engajamento, foi feito com puro e simples objetivo de fazer proselitismo político. Eu confesso que aquilo faz parte da minha obra porque eu não vou apagar uma coisa que teve uma importância muito grande na minha experiência, mas eu não tinha ali uma preocupação literária. Usei minha habilidade de poeta e versejador para fazer uma literatura bem popular e ajudar na conscientização das pessoas. Não deu certo.

Falando nisso, você não teve medo de que seus ensaios fossem usados para justificar uma espécie de "realismo socialista" em versão tropical? ■ Não, porque o CPC era de uma irreverência total. Era um grupo que fazia críticas ao governo e colocava propostas socialistas com muito senso de humor. Nós tínhamos consciência do que representavam Brecht e o teatro de vanguarda. Tanto que, quando fomos fazer teatro fora do CPC, no grupo Opinião, montamos *Se correr o bicho pega, se ficar o bicho come* [peça escrita por Gullar em parceria com Vianinha], que mistura realismo político com surrealismo.

Depois dessa fase, já no exílio, você escreveu em Buenos Aires o "Poema sujo" [1975]. Esse poema não pode ser considerado vanguardista, por causa da complexidade da linguagem? ■ Não acho que o "Poema sujo" seja vanguardista no sentido que se costuma dar a esse termo, embora seja uma coisa nova, original. Toda obra de arte que mereça este nome traz em si o novo, num grau maior ou menor. Mas, para ser novo, não precisa ser um paletó de três mangas; pode ter só duas mangas e ser novo [risos].

Como você teve os primeiros contatos com os concretistas, especificamente com Décio Pignatari, Augusto e Haroldo de Campos? ■ Em 1954, depois que publiquei *A luta corporal,* eles me procuraram dizendo que era um livro rebelde, inovador, que coincidia com o que eles queriam fazer. O Augusto de Campos me telefonou e nos encontramos no Rio para uma conversa. Nesse tempo ainda não existia o concretismo. Eles tinham publicado *Noigandres 1*, em que não há nenhum poema concreto. *A luta corporal* foi inspirador do movimento, embora eles não digam. Tanto que os primeiros poemas visuais do Augusto, em *Noigandres 2* [de 1955], têm influência do meu poema "Roçzeiral". Mas isso não tem importância. Como disse, eu nunca quis ser vanguardista, ao passo que eles faziam planos-piloto e queriam ser de vanguarda. Havia duas visões diferentes, a ponto de se chegar sem demora à ruptura, nas páginas do "Suplemento Dominical" do *Jornal* *do Brasil*. Mas alguns dos conceitos do movimento concretista nasceram de ideias minhas. O Haroldo tinha escrito um artigo falando na criação de um novo verso e eu disse que não se tratava de um novo verso, mas de uma nova sintaxe – que eu havia destruído em *A luta corporal*. Para mim, não se podia falar mais nem em linguagem, quanto mais em verso. Do mesmo modo, a ideia de que a sintaxe da linguagem normal é unidirecional – expressão que passou a ser usada pelo movimento – foi tirada de uma frase que eu repetia quando era locutor na rádio Timbira, no Maranhão: eu falava que emissora estava "transmitindo por uma antena unidirecional de 1.490 quilociclos"... Mas isso não quer dizer nada; o fato é que, no começo, a gente tinha alguma afinidade.

Essa afinidade inicial passava pela recuperação de Oswald de Andrade. Como você o conheceu? ■ Oliveira Bastos – que era meu amigo e crítico literário – tinha dado ao Oswald uma cópia datilografada de *A luta corporal*; ele ficou entusiasmado e quis me conhecer. Em 1953, no dia do meu aniversário, ele foi a minha casa levado por Oliveira Bastos. Levei um susto enorme. Ficamos amigos e, no final do mesmo ano, vim com Oliveira Bastos a São Paulo e passamos o Réveillon na casa do Oswald. Eu gostava muito da poesia dele, pela irreverência, por aquela linguagem que tem gosto de capim verde, que voltava a um frescor que a literatura tinha perdido. Ao publicar o *Primeiro caderno do aluno de poesia Oswald de Andrade*, ele buscava uma poesia como que feita por criança, uma poesia que visse o mundo com olhos novos. Isso era precioso, muito diferente do concretismo, que é uma coisa cerebral e árida.

Qual é a sua divergência básica em relação ao concretismo? ■ Para mim, a linguagem é discurso, as palavras só ganham concretude e significação no discurso. A palavra isolada é abstrata. A palavra "pera" é um universal; a palavra concreta é esta pera que está no meu prato ou a pera que eu comi. A palavra isolada não tem determinação alguma, de modo que eu digo que a poesia concreta deveria se chamar poesia abstrata. A poesia é um discurso contra o discurso, mas de todo modo tem de haver um discurso que dê concretude à palavra; se não ela não se mexe, não existe. O concretismo foi muito importante como momento histórico da literatura brasileira, mas nenhum poema concretista ficou como algo que realmente tenha marcado a poesia brasileira; é um radicalismo ingênuo que compromete a própria natureza da poesia.

Por que existe um espaço de tempo relativamente grande entre cada um de seus livros? ■ Eu sempre escrevi muito pouco. Eu não planejo a minha vida e não planejo minha obra. Cada livro meu resultou da exploração de um veio descoberto e que depois se esgotou, deixando um impasse. Depois de *A luta corporal*, de 1954, a obra seguinte é um pequeno livro de poemas concretos e neoconcretos, de 1958; mas o livro de poesia que vem realmente depois é *Dentro da noite veloz*, de 1975, ou seja, 21 anos depois. Em 1980, eu publico um livro intitulado *Na vertigem do dia*, mas só vou publicar outro em 1987: *Barulhos*, que é um outro impasse. Eu acabo o livro e digo que não vou escrever mais, não porque não quisesse, mas porque achava que tinha se esgotado a experiência – e de fato fiquei dois ou três anos sem escrever nada. Lentamente eu recomecei a escrever, fui fazendo um poema aqui, outro ali, e levei doze anos até chegar ao ponto em que considerei que aquela fase estava concluída, com o livro *Muitas vozes*. E também achei que era o último. Se o outro tinha levado sete anos e esse levou doze, o próximo deveria levar vinte; mas, como eu já estou com quase 72 anos, então não vou publicar mais nada... De lá para cá, se escrevi dez poemas nesses três anos, foi muito. Sempre escrevi muito pouco pelo fato de que a poesia para mim não é uma produção de coisas. São descobertas, a poesia nasce do espanto, de algo que não tinha percebido e que me comove. Daí eu escrevo. Para mim poesia é isso. Eu vou de impasse em impasse.

EDIÇÃO 99 • JANEIRO 2006

LARS VON TRIER

"Você tem dez minutos para falar com o Lars." Assim foi introduzida a entrevista exclusiva com um dos mais existencialistas diretores do cinema atual. De bom humor, mas perceptivelmente cansado, o dinamarquês Lars von Trier pergunta: "Onde você está? Aqui no Google Earth vejo um lugar cheio de praias aí no Brasil." Provavelmente uma brincadeira comum, em se tratando de um homem que tem pânico de viajar de avião. Trier ganhou atenção mundial depois de formular, na companhia do também dinamarquês Thomas Vintenberg, dez regras para um cinema novo, o Dogma 95. Segundo elas, o cinema deveria usar a menor quantidade possível de recursos técnicos (trilha sonora, iluminação especial, trabalhos óticos ou filtros, entre outros) e buscar a ausência de truques. Mais ou menos como em uma peça de teatro, onde o que você vê é exatamente o que acontece. Depois disso o diretor só ascendeu em exposição, atenção e, claro, críticas (principalmente da parte de seus atores). Hoje, apresenta *Manderlay*, continuação de *Dogville* e segundo filme da trilogia América. Grace, antes Nicole Kidman, agora Bryce Dallas Howard, continua a mesma filantropa a fim de mudar o mundo. E nenhum lugar é melhor do que uma fazenda no estado do Alabama (EUA) que, em 1933, ainda mantém a escravidão, abolida setenta anos antes. Diretor de filmes sempre meio indigestos e agressivos, Lars von Trier mostrou um temperamento bastante sensato em sua conversa com a CULT, por telefone, de Copenhague.

por **Fernanda Paola**

Em seu novo filme, *Manderlay*, a idealista Grace tenta educar um grupo de escravos sobre democracia e liberdade. Por que ela falha? ■ Ela falha porque não dá a mínima sobre quem essas pessoas são, ou o que fizeram antes. Acho muito bom ter intenções nobres, mas sempre com a consciência de que suas verdades podem não ser as mesmas de outras pessoas.

Em *Manderlay*, o senhor levanta a questão sobre a existência, nos dias atuais, da escravidão nos Estados Unidos, mesmo depois de ter sido abolida há tantos anos. Que tipo de escravidão o senhor acredita ainda estar presente em nossa sociedade? ■ Com certeza sempre haverá escravidão econômica, mas o termo escravidão se aplica para várias coisas. Tem escravidão emocional. Sempre que você usa o poder de forma errada para com outra pessoa, pode ser encarado como uma forma de escravidão.

Sua inspiração para fazer *Manderlay* foi baseada no capítulo do romance francês *História de O*, de Pauline Reage, chamado "Happiness in Slavery", e transferiu a situação para os Estados Unidos, como se houvesse alguma conexão entre a história do livro com a dos Estados Unidos. Por que isso? ■ Não é do livro em si que tirei a inspiração, e sim de um prólogo que conta a história de uns escravos do Caribe, que voltam para seu ex-senhor e exigem que os faça escravos de novo. Isso porque não têm onde viver nem o que comer. Como ele não pode fazer isso, porque a lei do país tinha mudado, proibindo a escravidão, eles matam o ex-senhor. É um fato histórico. Na verdade, esse prólogo defende que seres humanos são apenas masoquistas, no que eu não acredito.

O senhor acha que o fato desses escravos optarem pela escravidão vai além de puro masoquismo? ■ Sim. Todos têm elementos masoquistas, mas esse incidente não tem a ver com isso. Os escravos não têm o que comer nem aonde viver, e a vontade de viver vem antes do masoquismo.

Qual ângulo o senhor pretende usar na parte três da trilogia América, intitulada *Washington*? ■ É uma boa pergunta, mas infelizmente não poderei responder. Eu trabalhei durante muito tempo no roteiro e joguei tudo fora. Então terei de começar do zero, agora. Só o que posso falar é que se passa em Washington.

Enquanto não trabalha no roteiro de *Washington*, o que pretende fazer? ■ Estou tirando umas férias de América, e trabalhando em uma comédia dinamarquesa. Uma comédia idiota, tradicional, que escrevi sobre uma empresa da Dinamarca. Quero dar um tempo das grandes produções.

O senhor vem de uma família comunista e parece afetar-se pela ideologia capitalista. O senhor pretende usar o cinema para lutar contra eventuais injustiças capitalistas? ■ Quando jovem eu era comunista, e fazia de tudo para combater o capitalismo. Nessa época descobri que era apaixonado por filmes. Então, da minha maneira estranha, talvez consiga fazer algum bem através da mídia. Lutar contra o capitalismo, sim. Mas não vou ser um revolucionário na selva, como quando era mais novo, que sonhava em lutar pelo comunismo e me juntar ao Che Guevara.

O senhor prega regras do Dogma 95, e uma delas diz que o diretor não pode ser reconhecido. O senhor ganhou muitos prêmios e é um diretor conhecido mundialmente. Não é uma contradição? ■ Aquelas regras do Dogma foram para um filme que fiz na época. Hoje eu sigo outros dogmas. Mas talvez você esteja certa, de qualquer maneira. Eu concordo que o diretor tenha de se ausentar o máximo possível do filme.

O senhor tem fama de ser um diretor exigente... ■ Exigente, não sei. Ok, talvez eu seja exigente. Eu não posso generalizar, mas, sim, tento sempre tirar o melhor de cada ator.

Tem o caso da Björk, que disse que *Dançando no escuro* seria seu primeiro e último trabalho como atriz... ■ Ela queria me matar. Na verdade, ela vem da Islândia, única colônia que a Dinamarca teve. É uma situação complicada. Ela não queria fazer o filme, mas em contrapartida acho que foi uma excelente atriz. Nós tivemos uma ótima relação enquanto estávamos trabalhando, e uma péssima relação quando não estávamos. Somos muito teimosos.

Por que fazer filmes sobre um lugar onde nunca esteve, como os Estados Unidos? O que o fascina naquele país? ■ Primeiro de tudo a América e os Estados Unidos fazem parte da vida de todo mundo, no mundo inteiro. Aqui na Dinamarca, nós temos muitas notícias dos Estados Unidos e quase nenhuma do resto do mundo que está perto de nós. É um país muito poderoso. O fato de não ter estado lá não importa muito. É como um mundo imaginário, para mim. É como quando você faz um filme sobre Marte, isso requer imaginação. Mas eu acho que sei mais sobre a América do que as pessoas de Marte. Ou talvez não mais [risos].

O senhor parece fascinado pela relação de poder. Seja por meio do Dogma como um manifesto estético, seja por filmes como *Dogville* e *Manderlay*, que são baseados em princípios rígidos. Por que se interessa por esse tipo de regras e de diretrizes? ■ Eu acho que em qualquer trabalho artístico você deve estabelecer regras, todos fazem. Mas talvez eu faça isso mais abertamente. Eu acho que qualquer jornalista, ou artista em geral estabelece regras, mas não diz a ninguém quais são. Eu digo.

O senhor trabalha desde 1991 em um projeto chamado Dimension. O senhor grava três minutos, todos os Natais, em um lugar diferente da Europa. Sobre o que é esse projeto? ■ Outra boa pergunta. Eu estou negligenciando esse projeto. O problema é que quando você é jovem tem vários sonhos. Então cresce, casa, constitui família, e sei lá. A vida fica complicada e você não tem tempo de fazer tudo o que tem vontade.

Pretende terminar? ■ Agora estou com a cabeça no Bush, por assim dizer [risos].

EDIÇÃO 110 • FEVEREIRO 2007

CLAUDE LÉVI-STRAUSS*

Claude Lévi-Strauss nasceu em Bruxelas, em 28 de novembro de 1908. Estudou Filosofia e Direito em Paris, mas ganhou reconhecimento mundial com seus estudos etnológicos. É considerado o criador da Antropologia Estrutural e um dos maiores pensadores do século XX. Lévi-Strauss veio ao Brasil pela primeira vez em 1935, integrando a missão francesa que participou da criação da Universidade de São Paulo. Tinha 26 anos quando ocupou a cadeira de Sociologia da Faculdade de Filosofia, Letras e Ciência Humanas da USP. Entre 1935 e 1939, viajou pelo país e desenvolveu pesquisas etnológicas com índios kadiwéus e nambikwaras. A experiência brasileira foi descrita, anos mais tarde, em 1955, no livro *Tristes trópicos*. Com a ocupação da França por tropas alemãs durante a Segunda Guerra, o etnólogo instalou-se nos Estados Unidos e deu aulas na New School for Social Research, em Nova York. Ao retornar à França, Lévi-Strauss assumiu a cadeira de Antropologia no Collège de France, em Paris. Desde 1973, Lévi-Strauss é membro da Academia Francesa de Letras. Leia, a seguir, a entrevista exclusiva concedida por Lévi-Strauss à CULT em novembro de 2005, um dia depois do aniversário do antropólogo, em seu escritório no Collège de France.

por **Marcelo Fiorini**

* Claude Lévi-Strauss faleceu em outubro de 2009, em Paris.

Que recordações o senhor guarda do Brasil? ■ Eu guardo as melhores lembranças de minha estada em São Paulo e entre os índios. A cidade de São Paulo, onde eu vivi, porém, e mesmo a que revi em 1985, quando retornei ao Brasil pela única vez, para acompanhar o presidente francês que fazia uma visita oficial, não tinha mais nenhuma semelhança com aquela de 1935. Era um outro mundo.

Como foram seus primeiros contatos com os índios? ■ Eu fui morar com os bororo entre 1935-1936 e durante as férias de 1936. Eu voltei à França para trazer as coleções etnográficas que havia feito entre os bororo para o Musée de l'Homme e estas foram parte de uma exposição. Você sabe, em etnologia e antropologia fui um autodidata e, portanto, era necessário para mim passar em um teste, o que me permitiu suscitar o interesse dos mestres da época como Rivet, Mauss, Lévy-Bruhl e assim obter os meios de retornar entre os nambikwara, em 1938. Essa, contudo, foi uma outra viagem, uma missão completamente diferente da primeira.

O senhor retornou aos bororo ou aos nambikwara quando regressou ao Brasil em 1985? ■ Deixei o Brasil no início de 1939. Logo veio a Guerra e eu emigrei para os Estados Unidos. Em 1985, retornei ao Brasil apenas por alguns dias, mas quando estávamos em Brasília, o jornal *O Estado de S. Paulo* me propôs um retorno de avião até os bororo e partimos em uma pequena aeronave que tinha capacidade para apenas três passageiros, minha esposa, eu e minha cara colega e amiga Manuela Carneiro da Cunha. Pousamos em algumas horas em Rondonópolis e decolamos novamente em direção ao rio São Lourenço, onde eu tinha amigos na época que trabalhavam com os bororo. Nós sobrevoamos várias aldeias, mas não pudemos pousar. Segundo o piloto, era possível aterrissar, mas não decolar. Então, retornamos a Brasília sem que eu pudesse rever os índios, a não ser de muito alto.

Quais são as melhores lembranças que o senhor guarda de seu trabalho de campo entre os nambikwara? ■ Nos poucos anos em que eu morei no Brasil, tive contatos com diferentes populações indígenas: um pouco com os kaingang, no estado do Paraná; com os kadiwéu, no sul de

Mato Grosso, na região do Pantanal; com os bororo, por um período um pouco mais longo, no rio São Lourenço. Em 1938, encontrei outros, mas principalmente os nambikwara, com quem eu passei alguns meses. Eles tinham, na época, uma péssima reputação por causa de diversos incidentes pelos quais haviam passado, inclusive a morte de um homem que trabalhava para a Linha Telegráfica de Rondon, ou o que restava dela. Eu fui avisado e prevenido sobre eles. Disseram-me em Cuiabá que minha vida seria ameaçada, que eles eram pessoas difíceis e perigosas, mas devo dizer que, muito ao contrário, nenhum outro povo indígena que conheci me seduziu da forma como os nambikwara o fizeram.

Como viviam os nambikwara naquela época? ■ Eles viviam de uma forma bastante deplorável. Isso porque a região que habitavam era um cerrado, quase desértico, feito de areia e sem recursos. Eu creio que eles conseguiam a muito custo retirar dele o mínimo para sua subsistência. Eles formavam pequenos bandos de vinte, trinta, quarenta pessoas que, durante uma parte do ano, se tornavam nômades e, em outra, principalmente durante o inverno, se fixavam em aldeias permanentes. Eram, no entanto, de uma franqueza, de uma gentileza e de um desejo de colaborar com o etnólogo que me surpreendeu.

Como o senhor se comunicava com os nambikwara? ■ Eles não falavam o português, salvo alguns deles que sabiam uma dezena de palavras. Eu mesmo não sabia falar nambikwara, com certeza, e, portanto, nós construímos juntos um tipo de jargão comum formado metade por palavras em português, metade por palavras em nambikwara, o que nos permitia um mínimo de comunicação. Evidentemente, isso não ia muito longe.

E, no entanto, as passagens que o senhor dedicou aos nambikwara estão entre as mais belas do livro *Tristes trópicos* e mostram uma profunda empatia e a compreensão da alma dessa etnia. ■ Talvez, mas o fato é que, quando eu soube depois de todas as tragédias que se abateram sobre esses homens e mulheres, essas crianças de quem eu tanto gostei – de um lado, epidemias extremamente graves, de outro, a perseguição das grandes indústrias agroalimentares que queriam explorar industrialmente seu território –, devo dizer que eu me senti ferido, angustiado, e, de uma certa forma, meu coração ficou sempre entre eles. É claro, eu era jovem quando os encontrei e essa é uma das razões que pode explicar isso.

Pode-se dizer que os índios ainda vivem hoje sob a força destruidora do processo de colonialismo, que continua avançando sobre as regiões ainda preservadas do país. O que o senhor espera hoje para os nambikwara e para os outros índios do Brasil? ■ Eu desejo ardentemente que as autoridades brasileiras se interessem por eles e que deem meios para que cada grupo indígena possa prosseguir vivendo de forma independente. Evidentemente que não será da forma tradicional que eles viviam antes e que eu presenciei, mas, em todo caso, é preciso permitir-lhes escolher livremente entre o que eles querem conservar de suas tradições e de suas formas de vida e o que eles querem emprestar da cultura ocidental.

O que o senhor pensa sobre a situação do mundo atualmente? ■ A questão que domina verdadeiramente meu pensamento há muito tempo – e ainda mais nos dias de hoje – é que quando eu nasci havia 1,5 bilhão de habitantes sobre a Terra. Quando entrei para a vida ativa profissional e fui morar com os bororo e os nambikwara, dois bilhões, e agora há seis bilhões. Em poucos anos, serão oito ou nove. Aos meus olhos, esse é o problema fundamental do futuro da humanidade e, pessoalmente – embora isso não tenha importância porque eu não estarei mais aqui –, eu não vejo muita esperança para um mundo assim tão cheio.

Critica-se muito os Estados Unidos, hoje, pela forma com que o seu governo tem optado por conduzir o processo de colonialismo no Oriente Médio, seja ele econômico, seja de guerra. Também os problemas que vive a França estão ligados ao lastro do passado de seu próprio colonialismo. O que o senhor pensa a respeito da situação política do mundo atualmente? ■ Esses não são problemas sobre os quais eu me preocupe diretamente. Além do mais, se tivesse desejado estudar minha própria sociedade, teria me tornado um especialista em ciência política ou em sociologia. Se eu me tornei um etnólogo, é porque outras sociedades me interessavam muito mais do que a minha. Eu tenho, antes de mais nada, um grande reconhecimento pelos Estados Unidos, que foi o país que me acolheu e salvou minha vida durante a guerra na França e o armistício. O que eu diria ainda é que, apesar das circunstâncias trágicas que vivi na época quando fui forçado a me afastar de meu país, perdendo contato com meus familiares – não tinha mais notícias de meus pais e não sabia até mesmo se estavam vivos –, esse foi, provavelmente, o período mais fecundo de toda a minha carreira. Foi nos Estados Unidos que eu aprendi, por assim dizer, a etnologia, lendo e passando os meus dias na Biblioteca Pública de Nova York, mantendo contato com meus colegas americanos. Foi lá que escrevi o meu primeiro livro de fôlego, *As estruturas elementares do parentesco*, e isso não teria acontecido se tivesse vivido em outro lugar. Meus sentimentos quanto aos Estados Unidos são, portanto, de reconhecimento e fidelidade.

Quais trabalhos influenciaram sua obra ou que o senhor aprecia? ■ Eu diria quase tudo o que li. A obra de Franz Boas foi muito importante para mim porque me interessei em pesquisar a costa noroeste do Pacífico, anos mais tarde, depois do Brasil. Os grandes antropólogos americanos, que eu conheci muito bem, como Robert Lowie ou Alfred Kroeber, escreveram obras significativas, das quais tirei grande proveito. Eu diria que o que há de mais importante para mim, no momento atual, é o trabalho feito por antropólogos brasileiros. Eu acho que, se a grande etnografia, no sentido tradicional do termo, subsiste em algum lugar do mundo, é no Brasil. Isso acontece porque, evidentemente, vocês têm a chance de encontrar os povos que são objeto de estudo dentro do próprio país. É a fecundidade da jovem pesquisa brasileira que hoje me impressiona imensamente.

O que o senhor lê atualmente? ■ Vou lhe responder com as palavras de um velho escritor francês: "Na minha idade, eu não leio mais, eu releio".

A visão ou perspectiva que o senhor tinha ou tem sobre a antropologia mudou através dos anos de sua carreira? ■ Não foi tanto meu pensamento que mudou, mas o que constitui o objeto de nosso estudo. Claro, aqueles a quem chamamos outrora de povos primitivos ou de povos sem escrita não estão mais nas condições que pareciam estar quando eu iniciei minha carreira. Portanto, a antropologia que eu aprendi, essa que eu pratiquei desde o princípio, certamente não poderá ser a mesma em pouco tempo. Vocês podem, talvez ainda, e principalmente no Brasil, conduzir a antropologia com um espírito mais tradicional, contudo, vocês sabem melhor do que ninguém que os seus dias estão contados.

Em 2005, comemorou-se o ano do Brasil na França e, em 2008, será o ano da França no Brasil. O que o senhor pensa sobre o estreitamento das relações culturais entre os dois países? ■ Você sabe de uma coisa, eu fico muito contente que estejamos celebrando os laços entre a França e o Brasil. Não sei se já se pensou nisso, mas é uma relação que tem mais de quinhentos anos. Os franceses desembarcaram no Brasil três ou quatro anos apenas depois de Cabral e o Chevalier de Gonneville trouxe o filho de um chefe indígena para a França, a quem deu em casamento uma de suas próprias filhas. Durante o século XVI, os laços entre os dois países eram muito estreitos, como se pode ver pelos trabalhos destes que foram, talvez, os primeiros etnólogos do Brasil: André Thévet e Jean de Léry. Quando vivi no Brasil, entre 1935 e 1939, o Brasil estava verdadeiramente repleto de cultura francesa. A melhor prova é que os professores franceses da Universidade de São Paulo lecionavam seus cursos em francês e todos os alunos compreendiam. Obviamente, as coisas não são mais assim hoje. Quando eu me lembro, porém, da intimidade que existiu entre a França e o Brasil, fico muito satisfeito em saber que ela ainda persiste.

EDIÇÃO 116 • AGOSTO 2007

NOAM CHOMSKY

Avram Noam Chomsky não é uma unanimidade. Nem quer ser: a polêmica parece parte essencial desse linguista que abraçou o pensamento político e insistiu em teses tão provocativas como a defesa do regime sanguinário de Pol Pot no Camboja e a afirmação de que os mortos do World Trade Center foram poucos em comparação com os provocados por governos americanos no Terceiro Mundo. Chomsky nasceu na Filadélfia em 7 de dezembro de 1928. Na Universidade da Pensilvânia estudou linguística, matemática e filosofia. Desde 1955, é professor do Instituto de Tecnologia de Massachusetts, ocupando uma cátedra de Língua Moderna e Linguística. Casou-se com Carol Schatz, professora da Universidade Harvard, em 1949, e tem dois filhos. Fez sua reputação inicial na linguística, tendo aprendido alguns dos seus princípios históricos com o pai, um erudito do hebraico. Sempre se interessou pela política, e suas tendências para o socialismo são resultado do que chama de "a comunidade judaica radical de Nova York". Desde 1965, tornou-se um dos principais críticos da política externa latino-americana. Seu livro *O poder americano e os novos mandarins* foi considerado um dos ataques mais substanciais ao envolvimento americano no Vietnã. Hoje, Chomsky é a voz mais respeitada da esquerda acadêmica e intelectual. Mesmo sendo um radical nada convencional. Produziu um substancial volume de teoria política própria e defende a busca da verdade e do conhecimento nos negócios humanos de acordo com um conjunto simples e universal de princípios morais.

por **Marcia Tiburi**

Devido à sua crítica ao terrorismo, o senhor já foi acusado de, ao contrário, fazer a apologia do terrorismo. O senhor considera que há alguma chance de combater o discurso da ideologia conservadora, que evita o sentido da crítica por meio da confusão de seu conteúdo, como se não tivesse entendido o que ele significa? ■ O único modo de lidar com o fanatismo ideológico é ignorá-lo e concentrar a atenção em pessoas que têm a mente suficientemente aberta para dar importância a evidências e argumentos. Há dois aspectos no que eu escrevi sobre o terrorismo desde 1981, quando o governo Reagan ocupou o poder declarando que uma "guerra ao terror" seria o foco da política externa dos Estados Unidos, uma "guerra" que foi redeclarada por George Bush em 11 de setembro de 2001. O primeiro é que eu uso a definição oficial de terrorismo dos governos dos Estados Unidos e do Reino Unido. Isso é considerado um escândalo, porque se usamos essas definições, significa diretamente que os Estados Unidos são um poderoso Estado terrorista, e o Reino Unido não fica muito atrás. A conclusão, claro, é inaceitável. Como a lógica é impecável, e a base factual não está em dúvida, a reação-padrão dos que fazem a apologia do terror do Ocidente é de pura irracionalidade. Uma das reações é a que você descreveu: fingir que a condenação consistente de todos os tipos de terror é uma apologia para o terror deles contra nós, o único tipo que pode ser discutido dentro do sistema doutrinário. O segundo aspecto do que escrevo sobre o assunto é que, ao discutir o terror deles, eu acompanho de perto as análises dos principais especialistas em terrorismo islâmico do mundo acadêmico, da inteligência dos Estados Unidos e do jornalismo, como Fawaz Gerges, Michael Scheuer e Jason Burke. Isso também é considerado um escândalo, porque eles fazem análises sérias, e é muito mais conveniente fazer poses heroicas diante das câmeras e falar de "fascismo islâmico", "guerra de civilizações" etc. Quanto ao discurso ideológico conservador, vale a pena ter em mente que algumas das mais extremas e irracionais defesas da agenda política nesses pontos é produzida por pessoas que se definem como liberais e social-democratas. Independente de sua origem, há alguma maneira de confrontar o discurso ideológico? Sim, há uma maneira muito simples: tentar dizer a verdade. Não arranca aplausos da elite intelectual, mas é assim que ela reage normalmente às revelações sobre a natureza e o exercício do poder. O que importa é o público em geral, que é capaz de se libertar das doutrinas e buscar compreensão.

Seus textos e entrevistas, de um modo ou de outro, defendem a necessidade da reflexão, da análise, do pensamento lúcido capaz de perceber os motivos e o que o senhor – numa entrevista a John Junkerman em 2002 – chamou "componentes de legitimidade" das ações terroristas, ou seja, o que leva à sua existência e possibilidade de que se repitam. Seria, essa ausência de reflexão, algo semelhante ao que Hannah Arendt chamou "vazio do pensamento" e que levava à banalidade do mal? Seria essa, para o senhor, uma ideia atual? ■ Acredito que existe uma similaridade, mas as ideias são simples e diretas. Não vejo necessidade de ocultá-las em uma retórica arrogante e pretensiosa.

O senhor considera que a humanidade vive atualmente um otimismo inconsequente? O senhor acredita em algum argumento básico, que pode fazer com que os desatentos reflitam sobre o estado atual da política internacional e das questões relativas à natureza como o aquecimento global, sem parecer apologia do pessimismo? É possível refletir hoje sem usar esse termo? ■ Não apenas acho que é possível, sei que é possível, por experiência e pela história. Todos nós sabemos. Confrontar o poder, a repressão e a injustiça nunca foi fácil, mas muitas tarefas foram realizadas e o sucesso não foi pequeno. As lutas de muitos anos nos deixaram um legado de liberdade que é raro em padrões históricos comparativos. Podemos optar por usar esse legado para carregar a luta para a frente ou podemos decidir abandonar a esperança, acreditando que o pior vai acontecer. Essa escolha é comum no decorrer da história. Felizmente, muitas pessoas não abandonaram a esperança, e não há razão para fazê-lo hoje.

Considerando que a vida e a morte dos "sem-poder" é decidida soberanamente a cada dia na política interna e externa das nações, o senhor considera que podemos escapar da biopolítica que a política se tornou? ■ Sim. Novamente, podemos escolher o caminho fácil do desespero, mas é uma escolha, não uma necessidade. Aqueles que fizerem essa escolha não terão a gratidão das pessoas que sofrem hoje ou das futuras gerações.

O senhor considera que os intelectuais têm um papel específico diante da atual ordem internacional e das questões nacionais e regionais que envolvem o poder? ■ As pessoas são chamadas de "intelectuais" se possuem um determinado grau de privilégio e decidem usar sua oportunidade na arena pública. É fato que o privilégio traz oportunidade, e é um truísmo moral que a oportunidade traga responsabilidade. Portanto, aqueles que são chamados de "intelectuais" têm responsabilidades claras. Como são eles que escrevem a história, o papel histórico dos intelectuais parece muito atraente: corajosos, honrados, defensores da verdade e da justiça etc. A história real é um pouco diferente. O fundador da moderna teoria das relações internacionais, Hans Morgenthau, lamentou o que chamou de nossa "subserviência conformista aos que estão no poder", referindo-se às classes intelectuais. A descrição dele tem um mérito considerável – agora e no passado. Há exceções, é claro, e muitas vezes sofreram por sua integridade – o quanto, depende da natureza da sociedade. Mas a responsabilidade permanece.

Qual seria o fundamento central, na sua opinião, da conexão entre capitalismo e o totalitarismo mascarado de democracia em que vivemos? O senhor considera que a democracia pode ser liberta pela economia? ■ Os sistemas nos quais vivemos têm muitas falhas, mas estão longe de ser totalitários, embora tenham elementos totalitários. Uma corporação moderna, por exemplo, é tão próxima do ideal totalitário quanto qualquer instituição construída pelo homem. As decisões são tomadas no topo, transferidas para os burocratas (gerentes) em sucessivos níveis inferiores e, finalmente, executadas pelos funcionários que apenas seguem ordens. Essas tiranias privadas são em grande parte não explicadas ao público, além de terem mecanismos regulatórios que são tipicamente fracos, devido ao seu poderoso papel na arena política. É claro, há mais complexidade do que qualquer breve descrição poderia capturar, mas isso se aplicava até para o Partido Comunista na velha União Soviética. No entanto, essas instituições não constituem a sociedade inteira e o público não precisa aceitar seu poder passivamente. As cortes reconhecem a vulnerabilidade das corporações se as formas de democracia começam a funcionar de maneira mais eficiente. Nos Estados Unidos, as cortes encorajaram os diretores de corporações a agirem ocasionalmente, de acordo com o interesse do público, ao invés de ficarem estritamente presas à sua obrigação legal de maximizar o lucro e a quota de mercado. Senão, elas avisam, um "público animado" poderá prestar atenção aos enormes privilégios dados àquelas instituições criadas e alimentadas pelo Estado e agir para limitá-los ou acabar com eles. De maneira mais geral, as decisões sobre economia, vida política e social e outras questões são fortemente influenciadas, de diversas maneiras, pelo poder econômico concentrado. Mas forças populares empenhadas e comprometidas têm muitas oportunidades de modificar políticas e de mudar ou mesmo de desmantelar estruturas institucionais que passarem a considerar ilegítimas. E os sistemas de poder estão conscientes disso. Essa é uma das razões da intensa propaganda tentar manter o público passivo e marginalizado. Não há compulsão para sucumbir a essas pressões. Não há como a democracia ser reconstruída e estendida pela economia, mas não há limites discerníveis quanto ao que o empenho popular pode alcançar. O que está faltando é vontade, não oportunidade.

Em seu livro sobre o governo do futuro o senhor discute muito a ideia de uma natureza humana em sentido marxista ligando-a ao pensamento libertário que seria incompatível com o capitalismo. Certamente sua posição como intelectual ativo recupera impulsos marxistas. O senhor acha que essa teoria ainda possui chaves interpretativas válidas para nosso tempo como a de luta de classes? ■ Isso é um pouco equivocado. É verdade que, no início, Marx contava com conceitos da natureza humana que tinham caráter fortemente libertários, mas ele os extraiu amplamente da cultura intelectual do Iluminismo e do Romantismo de sua época: Rousseau, Von Humboldt e outros. As influências continuam em seu trabalho posterior, mas nas margens. A tradição marxista posterior muitas vezes caiu em interpretações equivocadas e sem sentido da natureza humana como um produto puro da história e da sociedade e outras formulações insignificantes. Quanto à luta de classes, é claro que ela existe, com muitos componentes. Em uma primeira aproximação, podemos distinguir os donos do capital, os políticos, os doutrinários e os trabalhadores (basicamente aqueles que se alugam para sobreviver, caindo em muitas categorias). Há muitos outros conflitos: por exemplo, capital industrial *versus* capital financeiro. A vida e as sociedades são assuntos complexos, mesmo em setores sociopolíticos e econômicos.

Como é viver hoje nos Estados Unidos tendo tantas críticas ao governo, à mídia e a uma sociedade com um viés conservador tão claro e, todavia, incapaz de um diálogo crítico sobre sua posição política em escala planetária?

■ A realidade é bem diferente. Nos últimos anos, tornou-se possível levantar questões públicas que há pouco tempo eram meramente inteligíveis ao público. As pessoas esquecem. A guerra do Vietnã, por exemplo. A oposição era tão desprezada que poucas pessoas estavam conscientes de que John F. Kennedy tinha começado uma grande guerra contra o Vietnã do Sul em 1962. Quando protestos significativos se desenvolveram, cinco anos depois, o Vietnã do Sul tinha sido destruído e a agressão se espalhado pelo resto da Indochina. Nenhum presidente dos Estados Unidos poderia cometer, hoje, os crimes que Eisenhower, Kennedy e Johnson perpetraram com pouco protesto. Poderia descrever as mudanças a partir de uma experiência pessoal. Nos primeiros dias da guerra, eu dava palestras em igrejas para uma plateia de quatro pessoas. Em outubro de 1965, com centenas de milhares de soldados no Vietnã do Sul e a agressão se estendendo para o norte, em Boston, provavelmente a cidade mais liberal do país, a primeira grande demonstração pública contra a guerra foi atacada por contramanifestantes, muitos deles estudantes, que foram aplaudidos pela imprensa e pelos senadores liberais. Nada disso é imaginável hoje. Apenas recentemente os poderes e direitos extraordinários dados pelo poder estatal a corporações, instituições centrais da economia interna e internacional, passaram a ser alvo de sérios exames e questionamentos populares. Isso também vale para várias outras dimensões, algumas muito familiares para serem mencionadas: os direitos das mulheres, por exemplo. Existem ilusões em relação à liberdade e à abertura da sociedade e dos meios de comunicação de massa do passado. As ilusões são encorajadas amplamente pelo fato de a dissidência ter sido tão limitada e fragmentada. Houve progresso considerável, desde então, ao lado de regressões e contra-ataques que tiveram certo sucesso. No geral, a trajetória me parece positiva.

Há alguma chance de escaparmos do projeto do consumismo global desde que a política foi substituída pela economia e assim perdemos a noção de nossas relações? Repetindo, podemos optar por sucumbir ao consumismo e a outros tipos de propaganda ou podemos seguir caminhos próprios e independentes. É mais fácil confrontar o consumismo que as câmaras de tortura, fato às vezes esquecido.

O que significa hoje a possibilidade de combater o Império se ele é, sobretudo, fundado na base do que o senhor mesmo chamou "nazificação", o profundo ódio ao outro que foi elevado à condição de lei, a padrão de governo? Eu não descrevi os projetos imperialistas atuais como nazificação, embora o termo se aplique a casos particulares. Mas nós devemos realmente pensar por que há tamanha sensação de falta de esperança na hora de confrontar o poder. A introdução dessa falta de esperança é o maior feito da propaganda contemporânea, mas não somos forçados a sucumbir. Objetivamente, a resistência e a mudança social construtiva são tarefas consideravelmente mais fáceis do que eram no passado, graças ao legado de liberdade que resultou das lutas de nossos predecessores. Vemos exemplos por toda parte. Veja as conquistas do MST no Brasil. Há meio século, não havia nada parecido. Havia um movimento de massa global pela justiça ou um Fórum Social Mundial com tantos desdobramentos regionais mesmo há vinte anos? Veja o mais pobre país da América do Sul, a Bolívia, onde a maioria indígena da população conseguiu um triunfo eleitoral de significância real, superando barreiras que dificilmente existem em sociedades ricas e desenvolvidas. E é fácil continuar. A luta por um mundo mais decente e justo nunca foi fácil e nunca vai ser. Mas as possibilidades são, no mínimo, tão favoráveis quanto eram no passado e, em muitos casos, até maiores.

EDIÇÃO 119 • NOVEMBRO 2007

ISTVÁN MÉSZÁROS

O filósofo húngaro István Mészáros é um dos mais importantes intelectuais marxistas da atualidade. Professor emérito da Universidade de Sussex, na Inglaterra, onde ensinou filosofia por quinze anos, ele veio de uma família modesta, tendo sido criado pela mãe, operária. Somente após o final da Segunda Guerra, pôde se dedicar melhor aos estudos. Começou a trabalhar como assistente de Lukács no Instituto de Estética da Universidade de Budapeste, em 1951, e defendeu sua tese de doutorado em 1954. Mészáros seria o sucessor de Lukács na Universidade, porém, após o levante húngaro de outubro de 1956 e com a entrada das tropas soviéticas na Hungria, exilou-se na Itália, onde lecionou na Universidade de Turim. Estudioso das obras de Marx, Mészáros acredita que a sociedade só se transforma pela luta de classes, e é necessário romper com a lógica do capital, se quisermos contemplar a criação de uma alternativa educacional significativamente diferente.

por **Ruy Braga** *e* **Alvaro Bianchi**

O senhor foi aluno e colaborador do filósofo marxista húngaro Georg Lukács [1885-1971] e é, reconhecidamente, um dos principais intérpretes de sua obra. Quais são as principais ideias de Lukács que o senhor considera ainda válidas? ■ Lukács teve uma longa atividade criativa e, de modo algum, foi um intelectual marxista o tempo todo. Ele começou a publicar em 1902 e pouco antes de morrer, no verão de 1971, estava dando os toques finais em seu livro *Para uma ontologia do ser social.* No entanto, ele era um pensador respeitado na Europa, autor de muitos livros importantes, bem antes de ter abraçado o marxismo, no final de 1918. Três desses livros merecem ser mencionados, pois continuam sendo lidos e respeitados em sua área: *Aesthetic Culture, A alma e as formas* e *A teoria do romance.* O famoso historiador da arte Max Dvorak [1974-1921] chamou esse último de "a maior realização da Ciência do Espírito" [Geistwissenschaft]. Esses livros foram sucedidos por um trabalho de transição, depois de Lukács ter se tornado um marxista. Talvez esse volume de ensaios, escrito entre 1918 e o final de 1922, tenha sido o que Lukács escreveu de mais influente em décadas. O título é *História e consciência de classe,* publicado originalmente em 1923. Mas outros trabalhos filosóficos, como sua avaliação crítica do irracionalismo e *O jovem Hegel,* têm mais validade a longo prazo. T.M. Knox, um tradicional acadêmico hegeliano e um excelente tradutor do trabalho de Hegel para o inglês, me disse certa vez – e não devido à simpatia política, porque Knox era uma figura politicamente conservadora – que tinha aprendido mais com *O jovem Hegel,* de Lukács, do que com todos os outros livros sobre Hegel juntos. Naturalmente, os estudos de Lukács sobre literatura e estética em geral são de muito valor. E não se pode esquecer seu último livro, o monumental Ontology of Social Being, um grande trabalho de síntese que, fico feliz em dizer, será publicado no Brasil em vários volumes nos próximos anos. Espero que não demore a ser lançado no Brasil o seu magistral trabalho de estética, *Die Eigenart des Aesthetischen.*

E quais ideias de Lukács deveriam ser revisadas, na sua opinião? ■ O desenvolvimento histórico claramente deixou Lukács para trás na sua aceitação da ideia de "socialismo em um país", ou seja, a União Soviética. Mesmo em 1968, quando criticou muito Stalin – em seu pequeno livro *Democratization* –, ele reafirmou sua fé nessa ideia. Simplesmente não pôde encarar o severo problema de que "a queda do Estado capitalista" é uma condição insuficiente para fazer a fundamental transformação da ordem social do capital. Porque tudo o que pode ser politicamente derrubado também pode ser restaurado, como de fato aconteceu com a ex-União Soviética. Felizmente, Lukács não teve que passar pessoalmente pela experiência da restauração do capitalismo no Leste, o que teria sido muito devastador para ele.

Em sua obra *Para além do capital*, o senhor propõe uma importante distinção entre capital e capitalismo. Em que sentido essa distinção é útil para compreender o destino das sociedades do Leste europeu? ■ Certamente precisamos dessa distinção não apenas para uma avaliação adequada sobre o que aconteceu na ex-União Soviética e no Leste Europeu, mas também para entendermos nossos próprios problemas e possibilidades de desenvolvimento. Porque o capital está no controle de todo o metabolismo social – enfaticamente caracterizado pelo próprio Karl Marx [1818-1883] nesse sentido, sendo chamado de sistema orgânico – e não apenas do metabolismo das instituições políticas. No entanto, o problema grave é que um sistema orgânico pode ser substituído com validade duradoura apenas pela alternativa historicamente sustentável e abrangente de outro sistema orgânico. Porque se o capital pode continuar no controle do processo de reprodução do metabolismo social, então é apenas uma questão de tempo para que o capital retome também o controle da dimensão política do sistema. A rapidez com que a restauração do capitalismo aconteceu em todo Leste Europeu – e na União Soviética, depois de setenta anos de Revolução Russa, com a transferência da propriedade do Estado para os bolsos dos chamados "oligarcas" – fala por si mesma e oferece uma lição óbvia para o futuro.

Na Hungria não conseguimos encontrar em livrarias as obras de Lukács. A experiência do chamado "socialismo real" bloqueou o desenvolvimento do pensamento crítico inspirado na obra de Marx? ■ A ausência dos trabalhos de Lukács nas livrarias da Hungria é, até certo ponto, um problema conjuntural. Isso vai mudar em seu devido curso. Há muitos intelectuais na Hungria que têm grande consideração pelos textos de Lukács e tentam fazer seu próprio trabalho com espírito similar em relação a condições muito diferentes. Mas, é claro, isso não significa que esse bloqueio paralisador criado pela experiência negativa do chamado "socialismo real" será facilmente superado. Longe disso, porque apenas um movimento social radical e amplo – que não pode ser imaginado como algo confinado à Hungria – pode fazer real diferença nessa questão. O bloqueio sobre o qual estamos falando é, ao mesmo tempo, eficiente e negativo e, na realidade, não resolve nenhum dos problemas e contradições das quais a impressionante maioria das pessoas sofre na Hungria e em outros lugares. O tempo histórico não parou de se afirmar no passado recente, e segue em frente de forma incansável. A grande crise estrutural de nossa ordem estabelecida de reprodução metabólica social testemunha isso eloquentemente, apesar das fantasias altamente promovidas, mas absurdas, pregando o "fim da história".

Em seu livro *A obra de Sartre: busca da liberdade*, o protagonista é um intelectual que fala em nome dos interesses universais. Para Michel Foucault [1926-1984], ao contrário, o papel dos intelectuais supõe engajar-se em um combate prático munido de um conhecimento especializado, o "intelectual específico", como ele mesmo fez em sua campanha crítica do sistema prisional. Em sua opinião o intelectual crítico hoje deveria espelhar-se em Jean-Paul Sartre [1905-1980] ou em Foucault? ■ Mas por que deveríamos escolher um ou outro? O que precisamos fazer é evitar a atitude de usar a tese do Foucault para rejeitar a de Sartre, como de fato aconteceu no passado. Porque se permitirmos que esse tipo de rejeição prevaleça, cedo ou tarde vamos achar que nada é feito no espírito das teses de Foucault, como também aconteceu há alguns anos depois de se adotar Foucault contra Sartre. Vamos deixar aqueles intelectuais que se identificam com o tipo específico de "microprojetos" de Foucault se comprometerem com a realização crítica de suas tarefas. Mas isso não fará com que a defesa que Sartre faz do comprometimento radical com questões mais abrangentes da época se torne supérflua nem por um segundo, como de fato ficou bem claro no tempo em que as pessoas estavam celebrando o centenário de nascimento de Sartre por toda a Europa.

A partir da década de 1990 vários intelectuais renomados, como Immanuel Wallerstein, Pierre Bourdieu e Noam Chomsky, analisaram criticamente o chamado neoliberalismo e propuseram alternativas. É possível falar em uma renovação do pensamento crítico nas últimas décadas? Quais foram os principais frutos dessa renovação? ■ Não importa o quão forte e consistentemente nós lutemos contra o neoliberalismo; sua crítica continua sendo uma tarefa importante, por causa do poder político e econômico institucionalizado daqueles que apoiam a ideologia neoliberal, com a ajuda ativa da grande maioria dos governos de todo o mundo. Um dos principais artigos de fé do neoliberalismo é "afastar as fronteiras do Estado". É irônico, porque o envolvimento mais ativo do Estado em apoio ao capital nunca foi maior do que é hoje, com total aceitação dos partidários do neoliberalismo, os quais jamais se envergonham de se contradizer. Os intelectuais que você menciona fizeram sua parte no necessário processo de desmistificação a esse respeito. Mas outros precisam se juntar a eles, dada a desproporcional relação com as forças favoráveis ao neoliberalismo patrocinado pelo Estado. A necessária renovação do pensamento crítico só pode ser resultado de uma grande e coletiva operação intelectual da qual, infelizmente, ainda estamos muito longe.

Parte desse pensamento crítico encontrou lugar de expressão no Fórum Social Mundial. Recentemente Alex Callinicos, um dos coordenadores do Fórum Social Europeu, criticou a perspectiva fragmentária deste, os impasses e a ausência de alternativas que tem lhe caracterizado. Em sua opinião, quais devem ser os caminhos do anticapitalismo contemporâneo? ■ O Fórum Social Mundial certamente pode olhar para trás e ver sucessos notáveis. Seu slogan, "outro mundo é possível", encontrou respostas simpáticas em diferentes partes do mundo. Mas, novamente, seria ingenuidade imaginar que os eventos anuais do Fórum Social Mundial – alguns dias em um país, e alguns dias do ano seguinte em um outro país – conseguiriam solucionar os problemas aos quais os debates são dedicados. Sobre esse assunto, vale apenas citar as palavras do presidente Hugo Chávez, que atentou para a possibilidade de aqueles poucos dias se transformarem em um tipo de celebrado "evento folclórico". Com certeza "um outro mundo" é possível e necessário. Mas as mudanças necessárias que essas palavras implicam só podem ser realizadas se os 365 dias entre um evento anual do Fórum Social Mundial e o próximo, um ano depois, puderem ser usados para mobilizar uma ampla massa de pessoas, em todos os países, na pressão por transformações profundas. Espero que esse tipo de reorientação do Fórum Social Mundial em direção a uma atividade contínua durante o ano aconteça algum dia, ainda que sujeita ao aprofundamento das crises da ordem social em que vivemos, e pelo domínio das condições históricas, como as guerras genocidas travadas por grandes poderes cinicamente em nome da "democracia" e da "liberdade".

A economia contemporânea passa neste momento por um período crítico no qual o fim da bolha financeira inflada pela especulação imobiliária nos Estados Unidos ameaça a estabilidade dos mercados. O marxismo tem condições de explicar essa crise? ■ A crise econômica testemunhada recentemente – que começou nos Estados Unidos – é apenas a ponta do iceberg. Isso porque nós vivemos sob a permanente crise estrutural do sistema do capital, em contraste com a crise conjuntural periódica do passado. Eu discuti esses problemas em detalhes no meu livro *Para além do capital*, publicado no Brasil [pela Boitempo] há alguns anos. Naturalmente, estamos falando aqui sobre um problema estrutural fundamental, que requer remédios estruturais apropriados. Mas que tipo de respostas nós testemunhamos por parte dos governos capitalistas mais poderosos? Na Grã-Bretanha, por exemplo, onde um monumental colapso financeiro do sistema bancário estava no horizonte devido ao fracasso catastrófico da então poderosa empresa bancária e de financiamento chamada "Northern Rock" ("rocha do norte", que na realidade estava mais para "Northern Sand" – "areia do norte" –, pois era construída com areia, e até com a costumeira "quick-sand" especulativa), apenas uma intervenção massiva do Estado, por meio do Banco da Inglaterra e do próprio governo do Partido Trabalhista, poderia salvar as coisas por algum tempo. E a fantasia neoliberal de "afastar as fronteiras do Estado" foi rapidamente transformada em aplausos neoliberais. No entanto, todas essas medidas de resgate não são remédios reais. Elas apenas empurram os problemas para debaixo do tapete, esperando que assim eles sejam esquecidos para sempre. Todavia, as personificações econômicas e políticas do capital no neoliberalismo deveriam saber que é muito difícil lidar com icebergs reais, mesmo embaixo dos maiores tapetes.

Até mesmo na revista *The Economist*, Marx é festejado como um fino analista do capitalismo. Afirma-se, entretanto, sua incapacidade de compreender a política. Na sua opinião, essa imagem procede? ■ A revista semanal *The Economist*, que tem sede em Londres, mas inspiração nos Estados Unidos, é o típico órgão de propaganda do neoliberalismo, sem nenhuma real substância teórica. Seus editores estão dispostos a se contradizer de uma semana para outra – em uma semana patrocinando a "economia de escala" e na seguinte pregando a "não economia de escala", por exemplo – sem lembrar, e muito menos admitir publicamente, que uma semana antes a sua sabedoria editorial sustentava o exato oposto de sua última descoberta. O jeito que eles têm de elogiar "Marx, o economista", enquanto condenam seu entendimento político do "mundo real do capitalismo", não pode ser levado a sério nem por um momento. É sabido que todos os principais trabalhos de Marx tiveram como título ou subtítulo "a crítica da economia política". A ciência econômica do tempo de seu nascimento, no século XVIII, era inseparável da política. Por isso era corretamente chamada de economia política. Apenas no século XX algumas pessoas tentaram divorciar radicalmente a economia da política, com resultados patéticos. O modo como Marx lida com os problemas econômicos é totalmente ilegível sem sua concepção de (e estratégia sobre) política. A ideia de opor uma e outra em um tipo de elogio protetor esquerdista é totalmente autocontraditório. Vamos deixar *The Economist* ficar feliz com suas costumeiras autocontradições. É a única forma de eles continuarem coerentes: em seu consistente neoliberalismo autocontraditório, Marx não será afetado pelo "elogio" deles, de maneira alguma.

Seu próximo livro a ser publicado no Brasil, intitulado *O desafio e o fardo do tempo histórico* [Boitempo], é dedicado à memória de Antonio Gramsci [1891-1937], Attila József [1905-1937] e Che Guevara [1928-1967]. Qual a relevância desses três personagens para compreender nosso século? ■ Meu novo livro é dedicado à memória de Gramsci, Attila József e Che Guevara porque contra todas as dificuldades e consequências trágicas que tiveram de sofrer, eles encararam os desafios permanentes de uma era despedaçada pela sucessão de crises extremas, e carregaram o peso de seus tempos históricos até o limite. Eles estavam totalmente conscientes da intensidade sem precedentes da crise que estava começando a ameaçar a sobrevivência da humanidade. Primeiro, durante a violenta tentativa nazifascista de redefinir a política e as relações militares internacionais, e depois, nos anos finais de Che Guevara, pelo novo plano agressivo de dominar a ordem mundial de forma permanente por parte do imperialismo hegemônico global dos Estados Unidos. Os três perceberam que apenas a mais radical transformação social, que estabelecesse uma verdadeira mudança de época, poderia oferecer uma saída para a perigosa sucessão de crises. Tal mudança de época tornou-se necessária porque a ordem estabelecida continuava produzindo destruição por todo o mundo, sem que houvesse um fim em vista para o devastador choque de interesses. Nem mesmo o terrível derramamento de sangue das duas Guerras Mundiais parecia capaz de fazer a menor diferença para os antagonismos estruturais. Desde a época de suas mortes a crise estrutural da nossa ordem social não diminuiu. Até agora nós evitamos uma Terceira Guerra Mundial apenas porque ela certamente traria a aniquilação da humanidade. Mas quem pode garantir que o perigo foi embora para sempre? Assim, o peso da responsabilidade inseparável do nosso próprio tempo histórico é tão grande quanto foi para Gramsci, József e Che Guevara em seus respectivos tempos. Portanto, a postura deles continua sendo exemplar para nosso próprio presente e futuro.

EDIÇÃO 125 • JUNHO 2008

NAOMI KLEIN

Naomi Klein, 38, tornou-se mundialmente conhecida depois do sucesso de *Sem logo - A tirania das marcas em um planeta vendido*. Lançado em 2001 e traduzido para 28 idiomas, o livro superou a marca de um milhão de cópias vendidas no mundo, fato surpreendente para um volume de quinhentas páginas que se propõe a denunciar em detalhes os efeitos nocivos do *branding*, além das práticas de extorsão e exploração do trabalho de corporações como Nike, The Gap, Microsoft e McDonald's, tornando-se rapidamente um dos maiores manifestos do movimento antiglobalização. Dois anos após o lançamento de uma pequena coletânea de artigos escritos para imprensa, *Cercas e janelas*, chega ao Brasil a tradução de seu terceiro livro, *A doutrina do choque – A ascensão do capitalismo de desastre*, resultado de mais de seis anos de pesquisas sobre as reações de governos alinhados à ideologia neoliberal aos desastres cada vez mais frequentes – da guerra no Iraque ao tsunami na Ásia. Nesta entrevista exclusiva dada à CULT por telefone, de sua casa em Toronto, Canadá, durante uma pausa em sua agenda de viagens, ela fala sobre o conceito de capitalismo de desastre, sua relação pessoal com o tema durante sua estada na Argentina, os impasses da questão ambiental e as possíveis alternativas ao neoliberalismo que podem surgir com os governos de esquerda da América Latina.

por **Eduardo Socha**

Um dos principais objetivos do seu livro é mostrar que os conceitos de neoliberalismo e democracia são internamente incompatíveis, certo? ■ O propósito principal do livro é contestar a alegação central da máquina de propaganda neoliberal, que procura identificar pessoas livres com o que eles chamam de mercado livre. Tento mostrar que democracia e neoliberalismo entram diretamente em conflito.

Essa forma de capitalismo não nasce da liberdade, e sim do uso da força... ■ Sim, uso da força e uso de crises. A razão pela qual me concentro em crises é porque elas criam uma zona livre de formas democráticas, um estado de emergência no qual regras democráticas não se aplicam. Mesmo que seja uma democracia formal, no papel, os agentes políticos podem suspender tais regras para impor suas medidas.

Por que a implementação dessas medidas depende tanto de crises, sejam naturais ou forjadas? Por que precisariam até mesmo do uso tirânico de forças? ■ Porque as pessoas resistem a essas medidas quando têm a oportunidade e a possibilidade de se organizar. No livro, cito o economista John Williamson, que criou a expressão "Consenso de Washington". Ele diz que "devemos começar a pensar em aumentar as crises de hiperinflação a fim de colher os benefícios da reforma", em referência direta ao Brasil como possível candidato a essa estratégia – o que achei muito interessante. A razão pela qual os estados de exceção ou de emergência são tão importantes vem do fato de que as pessoas se organizam para proteger seus interesses. Essa é a ironia. A teoria do mercado livre está baseada na ideia de que as sociedades devem ser organizadas de tal maneira a permitir que as pessoas lutem por seus próprios interesses. O problema é que isso é válido apenas parcialmente, pois quando as pessoas defendem alguns interesses específicos, como melhoria de condições de trabalho, manutenção de serviços públicos, entram em ação as medidas de exceção. Não é uma ideia complicada. As táticas de choque são empregadas porque as políticas neoliberais não têm o apoio da maioria. Algumas peças da plataforma têm apoio, mas, em geral, privatizações, cortes de gastos em serviços sociais, livre comércio, não são medidas populares. De modo que é preciso haver estratégias alternativas para contornar a democracia e é aí que as crises entram.

Desde o começo do livro você deixa claro que a expressão "doutrina do choque" não se trata apenas de uma metáfora. De onde veio essa ideia de propor a relação entre as técnicas de tortura da CIA e a implementação das ideias econômicas de Milton Friedman? Parte veio por morar na Argentina, quando começou a invasão do Iraque. Era um momento muito particular no país, em 2002, porque se vivia uma crise econômica e, ao mesmo tempo, a abertura para uma discussão muito mais abrangente sobre o período da ditadura do que antes. A Argentina tem um movimento de direitos humanos muito forte, mas nos anos 1990 esses grupos ainda eram politicamente marginais. O debate sobre o período da ditadura estava concentrado na questão dos direitos humanos, mas quando a economia entrou em colapso, a discussão foi ampliada e as pessoas começaram a fazer conexões entre o modelo econômico que fracassou de maneira tão retumbante e o período da ditadura quando esse modelo foi introduzido. E o que se ouvia constantemente era que essas políticas econômicas foram instauradas mediante o uso da violência, do choque. Quando a guerra do Iraque começou, os argentinos fizeram comparações entre o que aconteceu no país nos anos 1970 e o que estava acontecendo no Iraque. Foi isso que me fez querer entender as conexões entre os diversos tipos de choque, pois já estavam sendo feitas nas ruas da Argentina. Era uma maneira nova de interpretar a história – eu sabia da ditadura militar, mas não sabia que a agenda econômica era tão clara. No livro cito a carta aberta de Rodolfo Walsh à Junta Militar. Naquele tempo, em Buenos Aires, essa carta tomou vida própria: era lida em parques, assembleias de bairros, na frente das casas de generais, no rádio. Isso me fez querer entender essas conexões e querer viajar ao Iraque. Alguns amigos jornalistas argentinos, especialmente Claudia Acuña, descreveram como era difícil perceber as razões por trás do terror quando se está vivendo a situação. No momento em que dizia isso, Paul Bremer chegava ao Iraque e anunciava uma transformação econômica radical, dizendo que o país estava aberto para negócios. Mesmo assim, toda a atenção jornalística estava concentrada na guerra, e não no programa econômico. Então senti que, depois de ter aprendido essa lição na Argentina, tinha a responsabilidade, como jornalista e escritora, de ir ao Iraque e pesquisar a verdadeira causa da violência. Foi depois dessa experiência que li o manual de interrogatório da CIA, pois eu estava no Iraque quando estourou o escândalo de Abu Ghraib.

A Zona Verde já estava definida? ■ Sim, já havia passado um ano desde a ocupação, foi em março de 2004. Voltei do Iraque, obviamente traumatizada, porque a experiência foi muito mais extrema do que eu esperava. Porque quando fui, o país estava muito mais estável. Estávamos hospedados num hotel, no centro de Bagdá, sem seguranças, e ainda era um tempo em que os jornalistas podiam andar livremente pelas ruas e fazer entrevistas. Mas, quando sai de lá, a realidade era outra: jornalistas estavam sendo sequestrados, todo mundo precisava andar com seguranças. Não sabia como dar sentido ao horror que tinha visto. Queria entender todos os níveis de choque que vi no Iraque: o choque da invasão, o choque econômico que se seguiu, o choque das câmaras de tortura. Comecei a ler sobre os estudos psiquiátricos e sobre os experimentos da CIA. Li o manual de tortura que produziram e notei a forte conexão com esses estudos psiquiátricos – que, aliás, aconteceram primeiramente em minha cidade natal, em Montreal.

O que significa exatamente "capitalismo de desastre"? É um conceito novo ou uma nova expressão para uma velha premissa capitalista? Afinal, devastações e crises sempre criaram oportunidades de negócio, são internos ao processo de acumulação capitalista... ■ Acho que o conceito de "destruição criativa", de Joseph Schumpeter, está muito ligado ao que descrevo, no sentido de que o capitalismo cria crises, de que executa constantemente criação e destruição. Mas estou falando de algo menos orgânico que isso. Trata-se aqui de uma estratégia política deliberada. De uma filosofia de poder, não apenas de ciclos naturais do capitalismo, em que uma nova tecnologia destrói um modelo econômico anterior e, a partir dessa destruição, um novo nível de criação surge. Trata-se de um conceito articulado por Williamson: é necessária uma crise para aprovar um conjunto específico de diretrizes econômicas. Acho que há algo de novo e antigo no que estou documentando. Veja o que aconteceu após o furacão Katrina, exemplo clássico de capitalismo de desastre. Não considero o Katrina um desastre "natural" porque envolveu uma clara omissão do Estado – no sentido de que as barragens estavam deterioradas, por exemplo. Imediatamente depois do ocorrido, um político republicano, Richard Baker, disse "não pudemos limpar os projetos de conjuntos habitacionais, mas Deus fez isso por nós". Isso é o capitalismo de desastre! É uma ideia muito velha, que já existia na mentalidade colonial. Na América do Norte, os colonos que ocuparam a Nova Inglaterra tinham uma teoria religiosa sobre a varíola, pois a principal causa de mortalidade dos índios era a doença. Nos diários de época, falava-se da moléstia como uma dádiva de Deus. Estavam usando a mesma formulação do político republicano. Quando a varíola dizimou as comunidades do Iroquois, permitindo a invasão dos colonos, Deus foi invocado e o desastre foi visto como ato divino. Então, sim, isso não é novidade [risos]. Mas o que há de novo aqui, e que vimos em Nova Orleans, é que não apenas o desastre foi utilizado para a privatização do sistema educacional e habitacional, mas a resposta ao próprio desastre foi vista como oportunidade de mercado. E essa é realmente a última fronteira para o neoliberalismo. Todas as partes do estado foram privatizadas: estradas, eletricidade, telefone, água. Sobraram apenas as funções fundamentais: os militares, a polícia, os bombeiros. Mas agora estamos assistindo ao surgimento de um complexo do capitalismo de desastre: negócios que dependem diretamente da série de crises e desastres. Empresas como Blackwater [empresa militar privada], que apareceu em Nova Orleans pronta para substituir a polícia, a Helpjet, serviço que proporciona um plano de fuga rápido e luxuoso, com direito a limusine, no caso de um furacão. Está muito claro que existe uma parcela da economia cujo desempenho é favorecido conforme a situação piora. Não são apenas as empresas de armamentos. São companhias de petróleo, de agronegócios, de biocombustíveis, farmacêuticas, empreiteiras, companhias de segurança. Precisamos mapear essas empresas, que, com seu poderoso lobby, impedem mudanças efetivas para nos tirar desse processo de crises contínuas.

Os problemas associados às mudanças climáticas constituem então um momento privilegiado para a expansão do capitalismo de desastre como você define? ■ Sem dúvida. Mudanças climáticas oferecem grandes oportunidades de mercado. Veja, existem claramente duas maneiras de lidar com essas crises. A primeira seria elaborar estratégias para deter o caos climático, promover, como o movimento ambiental reivindica há tantos anos, ações globais contra emissões de poluentes, investir em energias alternativas e sustentáveis. Mudar, de fato, nossa maneira de intervenção no mundo natural. Essa não seria uma mudança fácil, mas é uma forma de lidar com as mudanças climáticas. A maneira como o mercado, como o complexo do capitalismo de desastre, está lidando é, ao contrário, investir maciçamente em segurança privada, em soluções privatizadas para os desastres. Ou seja, o mercado está se acomodando a um futuro em que desastres naturais serão cada vez mais frequentes, um futuro que criará, por exemplo, ondas enormes de migração populacional. Essas pessoas terão de ser controladas de alguma maneira. Companhias como a Blackwater e a Halliburton estão se antecipando a esse novo negócio. Há um mercado aquecido para o desenvolvimento de mecanismos de alta tecnologia para controle migratório, para controle biométrico em fronteiras etc. A Halliburton acabou de ganhar um contrato para a construção de presídios privados, para a contenção de um fluxo inesperado de refugiados, no caso de algum desastre climático. Estive recentemente na China, e lá o mercado de vigilância privada movimenta 33 bilhões de dólares. Isso está crescendo muito rápido e tem tudo a ver com a migração, com o deslocamento de pessoas, seja por mudanças climáticas, seja pela construção de grandes represas ou outros projetos de desenvolvimento. Creio que o movimento ambientalista precisa acordar para a economia, porque às vezes o discurso ambiental parece muito ingênuo, na linha do "vamos todos dar as mãos", "nós todos temos filhos", "estamos todos no mesmo barco", "até o Dick Cheney tem netos". Parece que não há interesse em compreender a dinâmica das forças corporativas, que realmente não deseja fazer nada em relação à mudança climática, a não ser lucrar com a destruição.

No livro você parece sustentar a ideia de um "capitalismo decente" de caráter keynesiano, de Bem-Estar Social, assegurando intervenção do Estado quando necessária, de economia mista com a possibilidade de mercado livre em alguns setores. Como estabelecer uma agenda progressista de fato? ■ Insisto que o maior desafio para todos nós é a mudança climática. Não defendo nenhum modelo econômico em particular. O que faço é mostrar as alternativas democráticas que existiram com altos índices de adesão popular, e que são variações de uma economia mista. O Solidariedade na Polônia defendia uma economia mista, mais focada em negócios cooperativos. Sou favorável à economia mista, porque acredito que toda visão utópica e purificada de mundo exige uma tábula rasa, o que é muito perigoso. Isso foi defendido pela extrema esquerda e agora venho documentando a mesma defesa pelos conservadores. Mesmo que teoricamente se queira construir uma economia totalmente socialista, precisamos nos perguntar: como chegaremos lá sem violência? Moro no Canadá, país que se orgulha de ter um sistema público de saúde eficiente, uma mídia pública forte. São coisas que constituem nossa identidade nacional, e por isso somos identificados como socialistas pelos americanos. Mas não somos socialistas, temos uma economia de mercado com elementos socialistas. Dito isso, acredito que o maior desafio que as mudanças climáticas nos colocam de maneira tão urgente é a lógica atual de crescimento e de exploração de recursos, e que está no núcleo de todos os modelos econômicos. Ainda necessitamos da articulação de alguma forma justa de social-democracia que encare essas questões. Não se trata apenas de um retorno ao modelo keynesiano, pois nossos recursos não são ilimitados.

A economia canadense seria um bom paradigma para os outros países? Acho que existem políticas interessantes aqui. O sistema de saúde canadense é um exemplo muito forte de mobilização social. É um setor importante demais para ser controlado pelo mercado. Ainda precisamos fazer o mesmo em relação à água, à comida, à indústria farmacêutica, mas o sistema público de saúde canadense comprova que é possível fazê-lo. E também mostra o quanto essas decisões coletivas podem afetar a natureza de uma sociedade. Quando você pergunta para os canadenses o que é a identidade canadense, o que é ser canadense (uma pergunta complicada porque falamos como as pessoas dos Estados Unidos e nos parecemos com as pessoas dos Estados Unidos), o que respondem é: "nosso sistema público de saúde, nosso sistema público de educação e nosso sistema público de comunicação". É o que nos faz canadenses. Isso é muito interessante, porque estamos dizendo: "Não se trata apenas de burocracia estatal, não são apenas serviços públicos, são expressões dos nossos valores". Mas o Canadá não é modelo quando se trata do ambiente. Um dos maiores crimes ambientais do mundo está acontecendo agora no Canadá, que é a exploração das *oil sands* de Alberta. Por causa do preço elevado do petróleo, há um frenesi de exploração acontecendo em Alberta, e o processo de extração tornou-se viável economicamente. Mas transformar esse petróleo representa um custo ambiental enorme. Então, não, nesse sentido, o Canadá não pode ser considerado um modelo. Somos um pesadelo, neste momento.

Você vê um movimento de discussão pública sobre essas questões no Canadá?
■ Não há discussão pública suficiente. A discussão acontece em Alberta, onde está o petróleo, mas não há muito diálogo entre Alberta e o resto do país. Isso é algo que precisamos trabalhar. Vejo que está acontecendo muito mais no Brasil, devido ao debate sobre biocombustível. Recentemente estive no Equador e foi muito interessante ver como está viva a discussão. Você tem um embate muito claro entre a visão de Rafael Correa, que tem uma clássica posição desenvolvimentista, deseja reestatizar e ampliar a extração de recursos para financiar a saúde pública e a educação, e existe a visão do CONAIE [Confederação de Nacionalidades Indígenas do Equador], que contesta a economia baseada no extrativismo. Achei essa discussão no Equador muito inspiradora, porque, de fato, envolve um debate público sobre uma questão ambiental. Está acontecendo nesse país muito pequeno, e precisamos globalizar essa experiência.

Você dedica boa parte do seu livro à história recente da América Latina e afirma que o tratamento de choque econômico aplicado no continente foi "a apropriação capitalista mais extrema já realizada na história". Por que os países da América Latina serviram de laboratório para as doutrinas de Milton Friedman? ■ Por várias razões. Houve uma convergência de eventos, e um deles foi o fato de essa ser a parte do mundo sobre a qual os Estados Unidos exerciam maior influência. Naquele estágio, nos anos 1970, as empresas multinacionais americanas ainda não estavam totalmente globalizadas, e o mercado externo para essas multinacionais estava bastante direcionado à América Latina. Além disso, o desenvolvimentismo na América Latina parecia assumir tendências esquerdistas. Então houve uma resposta, envolveu treinamento militar e programas da CIA, aliando interesses de militares latino-americanos e norte-americanos. Hoje sabemos que o Brasil foi um caso dramático desse processo. Não quero dar a impressão de que esses eventos foram coordenados, mas que nasceram de uma preocupação generalizada por parte do governo norte-americano. Isso foi por volta dos anos 1950, quando a Escola de Chicago veio. Cito uma conversa do chefe do Departamento de Estado norte-americano em Santiago, em que manifestava sua preocupação com o crescimento da "economia rosa" na América Latina. Então resolveram criar o "projeto Chile", que viria a se tornar o programa de bolsas da Universidade de Chicago para abrigar centenas de estudantes latino-americanos na escola de Milton Friedman e seus colegas. Eles eram doutrinados em linhas econômicas radicais, e digo radical porque no momento em que essa ideia surgiu nos anos 1950, os Estados Unidos ainda possuíam uma política keynesiana. Mas foi justamente pelo fato de a Escola de Economia de Chicago ser tão extremista e ortodoxa, que serviria de contrapeso aos movimentos em direção ao socialismo na América Latina. Milton Friedman costumava dizer que, depois da crise, as mudanças dependiam de ideias que estivessem circulando. Por causa desse programa com os estudantes latinos, especialmente do Chile, mas também do Brasil, da Argentina, do Uruguai e do México, no momento dos golpes militares, aquelas ideias já circulavam. Esses economistas, os Chicago Boys, estavam prontos para tornar seus países laboratórios vivos para a visão econômica de Friedman, e acabaram ocupando postos-chave na economia desses países.

Por que as ideias de Friedman não foram aplicadas nessa mesma época em outras regiões? Em 1968, na França, por exemplo, houve um enorme vazio de poder promovido pela esquerda... ■ Acho que não houve vontade de usar a quantidade de força que isso exigiria. Friedman ficou muito desiludido com a democracia depois de Nixon. Quando foi para Santiago, em 1975, defendeu a eliminação de todos os controles sobre salários e preços no Chile. Um jornalista disse a ele: "Mas seu próprio país acaba de impor controles de preço e salários". Foi isso que Nixon fez, sendo reeleito. Friedman ficou muito bravo com o jornalista e respondeu: "Eu não concordo com isso, nem no seu país, nem no meu". A questão é que quando Nixon foi eleito, Friedman pensou que teria um verdadeiro aliado no poder. Nenhum presidente poderia ser tão ideologicamente alinhado a ele quanto Nixon, e muitos outros *protégés* foram colocados em postos estratégicos da administração de Nixon. O curioso é que Nixon, um político experiente, percebeu rapidamente que se ele implementasse as ideias de Friedman, nunca seria reeleito. Então declarou: somos todos keynesianos. Quando Nixon impôs controles de preços e salários, Friedman declarou que se tratava do presidente mais socialista dos EUA [risos]. Então a razão pela qual não implementaram em outras regiões foi porque não havia clima para golpes militares. Na América Latina, havia disposição para usar violência a fim de impor essas políticas. Como o Brasil não tinha implementado esse programa, a análise era de que o regime, até 1968, não tinha usado violência suficiente, pois acabou gerando dissidência. Acho que Pinochet e Jorge Rafael Videla [na Argentina] aprenderam a lição de que seria preciso um verdadeiro choque de violência para aprovar essas diretrizes.

Você termina o livro com um certo otimismo em relação ao que acontece atualmente na América Latina, reconhecendo que a região pode fornecer alternativas concretas à expansão do fundamentalismo neoliberal. Desde 2002, temos um presidente historicamente comprometido com ideias progressistas, mas que, apesar dos programas de transferência direta de renda, da suspensão dos processos de privatização e dos altos índices de popularidade, representa uma grande frustração para setores importantes da esquerda, que afirmam não existir, de fato, uma reorientação política em relação ao governo anterior. Dada a importância natural do país na região, essa experiência não acaba frustrando suas esperanças na América Latina?

■ Bom, acho que estava muito evidente, antes mesmo de Lula ser eleito, que haveria fortes restrições para a implantação de políticas que estivessem fora do Consenso de Washington. E, no livro, declaro que não considero o Brasil um bom exemplo. Digo apenas que, na última eleição, foi fundamental para a vitória de Lula sua posição clara em relação às privatizações, ao contrário da hesitação de seu oponente. O que simplesmente demonstra, voltando ao assunto da nossa primeira pergunta, o quanto essas medidas são impopulares e por que necessitam do uso da força e de choques para serem implantadas. Dificilmente alguém seria eleito defendendo a privatização do petróleo. Ou seja, a população naturalmente se coloca contra o neoliberalismo, por isso a questão é saber por que no plano político as mudanças são tão lentas. No Brasil, a questão é mais complicada, mas acho que o governo brasileiro, diante do crescimento da esquerda em outros países, tem a chance de aprimorar sua habilidade para consolidar um bloco de integração regional. A agenda dessa integração é o que precisa ser discutido, se será o modelo do Mercosul ou o modelo ALBA [Alternativa Bolivariana para as Américas]. Mas honestamente falando, percebo que ainda não há um real veredito sobre que tipo de alternativa vai aparecer. Como eu disse, o debate que precisa acontecer é sobre aquilo que está na capa dos jornais, o debate que está acontecendo no Equador, e o Brasil está no centro desse debate também, porque envolve a Amazônia. E há uma verdadeira preocupação sobre se o atual modelo de extração será substituído por um modelo sustentável. Espero profundamente que a América Latina continue não apenas a desafiar e rejeitar o neoliberalismo, por ter experimentado uma das formas mais violentas desse modelo, mas que possa oferecer alternativas concretas. É uma grande batalha.

Como você analisa os governos de Hugo Chávez e Evo Morales? Acredito que existem elementos muito interessantes no programa político deles, em termos de alternativas econômicas reais. Estou muito interessada no que Chávez fez com as cooperativas. Essa ideia de que a esfera pública pode ser controlada no âmbito comunitário com direta participação popular é muito interessante. Na Bolívia, também acho que o trabalho na reforma agrária está abrindo espaço para a propriedade coletiva da terra, o que significa claramente uma alternativa real ao neoliberalismo. Mas não creio que nem o Brasil, nem a Bolívia, nem a Venezuela estejam verdadeiramente interessados em superar o modelo atual de exploração de recursos naturais. O próximo estágio de exploração de petróleo na Venezuela vai trazer um impacto ambiental terrível. Por isso, as mudanças climáticas devem fazer parte dessa agenda. Penso que o conceito de "dívida ecológica" deve ser a questão global do nosso tempo...

O biocombustível seria uma alternativa viável? Considero o biocombustível um verdadeiro crime contra a humanidade. Em uma época de potencial escassez de alimentos, dedicar áreas enormes para biocombustível, no atual ritmo de expansão, é mais um exemplo trágico do capitalismo de desastre. E não é apenas no Brasil. Está acontecendo no Canadá, nos EUA, em ritmo alarmante. Por isso, o conceito de dívida ecológica é tão importante e deve ser a direção para qualquer tipo de movimento de justiça global. Do mesmo modo que o perdão da dívida já chegou a ser uma reivindicação fundamental, agora devemos exigir compensações da dívida ecológica.

Você afirma que o modo básico de resistência contra a disseminação do capitalismo de desastre é a informação. Mas na medida em que as corporações midiáticas parecem concentrar cada vez mais meios tradicionais de comunicação, como esse conjunto de informações sobre os impactos do neoliberalismo pode efetivamente chegar à maioria da população? A internet seria a única solução? ■ É uma pergunta difícil. A concentração midiática, de fato, é um grande problema. Mas quando uso essa frase, de resistência ao choque, não se trata apenas de informação, e sim da construção de narrativas, de análises. Acho que estamos nadando em informação, mas perdendo contato com análises consistentes dessas informações. E isso é o choque, é a ausência de histórias que expliquem o que está acontecendo a nossa volta. Então, envolve também a natureza da mídia que temos, pois não basta ter acesso a fatos aleatórios sem qualquer contexto, entre intervalos comerciais. Realmente acredito que a internet desempenha um papel fundamental para preencher o vácuo, mas também começo a notar alguns fenômenos que têm atingido a mídia tradicional corporativa. O *mainstream* parece estar mais atento ao que acontece nos blogs e outras formas de interação popular. Tivemos um exemplo claro disso durante um debate presidencial recente nos EUA, entre Obama e Hillary, na NBC, em que ficavam perguntando as coisas mais estúpidas que se pode imaginar. Nada sobre mudança climática, nada sobre como sair do Iraque, assuntos que as pessoas queriam realmente saber. Acontece que, durante o próprio debate, a NBC começou a ser bombardeada com mensagens e e-mails. E foi interessante ver como essa grande rede de televisão, controlada pela Disney, se viu obrigada a responder a esse público. Ou seja, precisamos de mais mídia pública, mídia comunitária, que não esteja nas mãos da Disney, da General Electric, do Rupert Murdoch. Foi curioso perceber nesse caso que a internet deu um golpe decisivo na mídia tradicional. Outra coisa que gostaria de dizer é que fico cada vez mais perplexa em constatar o quanto é importante o conhecimento da história para essa resistência ao choque. São as sociedades que têm maior apreço pela história, pelos registros e arquivos, pela memória de suas comunidades, que estão mais preparadas para identificar os padrões de choques enquanto ocorrem. É importante lembrar que existem muitas maneiras de difundir informação que não exclusivamente pela mídia. Esse trabalho de história popular, do registro e da memória coletiva, na verdade é até melhor se não acontecer pela TV.

ANDRÉ COMTE-SPONVILLE

"O niilismo faz o jogo da barbárie", afirma André Comte-Sponville, 56, um dos filósofos mais populares e respeitados hoje na França, cuja obra já foi traduzida para mais de vinte idiomas. Na contracorrente de escritores populares que tematizam o problema da religião no mundo contemporâneo, mas que participam de uma cruzada radical e militante pelo ateísmo, Comte-Sponville opta pelo meio-termo e defende um "ateísmo fiel", uma espiritualidade forte porém contrária à ideia transcendente de Deus, uma espiritualidade guiada apenas pelas virtudes e pela sabedoria da tradição filosófica cética e humanista. "Liberal de esquerda", como mesmo se define, Comte-Sponville acredita que a função política do intelectual é a de "trazer um pouco de complexidade ao debate público", e não a de "dar lições de moral" ou "dizer em quem votar". Seus livros (entre eles, o *hit* das prateleiras filosóficas, *Pequeno tratado das grandes virtudes*) são marcados pelo estilo direto e acessível, o que levou o autor a receber o anátema de "*nouveau philosophe*", em referência aos autores dos anos 1970 e 1980 que foram criticados por incentivar uma popularização quase caricatural da filosofia. O autor se defende: "Pelo contrário. Sou um filósofo antigo: procuro pensar à maneira dos antigos, especialmente Epicuro e Espinosa, para resolver problemas atuais". Nesta entrevista, concedida à CULT, Comte-Sponville fala da crise econômica atual, de sua atuação política e de sua temática principal: a renovação da espiritualidade e de uma felicidade ancorada na lucidez dos antigos.

por **Eduardo Socha**

A atual crise dos mercados, o crescimento do debate ecológico, a precarização do emprego, são indicadores da falência de um modelo econômico que se consolidou principalmente a partir dos anos 1990, quando o "fim da história" chegou mesmo a ser declarado. No começo daquela década, porém, o senhor se perguntava "quem vai salvar o capitalismo de si mesmo?" e afirmava o absurdo de uma organização social baseada na mercadoria como valor supremo. Como avalia essa situação hoje, quase vinte anos depois? ■ A ideia de fim da história sempre me pareceu uma bobagem, pois é indissociável de uma visão teleológica da história, como aquela de Hegel, por exemplo, o que, para mim, a torna inválida. Penso como Espinosa: acredito nas causas eficientes, nunca nas causas finais. Ora, se a história não tem finalidade, ela também não tem um fim, ou melhor, só terá fim com a extinção da humanidade. Isso, sem dúvida, acontecerá, mas ainda não chegamos lá. Quanto à crise econômica atual, ela não é a primeira nem a última. Não se trata do fim do mundo, nem do fim do capitalismo. Por mais grave que seja, a crise vai passar, até chegar a próxima. De todo modo, essa crise confirma mais uma vez que o mercado necessita de limites externos, que os Estados são fundamentais para impor tais limites (que hoje chamamos de "regulações"). É o que eu já mostrava, há muitos anos, no meu livro sobre o capitalismo. A economia é incapaz de colocar limites a si própria, e a situação atual demonstra muito bem isso. Se soubermos tirar lições dessa crise, ela pode, a médio prazo, ter até um efeito positivo. Mas o que não passará, pelo menos não nos próximos decênios, é a anunciada catástrofe ecológica. O esgotamento das energias fósseis, a rarefação da água doce, a diminuição da diversidade biológica, a desertificação, a superpopulação... são problemas consideráveis que durarão muito mais do que os *subprimes*. É urgente resolver agora, pois o destino do planeta e das nossas crianças está aí, não em Wall Street. O que também não passará, ao menos não a curto prazo, é a crise cultural, moral, espiritual do Ocidente. Afinal, o que ainda pode oferecer ao mundo uma sociedade que não acredita em mais nada além do dinheiro e do sexo? Pois hoje parece que vivemos duas formas de niilismo ou de idolatria: idolatria do sexo (niilismo pornográfico) e idolatria do bezerro de ouro (niilismo mercantil). Fazem religião a partir disso. Os niilistas são aqueles que não têm mais ideais, nem moral, nem outra arte que não seja mercantil ou pornográfica. Que tristeza, que estupidez! *Nihil* significa "nada". O niilismo, no sentido em que tomo a palavra, é o fato de não crer em nada, ou em nada mais do que um fragmento insignificante do real: é uma decadência da qual também precisamos urgentemente escapar.

A violência é um tópico em seus livros. O Brasil vive, nos últimos anos, uma certa estabilidade econômica, e sua população é marcada por uma forte espiritualidade (que para o senhor é fundamental em toda organização social). Entretanto, a violência permanece como grave problema. Além de condições econômicas e sócio-históricas, o senhor acredita que a violência também é resultado dessa crise niilista? ■ O Brasil está melhorando, como a China, como a Índia, e essas são excelentes notícias. O destino do mundo está em jogo nesses lugares, pelo menos tanto quanto em Nova York ou Paris. Estou convencido de que, nesses três países, a vitalidade da cultura fará a diferença, inclusive em sua dimensão religiosa. O cristianismo, o confucionismo ou o hinduísmo forjaram a cultura desses povos. Por que deveriam renunciar a eles? Seria uma forma de amnésia ou de negacionismo. A laicidade, à qual sou muito ligado, não é nem o anticlericalismo, nem o ódio às religiões. Você sabe que sou ateu. Isso não me impede de perceber a grandiosidade dos *Evangelhos*, dos *Analectos de Confúcio* ou dos *Upanixades*... As religiões fazem parte da história da humanidade. Por que deveríamos odiá-las ou desprezá-las? Que é necessário combater os fanáticos e obscurantistas é evidente. Mas esse combate será tanto mais eficaz quanto menos rejeitarmos as crenças. Quanto à violência, ela certamente tem causas econômicas e sociais. Mas você tem razão em relembrar que ela também pode vir de uma crise de civilização, de uma falta de sentidos ou de valores. O niilismo e a violência andam juntos. Quando alguém se interessa apenas pelo dinheiro ou pelo sexo, não encontra razão para respeitar a vida e a liberdade dos outros. É quando o niilismo se parece com a barbárie ou pode inclusive desencadeá-la.

Em seu livro *O capitalismo é moral?* o senhor conclui que a democracia, como valor político desejável, não é um fim em si mesmo, ou seja, que a democracia deveria também se submeter a restrições, pois haveria o risco de uma "barbárie democrática". Poderia explicar essa expressão? ■ A "barbárie democrática" significa submeter a moral à política – como faz também a barbárie totalitária –, mas, nesse caso, significa rebaixar a moral em nome de uma política democrática. Como nossas sociedades são quase todas democratas, às vezes acreditamos que a democracia basta para tudo, que ela poderia inclusive tomar o lugar da moral. Trágico erro! Na democracia, nenhuma lei proíbe o egoísmo, o ódio, o desprezo, a passividade, a baixeza. Mas será que deveríamos achar normal agir desse modo? No dia em que a legalidade tomar o lugar da moralidade, em que o direito tomar o lugar do dever, em que a democracia tomar o lugar da consciência, será o fim da moralidade, do dever e da consciência. Haverá somente canalhas legalistas. Receio que a própria democracia não irá muito longe assim.

O senhor se define como um pensador liberal de esquerda, sem estar ligado a nenhuma corrente ideológica ou partidária. Quer dizer, o senhor resiste àquele tipo de engajamento à maneira de Sartre ou de Bourdieu, que participavam intensamente de reivindicações e manifestações populares. Qual seria o papel político destinado ao intelectual? ■ O papel do intelectual é o de trabalhar e não o de assinar petições. É o de ajudar os outros a refletir e não o de pensar por eles. É o de trazer um pouco de complexidade, de inteligência, de dúvida ao debate público e não o de reforçar as paixões e os esquematismos de uns e outros. É o de buscar a verdade e não o de dar lições de moral. É o de escrever livros e não o de dizer em quem votar. Tenho muita admiração por Sartre, muito respeito por Bourdieu. Mas é como filósofo e sociólogo que eles me interessam e não como militantes ou intelectuais engajados. *O ser e o nada* é uma obra-prima; mas as tomadas de posição política de Sartre não foram tão lúcidas assim. Quanto a Bourdieu, sua obra é importante; mas raramente vi um intelectual, em matéria de política, demonstrar tanto dogmatismo, tanta arrogância, tanta presunção. Prefiro a lucidez de Montaigne ou de Raymond Aron, a contenção de Hume ou de Lévi-Strauss. O que não me impede, em determinadas ocasiões, de participar desta ou daquela manifestação. Nesse caso, não o faço como intelectual, mas sim como cidadão.

E quanto às suas opiniões políticas? ■ Não fico falando sobre elas o tempo inteiro, mas também nunca as escondi. Fui membro do

Partido Comunista Francês durante dez anos. Deixei-o em 1980, porque o Partido tinha acabado de aprovar a intervenção soviética no Afeganistão e contribuía, na França, para o rompimento da união da esquerda. Mudei desde então. Era necessário posicionar-se frente ao fracasso do comunismo, assim como aos impasses teóricos do marxismo, com sua mistura de cientificismo e de utopismo (e, portanto, também nesse caso, de dogmatismo e arrogância), que se mostrou historicamente duvidoso, ou seja, tornei-me social-democrata, como a maioria dos meus amigos, e, mais precisamente, um liberal de esquerda. Por que liberal? Porque creio que a liberdade individual é mais eficaz, inclusive em matéria econômica, do que o estadismo. Por que de esquerda? Porque quero que a política se ponha a serviço da justiça social, que privilegie os mais pobres, os mais desassistidos. Isso pressupõe que se imponha limites externos ao mercado. O liberalismo não é a ausência de regras, bem ao contrário. Regras são necessárias para que a liberdade possa se desenvolver e beneficiar o maior número de pessoas. Sou liberal, não ultraliberal.

Apesar disso, neste ano, o senhor foi nomeado membro do Comitê Nacional de Ética, pelo presidente Sarkozy. Poderia comentar essa experiência? Não sou um "intelectual engajado", mas sim um filósofo cidadão. O intelectual engajado é aquele que, à maneira de Sartre ou Bourdieu, submete seu pensamento a uma causa já constituída de antemão. Trata-se de sacrificar a liberdade de espírito ao espírito do partido. Recuso-me a isso. O intelectual cidadão é aquele que participa – dentro de suas possibilidades e nos limites de sua competência – do debate público. O Comité Consultatif National d'Éthique existe para esclarecer aos políticos e à sociedade um determinado número de problemas particularmente complexos que emergem das ciências da vida e da saúde (por exemplo, a eutanásia, as manipulações genéticas, as pesquisas sobre o embrião, as barrigas de aluguel etc.). Acontece que trabalhei muito tempo com médicos, e essas questões me interessam. Penso que poderia acrescentar algo ao debate democrático, por isso aceitei integrar esse comitê. Dito isso, é preciso ressaltar que se trata de um comitê apenas consultativo: ele oferece opiniões, mas não decide ou faz a lei. Um comitê de especialistas pode esclarecer a população, mas não tem o direito de decidir por ela.

O senhor se considera um "ateu fiel", reconhecendo plenamente a herança greco-judaico-cristã que sustenta essa fidelidade. Já que essa herança religiosa pertence ao próprio núcleo da espiritualidade, como separar as noções de espiritualidade e de sentimento religioso? ■ A religião é uma forma de espiritualidade, mas nem toda espiritualidade é religiosa. O que é uma religião? É uma crença que aponta para o sobrenatural, para o transcendente, para o sagrado, para o divino. Eu não acredito em nada disso! O que é a espiritualidade? É a vida do espírito, especialmente em sua relação com o infinito, com a eternidade, com o absoluto. É menos uma crença que uma experiência: é submeter nosso aspecto finito ao infinito, nosso aspecto temporal à eternidade, nosso aspecto relativo ao absoluto. É por isso que ela me interessa. Os ateus não têm menos espírito que os outros. Por que teriam menos espiritualidade? A vida espiritual não é sempre religiosa. Ela o é se para você o infinito, a eternidade e o absoluto são transcendentes e sobrenaturais. Mas essa não é nem de longe minha posição, minha experiência! Para mim, como para Epicuro ou Espinosa, o infinito, a eternidade e o absoluto não são em nada transcendentes ou sobrenaturais; eles são imanentes e naturais, são a própria natureza. Estamos dentro do infinito (o espaço), dentro da eternidade (o tempo: o sempre presente da natureza), dentro do absoluto (o todo, ou seja, o conjunto de todas as relações, o qual não poderia por definição ser relativo a qualquer outra coisa). O naturalismo desemboca numa mística da imanência. Já estamos salvos, já estamos dentro do Reino: a eternidade é o agora.

Mas seus livros falam de "fidelidade", defendendo que nossa tarefa hoje seria apenas "reinventar uma fidelidade com antigos valores". De que maneira essa "fidelidade" se traduz na prática? ■ Cada um faz o que pode. Da minha parte, procuro amar o próximo e, como não consigo (pelo menos não na maioria das vezes), tento ao menos respeitá-lo, não lhe fazer mal. Você pode achar isso meio banal. A moral sempre o é. É por isso que ela não se basta. Mas essa não é uma razão para dispensá-la. "Não se trata de ser sublime", dizia Jankélévitch, "basta ser fiel e ter seriedade". Por que fiel? Porque essa moral, nós não a inventamos: nós a recebemos de nossos pais e mestres, em outras palavras, da história. É o que Freud chama de "supereu", que representa "o passado da sociedade", assim como o "isso" representa o "passado da espécie". Viver sem fidelidade a esse passado seria renunciar à humanidade. Seria apenas o "isso", apenas uma espécie de grande macaco com um pouco menos de pelos e um pouco mais de cérebro. Cada geração deve tornar-se humana e ajudar a geração seguinte a tornar-se também. É o que chamo de humanismo prático, indissociável daquilo que meu mestre e amigo Louis Althusser chamava de anti-humanismo teórico. Já que a humanidade não é uma essência, mas uma história (anti-humanismo teórico), trata-se, para cada um de nós, de tornar-se humano (humanismo prático).

Qual seria, então, a ilusão de frases como a de Dostoiévski de que "se Deus está morto, tudo é permitido"? ■ Dostoiévski defende que o ateísmo leva inevitavelmente ao niilismo. Mas ele está errado. Ainda que Deus não exista, tudo não é permitido. Por quê? Porque não me permito tudo! Tudo não seria digno de mim... É aí que as ideias de dignidade e de fidelidade substituem as ideias de obediência e de proibição, de recompensa e de castigo, em suma, de submissão e de religião. Pobre Dostoiévski, que precisou de um Deus para ter uma moral! Pobre Nietzsche, que pretende reverter dois mil anos de civilização com "grande estilo", com a "transvaloração", com a "grande política"! Espinosa, Goethe ou Tolstói eram diferentemente lúcidos, fiéis e generosos!

Não existe o perigo da conversão dessa espiritualidade ateísta em disposições quase religiosas, com aspectos até fundamentalistas, como o *New Age*, a idolatria do mercado publicitário, ou mesmo essas "liturgias" do *management*, que se disfarçam de racionalidades? ■ Isso pode acontecer. A espiritualidade está na moda e, como sempre acontece quando a moda chega, o preço que se paga é um certo número de confusões. O *New Age* é um bom exemplo disso, com seu ecletismo frouxo, seu confusionismo, seu sentimentalismo, sua falta de rigor e de seriedade. Por isso, eu quis mostrar, em *O espírito do ateísmo*, que era possível uma espiritualidade sem Deus, mas também sem ídolos, sem ritos, sem gurus, sem seitas, sem superstições, sem todas essas "liturgias", como você diz, furadas ou de shopping. Não tenho nada contra as empresas, pelo contrário. Mas que elas não tentem se passar por igrejas ou por escolas espirituais! A cultura do *management* está ligada a um ofício, não a uma religião. A publicidade serve para aumentar as vendas, não para dar um sentido à vida nem para expor sua falta de sentido. É por isso que me apoio tanto em grandes filósofos do passado e, de preferência, nos mais racionalistas (Aristóteles, Epicuro, Descartes, Espinosa). Uma escola de rigor e de coerência, bem ao contrário do *New Age*, o que não me impede também de buscar espiritualidades orientais, especialmente as budistas, mas para com elas confrontar nossa tradição filosófica, não para me perder tentando me salvar.

Schopenhauer afirmou que se há um campo possível para o eudemonismo (doutrina da felicidade), fica a meio caminho entre a ética estoica e o maquiavelismo (que, para ele, significa uma busca da felicidade à custa dos sentimentos alheios). Mas ele insiste que a felicidade não existe como tal, ou melhor, que ela significa apenas a ausência temporária da dor, em razão da incompatibilidade entre nosso desejo infinito e a impossibilidade concreta de sua realização. A concepção de "alegre desespero", que o senhor defende em vários livros, está de acordo com essa premissa? ■ Gosto muito de Schopenhauer. Mas ele defende uma concepção do desejo que acredito ser falsa, ou pelo menos excessivamente unilateral. Ele tem a mesma ideia sobre o desejo que Platão: o desejo como falta. Nós só desejamos aquilo que não temos, justifica; então, como jamais temos aquilo que desejamos jamais somos felizes. E isso explica, de fato, uma parte de nossa existência. É o que chamei armadilhas da falta ou da esperança. Como esperamos a felicidade de amanhã, nos proibimos de vivê-la hoje. Mas mostrei, apoiando-me em Epicuro e Espinosa, que existia uma outra concepção, e uma outra experiência, do desejo: não mais como falta, mas sim como potência (no sentido em que se fala da potência sexual). Se há um momento no qual não me falta nada é certamente quando faço amor; e nisso há desejo. Não se trata mais da lógica da falta ou da esperança, trata-se da potência e do prazer, do amor e da ação: desejar aquilo que se faz, ou seja, agir, gozar e regozijar-se, em outras palavras, amar. É a felicidade em ação e não existe outra. Isso, de fato, tem a ver com o que chamo alegre desespero: trata-se de viver de uma vez, em vez de esperar para viver. Nem estoicismo, portanto, nem maquiavelismo, no sentido de Schopenhauer: não se trata de renunciar, mas de agir, e isso só se pode fazer de modo válido e prazenteiro com os outros, e não às suas custas. Parece-me, aliás, que os estoicos e Maquiavel estariam de acordo se soubéssemos ler suas obras com mais cuidado.

Como encontrar hoje essa prudência, essa "ataraxia" da qual o senhor fala, numa sociedade que cada vez mais nos "obriga a ser feliz" por uma extrapolação cega do "princípio do prazer", pelo "imperativo do gozo" como dizem os psicanalistas, ou seja, uma sociedade na qual o sujeito chega a se sentir culpado quando não consegue ser feliz? No retorno a Freud e à filosofia! O que Freud nos ensina é que o princípio de prazer não basta, que também é necessário outro princípio, que ele chama princípio de realidade. Os dois andam juntos. O princípio de prazer estabelece que todo ser humano quer gozar o máximo possível e sofrer o mínimo possível. E o que diz o princípio de realidade? De maneira nenhuma o contrário disso, como acreditam alguns, mas a mesma coisa de modo mais inteligente: trata-se de gozar o máximo possível, de sofrer o mínimo possível, mas considerando-se para isso as limitações do real. Esse conceito se aproxima da *phronèsis* (a prudência, a sabedoria prática) dos antigos, a qual Epicuro dizia ser ainda mais preciosa que a filosofia. Não se trata, portanto, de maneira alguma, de renunciar ao prazer, e sim o contrário. Mas tampouco se trata de querer gozar imediatamente e o tempo todo, o que na verdade nos destinaria à infelicidade e à barbárie. Não somos mais crianças: somos adultos, e essa é a única coisa que nos permite educar nossas próprias crianças (ou seja, ajudá-las a passar do princípio de prazer para o princípio de realidade). Eu acrescentaria que a felicidade não é um dever e que a infelicidade não é um pecado. Você tem o direito de ser infeliz! A filosofia não está aí para reprimi-lo, mas sim para ajudá-lo a compreender as razões dessa infelicidade e, eventualmente, a superá-la. A vida é difícil demais para fazermos da alegria um imperativo. A alegria é justamente o contrário: uma liberdade, uma sorte, uma graça, algumas vezes uma virtude ou um talento. Ao escutar Mozart, você vai ver, ou melhor, ouvir o essencial: que se tem o direito de ser triste, mas que a alegria, que é amor, vale mais.

O senhor é representante maior de um determinado movimento de popularização da filosofia, com uma produção de estilo direto, acessível. Já foi dito que esse movimento atualiza a "*nouvelle philosophie*" dos anos 1970, contra a qual Deleuze, por exemplo, era muito crítico, na medida em que denunciava a utilização de "grandes conceitos" (a lei, a virtude, o mundo) sem as diferenciações e as articulações históricas que seriam necessárias. Qual sua reação a esse tipo de crítica? ■ Para começar, Deleuze nunca me tomou como "*nouveau philosophe*". Ele me escreveu uma carta muito benevolente, a propósito de um dos meus primeiros livros. Foucault, Lévi-Strauss e Althusser (de quem fui aluno e amigo até sua morte) também me escreveram cartas bastante calorosas, nunca me confundiram com os "*nouveaux philosophes*". Na verdade, já tive oportunidade de explicar essa confusão. Quando meu primeiro livro, *O mito de Ícaro*, foi publicado, em 1984, os "*nouveaux philosophes*" ainda estavam no auge. Era esperado que a mídia me comparasse a eles, porque eu também tinha sucesso. "Você é um *nouveau philosophe*?", me perguntou um jornalista. Respondi: "Pelo contrário! Sou um filósofo antigo: procuro pensar à maneira dos filósofos antigos, especialmente Epicuro e Espinosa, para resolver problemas atuais".

Ainda assim, a crítica aos "grandes conceitos" é válida? ■ Não abuso dos "grandes conceitos". Não falo da "virtude", mas sim das virtudes, no plural, mostrando a complexidade de cada uma, suas eventuais contradições internas, sua insuficiência, seus limites, enfim, sua dependência em relação a outras virtudes, elas também complexas e insuficientes. A mesma coisa acontece quando discuto com Kant, Marx ou Nietzsche: procuro entrar na complexidade de seus pensamentos para discuti-los séria e honestamente, sem esquematismos. Dito isso, não há razão para sacrificar a filosofia à história da filosofia ou às ciências humanas, como certos pensadores dos anos 1970 tinham tendência a fazer. De fato, meu objetivo não é inventar uma nova ciência, nem comentar a filosofia dos outros, mas reatar com a tradição filosofante, tradição presente na obra dos antigos, dos clássicos (Descartes, Espinosa, Leibniz) e dos modernos (Kant, Marx, Nietzsche). Isso é popularização? Às vezes, sim (por exemplo nas minhas *Apresentações da filosofia*). Mas, na maioria das vezes, não é meu propósito. Não me dirijo ao grande público culto, assim como Sócrates ou Epicuro,

Montaigne ou Descartes, Voltaire ou Nietzsche. Se você considerar que a *Carta a Meneceu* [Epicuro], os *Ensaios* [Montaigne], as *Meditações metafísicas* [Descartes], o *Dicionário filosófico* [Voltaire] ou *A gaia ciência* [Nietzsche] são exemplos de popularização, então aceito que meus livros também sejam de popularização. Mas popularização de quê? Dos livros que não escreveram? É uma ideia absurda. Esses filósofos não escreviam para seus colegas (a maioria não tinha colegas). Escreviam "para a humanidade", como disse Bergson, e estavam certos. Não eram popularizadores. Eram filósofos que sabiam se exprimir com clareza. Tento antes seguir esse modelo do que aquele dos criadores de jargão, dos herméticos, dos sofistas.

Além dos gregos antigos, seus mestres são os grandes humanistas como Montaigne, Espinosa, Pascal... mas também Lévi-Strauss. Já que comemoramos seu centenário, poderia resumir a importância de Lévi-Strauss para sua formação? ▪ Tenho muita admiração e carinho por Lévi-Strauss. Ele desempenhou um papel decisivo em minha formação, porque me ajudou a compreender que o anti-humanismo teórico e o humanismo prático podiam andar juntos, e também que se podia ser plenamente moderno sem gostar obrigatoriamente daquilo que nossa época celebra ou finge admirar. Ele me libertou da moda, do esnobismo, das vanguardas pretensiosas. O que retenho de sua obra? Três lições principais: a crítica do sujeito; uma ética do desespero; uma estética da recusa e da admiração. A crítica do sujeito, em sua obra, é dupla: ela está na etnologia (pelo descentramento que essa última supõe), mas também no estruturalismo (que pensa o sujeito como efeito, jamais como princípio). Não existe um "eu" substancial e isso coloca o egoísmo em seu devido lugar – o da ilusão. O que nos leva à ética e ao desespero. Se o sujeito não é nada, além do conjunto de ilusões que cria sobre si mesmo, não há muito o que esperar dele, nem salvação nem sentido. Resta então conhecê-lo ("o fim verdadeiro das ciências humanas, escreve Lévi-Strauss, não é constituir o homem, mas dissolvê-lo"), e se desfazer dele tanto quanto for possível. O paradoxo é que com isso nos tornamos mais humanos, como se vê na obra de Montaigne, ou de Buda. Esses são os verdadeiros mestres de Lévi-Strauss (mais do que Rousseau, me parece), ao menos quando ele consente, geralmente no final dos seus livros, que se deve filosofar um pouco... Enfim, a estética da recusa e da admiração. Enquanto todo mundo celebrava as vanguardas, Lévi-Strauss teve a coragem de exprimir a pouca estima que tinha pela arte de nossa época, desde a "profissão perdida" dos pintores ao "insuportável tédio que emana das letras contemporâneas". Isso nos remete aos verdadeiros mestres: Montaigne, Poussin, Bach, Mozart, Rousseau. A recusa e a admiração andam juntas, é o que se chama de gosto e desgosto. Para isso é preciso coragem e a de Lévi-Strauss forneceu a minha.

Para terminar, quais os motivos reais para sermos otimistas, tanto individual quanto socialmente? ■ Você conhece a fórmula de Gramsci: "Pessimismo da inteligência, otimismo da vontade". Pessimismo da inteligência, porque é preciso ver as coisas como elas são, sobretudo quando são inquietantes, e mesmo vê-las de maneira um pouco mais sombria do que realmente são: assim seremos mais vigilantes. Mas otimismo da vontade, porque depende de nós mudá-las, ao menos em parte, e evitar o pior. Isso me faz pensar naquela outra fórmula do estoico Sêneca: "Quando você tiver desaprendido a esperar [ou seja, desejar o que não depende de você], eu o ensinarei a querer" [ou seja, a desejar o que depende de você e, portanto, a agir]. Não se trata de ser otimista ou pessimista. Trata-se de ser lúcido e corajoso. Não se trata de esperar ou temer; trata-se de querer, de prever e de agir. Dito isso, serei menos exigente que Sêneca: não peço que você não espere nada, pois isso está, sem dúvida, fora de nosso alcance. Eu diria antes: não se contente em esperar, ou seja, em desejar aquilo que não depende de você; aprenda a desejar o que existe e o que depende de você, ou seja, a amar e a agir. É a única sabedoria que não mente: uma sabedoria da lucidez, do amor e da ação.

EDIÇÃO 138 • AGOSTO 2009

ZYGMUNT BAUMAN*

Zygmunt Bauman é um dos pensadores contemporâneos que mais têm produzido obras que refletem os tempos contemporâneos. Nascido na Polônia em 1925, o sociólogo tem um histórico de vida que passa pela ocupação nazista durante a Segunda Guerra Mundial, pela ativa militância em prol da construção do socialismo no seu país sob a direta influência da extinta União Soviética e pela crise e desmoronamento do regime socialista. Atualmente, vive na Inglaterra, em tempo de grande mobilidade de populações na Europa. Professor emérito de sociologia da Universidade de Leeds, Bauman propõe o conceito de "modernidade líquida" para definir o presente, em vez do já batido termo "pós-modernidade", que, segundo ele, virou mais um qualificativo ideológico. Bauman define modernidade líquida como um momento em que a sociabilidade humana experimenta uma transformação que pode ser sintetizada nos seguintes processos: a metamorfose do cidadão, sujeito de direitos, em indivíduo em busca de afirmação no espaço social; a passagem de estruturas de solidariedade coletiva para as de disputa e competição; o enfraquecimento dos sistemas de proteção estatal às intempéries da vida, gerando um permanente ambiente de incerteza; a colocação da responsabilidade por eventuais fracassos no plano individual; o fim da perspectiva do planejamento a longo prazo; e o divórcio e a iminente apartação total entre poder e política. A seguir, a íntegra da entrevista concedida pelo sociólogo à revista CULT.

por **Dennis de Oliveira**

* Zygmunt Bauman faleceu em janeiro de 2017, em Leeds, na Inglaterra.

Na obra *Tempos líquidos*, o senhor afirma que o poder está fora da esfera da política e há uma decadência da atividade do planejamento a longo prazo. Entendo isso como produto da crise das grandes narrativas, particularmente após a queda dos regimes do Leste europeu. Diante disso, é possível pensar ainda em um resgate da utopia? ■ Para que a utopia nasça, é preciso duas condições. A primeira é a forte sensação (ainda que difusa e inarticulada) de que o mundo não está funcionando adequadamente e deve ter seus fundamentos revistos para que se reajuste. A segunda condição é a existência de uma confiança no potencial humano à altura da tarefa de reformar o mundo, a crença de que "nós, seres humanos, podemos fazê-lo", crença esta articulada com a racionalidade capaz de perceber o que está errado com o mundo, saber o que precisa ser modificado, quais são os pontos problemáticos, e ter força e coragem para extirpá-los. Em suma, potencializar a força do mundo para o atendimento das necessidades humanas existentes ou que possam vir a existir.

Por que se fala tanto hoje de "fim das utopias"? ■ Na era pré-moderna, a metáfora que simboliza a presença humana é a do caçador. A principal tarefa do caçador é defender os terrenos de sua ação de toda e qualquer interferência humana, a fim de defender e preservar, por assim dizer, o "equilíbrio natural". A ação do caçador repousa sobre a crença de que as coisas estão no seu melhor estágio quando não estão com reparos; de que o mundo é um sistema divino em que cada criatura tem seu lugar legítimo e funcional; e de que mesmo os seres humanos têm habilidades mentais demasiado limitadas para compreender a sabedoria e a harmonia da concepção de Deus. Já no mundo moderno, a metáfora da humanidade é a do jardineiro. O jardineiro não assume que não haveria ordem no mundo, mas que ela depende da constante atenção e esforço de cada um. Os jardineiros sabem bem que tipos de plantas devem e não devem crescer e que tudo está sob seus cuidados. Ele trabalha primeiramente com um arranjo feito em sua cabeça e depois o realiza. Ele força a sua concepção prévia, o seu enredo, incentivando o crescimento de certos tipos de plantas e destruindo aquelas que não são desejáveis, as ervas "daninhas". É do jardineiro que tendem a sair os mais fervorosos produtores de utopias. Se ouvimos discursos que pregam o fim das utopias, é porque o jardineiro está sendo trocado, novamente, pela ideia do caçador.

O que isso significa para a humanidade de hoje? ■ Ao contrário do momento em que um dos tipos passou a prevalecer, o caçador não podia cuidar do global equilíbrio das coisas, natural ou artificial. A única tarefa do caçador é perseguir outros caçadores, matar o suficiente para encher seu reservatório. A maioria dos caçadores não considera que seja sua responsabilidade garantir a oferta na floresta para outros, que haja reposição do que foi tirado. Se as madeiras de uma floresta forem relativamente esvaziadas pela sua ação, ele acha que pode se deslocar para outra floresta e reiniciar sua atividade. Pode ocorrer aos caçadores que um dia, em um futuro distante e indefinido, o planeta poderia esgotar suas reservas, mas isso não é a sua preocupação imediata, isso não é uma perspectiva sobre a qual um único caçador, ou uma "associação de caçadores", se sentiria obrigado a refletir, muito menos a fazer qualquer coisa. Estamos agora, todos os caçadores, ou ditos caçadores, obrigados a agir como caçadores, sob pena de despejo da caça, se não de sermos relegados das fileiras do jogo. Não é de admirar, portanto, que, sempre que estamos a olhar ao nosso redor, vemos a maioria dos outros caçadores quase sempre tão solitária quanto nós. Isso é o que chamamos de "individualização". E precisamos sempre tentar a difícil tarefa de detectar um jardineiro que contempla a harmonia preconcebida para além da barreira do seu jardim privado. Nós certamente não encontraremos muitos encarregados da caça com interesse nisso, e sim entretidos com suas ambições. Esse é o principal motivo para as pessoas com "consciência ecológica" servirem como alerta para todos nós. Essa cada vez mais notória ausência do jardineiro é o que se chama de "desregulamentação".

Diante disso, a esquerda não tem possibilidades de ter força social? ■ É óbvio que, em um mundo povoado principalmente por caçadores, não há espaço para a esquerda utópica. Muitas pessoas não tratam seriamente propostas utópicas. Mesmo que saibamos como fazer o mundo melhor, o grande enigma é se há recursos e força suficientes para poder fazê-lo. Essas forças poderiam ser exercidas pelas autoridades do engenhoso sistema do Estado-nação, mas, como observou Jacques Attali em *La voie humaine*, "as nações perderam influência sobre o curso das coisas e delegaram às forças da globalização todos os meios de orientação do mundo, do destino e da defesa contra todas as variedades do medo". E as forças da globalização são tudo, menos instintos ou estratégias de "jardineiros", favorecem a caça e os caçadores da vez. O *Thesaurus* [dicionário da língua inglesa, de 1892], de Roget, obra aclamada por seu fiel registro das sucessivas mudanças nos usos verbais, tem todo o direito de listar o conceito de utópico como "fantasia", "fantástico", "fictício", "impraticável", "irrealista", "pouco razoável" ou "irracional". Testemunhando assim, talvez, o fim da utopia. Se digitarmos a palavra utopia no portal de buscas Google, encontraremos cerca de 4,4 milhões de sites, um número impressionante para algo que estaria "morto". Vamos, porém, a uma análise mais atenta desses sites. O primeiro da lista e, indiscutivelmente, o mais impressionante é o que informa aos navegantes que "Utopia é um dos maiores jogos livres interativos online do mundo, com mais de oitenta mil jogadores". Eu não fiz uma pesquisa em todos os quatro milhões de sites listados, mas a impressão que tive após uma leitura de uma amostra aleatória é que o termo utopia aparece em marcas de empresas de cosméticos, de design de interiores, de lazer para feriados, bem como de decoração de casas. Todas as empresas fornecem serviços para pessoas que procuram satisfações individuais e escapes individuais para desconfortos sofridos individualmente.

Nesta sociedade líquido-moderna, como fica a ideia de progresso e de fluxos de tempo? ■ A ideia de progresso foi transferida da ideia de melhoria partilhada para a de sobrevivência do indivíduo. O progresso é pensado não mais a partir do contexto de um desejo de corrida para a frente, mas em conexão com o esforço desesperado para se manter na corrida. Você ouve atentamente as informações de que, neste ano, "o Brasil é o único local com sol no inverno", neste inverno, principalmente se você quiser evitar ser comparado às pessoas que tiveram a mesma ideia que você e foram para lá no inverno passado. Ou você lê que deve jogar fora os ponchos que estiveram muito em voga no ano passado e que agora, se você os vestir, parecerá um camelo. Ou você aprende que usar coletes e camisetas deve "causar" na temporada, pois simplesmente ninguém os usa agora. O truque é manter o ritmo com as ondas. Se não quiser afundar, mantenha-se surfando – e isso significa mudar o guarda-roupa, o mobiliário, o papel de parede, o olhar, os hábitos, em suma: você mesmo, quantas vezes puder. Eu não precisaria acrescentar, uma vez que isso deva ser óbvio, que essa ênfase em eliminar as coisas – abandonando-as, livrando-se delas –, mais que sua apropriação, ajusta-se bem à lógica de uma economia orientada para o consumidor. Ter pessoas que se fixem em roupas, computadores, móveis ou cosméticos de ontem seria desastroso para a economia, cuja principal preocupação, e cuja condição *sine qua non* de sobrevivência, é uma rápida aceleração de produtos comprados e vendidos, em que a rápida eliminação dos resíduos se tornou a vanguarda da indústria.

Neste mundo de "caçadores", e não de jardineiros, não há então uma utopia possível? O "aqui e agora" se impõe como a única referência da existência humana? ■ O problema é que, uma vez tentada, a caça se transforma em compulsão, dependência e obsessão. Atingir uma lebre é um anticlímax que só se torna atraente com a perspectiva de uma nova caça, com a esperança de que essa caça será a mais deliciosa (ou a única deliciosa?). Apanhar a lebre prenuncia o fim de todas as expectativas, salvo se outra caçada for planejada e imediatamente empreendida. Será que isso é o fim da utopia? Em um aspecto, é – na medida em que as primeiras utopias modernas previam um ponto em que o tempo chegaria a uma paragem –, na verdade, o fim do tempo como história. Não existe tal ponto na vida de um caçador, um momento em que se poderia dizer que o trabalho foi feito, a missão, cumprida, e, assim, poder-se-ia olhar para a frente, para o descanso e gozo do saque, a partir de agora até a eternidade. Em uma sociedade de caçadores, uma perspectiva de fim da caça não é tentadora, mas assustadora – uma vez que significa uma derrota pessoal. Os chifres anunciam o início de uma nova aventura, a doce memória e a ressurreição das aventuras do passado; não haverá fim à emoção universal... só eu que fiquei de lado, excluído, impedido de usufruir as alegrias dos outros, apenas um espectador passivo do outro lado do muro, apenas vendo a outra parte, mas proibido de participar. Se, em uma vida contínua e continuada, a caça é uma utopia, ela é – ao contrário das outras – uma utopia sem nenhum efeito. A utopia torna-se um fato bizarro se for medida por normas ortodoxas; as utopias clássicas prometiam o fim da labuta, mas a utopia dos caçadores encapsula o sonho de uma labuta que nunca termina. Ao contrário das utopias de outrora, a utopia dos caçadores não oferece sentido nenhum à vida, verdadeira ou fraudulenta. Ela apenas ajuda a perseguir o significado da vida longe do espírito da vida. Tendo redesenhado o curso da vida em uma interminável série de perseguições autocentradas, cada episódio vivido como uma abertura para o próximo, ela [a utopia] não oferece oportunidade de reflexão sobre a direção e o sentido da sua totalidade. Quando vem finalmente uma ocasião, um momento de queda ou de proibição da vida de caça, geralmente é tarde demais para a reflexão sobre a maneira de suportar a vida, da própria vida como a vida dos outros: é demasiado tarde para se opor à forma atual da vida.

Mas os sonhos persistem, não? O ser humano não pode viver sem acreditar em alguma coisa, ainda que seja algo fora do seu domínio imediato. E o desejo por um outro mundo possível persiste e mobiliza vários setores da sociedade, particularmente com a percepção cada vez mais forte das dificuldades de resolver os problemas da humanidade. ■ Em um notável artigo sobre a persistência da utopia intitulado "Persistent utopia" [2008], Miguel Abensour cita William Morris [*A dream of John Ball*, Elec Book, 2001], que escreve em 1886 que os homens lutam e perdem a batalha, e as coisas que eles lutaram para acontecer, apesar da derrota, transformam-se para não ter o mesmo significado que antes, e outros homens têm de lutar por aquilo que agora se entende por outro nome. Morris escreveu sobre os seres humanos como tais e sugere que lutam por uma "coisa que não é"; é a forma como as pessoas são, é o caráter do ser humano. O "não" [*nicht*] como Ernst Bloch salientou "é a falta de algo e também o fugido que falta"; assim, é o que falta para conduzir. Se estivermos de acordo com Morris, iríamos sempre ter utopias a ser elaboradas, já que expressões sistematizadas como essa fazem parte do aspecto crucial da natureza humana. Utopias foram todas as tentativas de enunciar e descrever em detalhes a coisa para a qual a próxima luta seria dirigida. Notamos, contudo, que todas as utopias escritas por Morris, antecessores e contemporâneos foram esquemas de um mundo em que as batalhas de coisas que não são e não estão longe dos cartões. Essas batalhas não eram exigidas. Então, se estivermos de acordo com Morris, a natureza das coisas para as quais as pessoas lutavam era o fim da guerra, o fim das necessidades e dos deveres, o desejo e a conveniência de ir à luta. E a grande coisa que manteve proveniente a ideia de lutar não pensando na batalha perdida, mas em seu significado e em incitar outras pessoas a lutar novamente pela mesma coisa com outro nome, foi o Estado, que não usa as mãos para lutar. Temos as hostilidades que reaparecem após o armistício, que ficam muito aquém do êxtase de quem lutou e esperava pela paz. A inquietação do compulsivo, obsessivo, viciado caçador de utopias foi impelida e sustentada por um desejo de descanso. As pessoas corriam para a batalha que sempre persegue o sonho. Outra característica das utopias de William Morris, e por quase um século depois, foi o seu radicalismo.

O que vem a ser "radical"? Atos, empresas, meios e medidas podem ser chamados de "radicais" quando eles chegam até suas "raízes", às de um problema, um desafio, uma tarefa. Note, contudo, que o substantivo latino *radix*, do qual se origina o adjetivo "radical", diz respeito não só às raízes, mas também a fundações e origens. O que essas três noções – raiz, fundações e origens – têm em comum? Dois atributos. Primeiro: em circunstâncias normais, o material de todos os três são referentes escondidos da vista e impossíveis de ser analisados, muito menos tocados diretamente. Qualquer coisa que tenha crescido em um deles, como troncos ou caules, no caso das raízes, a edificação, no caso das fundações, ou as consequências, no caso das origens, foi sobreposta sobre sua parte inferior, cobriu-a e depois emergiu escondida da visão. Por isso, tem que ser, primeiro, perfurada, as partes lançadas fora do caminho ou tomadas à parte, se se deseja um dos objetos segmentados quando pensar ou agir radicalmente. Segundo: no decurso do trilhar para esses objetivos, o crescimento desse material deve ser desconstruído, ou materialmente empurrado para fora do caminho, ou desmantelado. A probabilidade de que, a partir do trabalho de desconstrução/desmontagem das metas, emerjam todas as deficiências é alta. Tomar uma atitude radical sinaliza para a intenção da destruição – ou melhor, de assumir o risco da destruição, mais frequentemente o significado de uma destruição criativa –, destruição no sentido de um lugar para limpeza, ou para lavrar o solo, preparando-o para acomodar outros tipos de raízes. A política é radical se ela aceita todas as condições e se orienta por todas essas intenções e objetivos.

Uma das características dos tempos líquido-modernos é a decadência do planejamento em longo prazo. É possível um pensamento crítico e uma utopia nesse contexto de queda da perspectiva do planejamento? ■ Russel Jacoby propõe distinguir duas tradições, aparentemente coincidentes, mas não necessariamente ligadas, tradições do moderno pensamento utópico: o modelo (o projeto utopista de traçar o futuro em polegadas e minutos) e a tradição iconoclasta (os utopistas iconoclastas sonharam com uma sociedade superior, mas recusaram-lhe dar medidas precisas). Proponho que se mantenha o nome, como sugere Jacoby para o segundo, como tradição da utopia do "não projeto". A característica definidora dessa tradição do segundo é a intenção de desconstruir, de desmistificar e, em última instância, de desacreditar os valores da vida dominante e suas estratégias de tempo, através da demonstração de que, contrariamente às crenças atuais, em vez de assegurarem uma sociedade ou vida superior, constituem um obstáculo no caminho para ambas. Em outras palavras, o que eu proponho para descompactar o conceito de utopia iconoclasta, em primeiro lugar, é sobretudo a afirmação de uma possibilidade de uma outra realidade social – possibilidade ainda aterrada na revisão crítica dos meios e formas de apresentar a vida. Sendo este o principal interesse e a preocupação do utopista iconoclasta, não é de admirar que a alternativa ao atual permaneça incompleta; a principal causa do utopismo iconoclasta é a possibilidade de uma alternativa à realidade social, apesar de o seu desenho estar pouco desenvolvido. As utopias iconoclastas, presumo, são aberta ou tacitamente o caminho para uma sociedade superior, não se conduzem por meio de desenhos ou conselhos, mas sim por meio da reflexão crítica sobre práticas e crenças existentes de forma a – para recordar uma ideia de Bloch – explicitar que "uma coisa está faltando" e assim "inspirar a unidade para a sua criação e recuperação".

EDIÇÃO 149 • AGOSTO 2010

NICOLAU SEVCENKO*

Nem todos podem se gabar de terem feito do desejo pessoal o fator preponderante na escolha de uma profissão. Ainda mais raros são aqueles capazes de fundir trajetória pessoal e profissional de tal modo a tornar obscura a fronteira entre elas. Separar Nicolau Sevcenko da história não é tarefa das mais fáceis. Nos idos da Revolução Russa, seu avô – oficial do exército daquele país – lutara ao lado dos tsaristas contra os bolcheviques, o que incutiu em sua família uma série de infortúnios que se arrastou por gerações. Forçados a fugirem do país, ante a implacável perseguição das tropas stalinistas, os Sevcenko perambularam por diversos países; muitos foram dizimados, outros conseguiram refúgio em regiões remotas como o Brasil. Embora distante dos olhos de Stalin, sua família aqui permaneceu sob o signo do medo, confinada em seu mundo particular. Uma vez firmada residência em terras brasileiras, optou-se então por bloquear esse passado, o que despertou a curiosidade do jovem Nicolau pelo estudo da história, na tentativa de desvendar aquele enigma pessoal. Somado à busca por compreender o passado familiar estava o interesse por conhecer a cultura brasileira, da qual fora igualmente privado nos primeiros anos de vida. Tornou-se então uma referência na articulação entre o pensamento historiográfico e a cultura do Brasil, como atestam as obras *Literatura como missão: tensões sociais e criação*

* Nicolau Sevcenko faleceu em agosto de 2014, em São Paulo.

cultural na Primeira República (1983), *Orfeu extático na metrópole: São Paulo sociedade e cultura nos frementes anos 20* (1992) e *A Revolta da Vacina* (1983), cuja reedição chega às livrarias neste mês. Professor titular de história contemporânea na USP, acumula também experiência internacional, tendo lecionado nas universidades de Londres, Georgetown e Illinois, além de ser atualmente professor na célebre Universidade de Harvard. Nicolau Sevcenko nos recebeu em sua casa no bairro do Belém, em São Paulo, onde vive na companhia de sua mulher – a artista plástica Cristina Carletti –, além de doze gatos e dois cachorros: Tobby e Biruta, uma simpática vira-lata que anda em movimentos circulares. E não seria exagero dizer que aquela residência parece ser uma extensão de sua estreita relação com a história. Construída por arquitetos normandos em 1920 por ocasião do surto industrial paulista, preserva em sua fachada e interiores os resquícios de um passado com vistas a ser demolido pela desenfreada especulação imobiliária. Felizmente ainda nos resta quem deseja mantê-lo de pé.

por **Wilker Sousa**

O passado de sua família teve influência na sua escolha por estudar história? ■ Paradoxalmente, eu acho que sim, porque meus familiares têm uma história muito trágica por serem refugiados políticos. Eles deixaram a Rússia literalmente fugidos, deixando para trás tudo o que tinham para poder comprar o direito de fugir e de sobreviver. De modo que, quando vieram para o Brasil, este era o lugar mais remoto do mundo, onde seria mais difícil encontrá-los. Sempre houve uma preocupação na família em bloquear esse passado. Havia uma instrução direta para os filhos das novas gerações nunca usarem o sobrenome, nunca dizerem quem são, nem de onde vieram. Mesmo em casa, mantínhamos as cortinas fechadas, como uma espécie de blindagem em relação ao mundo externo. Então me acostumei a não cogitar, a não perguntar nada. Quando hoje penso por que fui fazer a opção por história, que é totalmente incomum na minha família, sem dúvida foi decisiva essa espécie de curiosidade sobre o passado longamente obscuro na minha memória.

O senhor perdeu seu pai aos 5 anos e foi obrigado a trabalhar desde cedo. Quais lembranças o senhor guarda daquele tempo? ■ Eu e meu irmão nos tornamos órfãos de pai quando eu tinha 5 anos e ele 7. Então, nos pusemos a ajudar minha mãe a manter a família, porque, pouco tempo depois da morte do meu pai, ela também perdeu o emprego. Aí eu e meu irmão entramos no sistema informal e nos especializamos na coleta de metais para reciclagem. Nós morávamos na zona leste de São Paulo, próximo ao Vale do Tamanduateí, onde estavam instaladas as primeiras grandes montadoras de automóveis. Elas jogavam toda a sucata industrial nas margens do rio, então nós íamos até lá, fazíamos a seleção e coletávamos os materiais que tinham valor para reciclagem. Era uma loucura. Imagine duas crianças subindo o vale do rio até a parte de cima do planalto da Vila Prudente e depois arrastando aqueles carrinhos o bairro inteiro, carregados de zinco, cobre, chumbo, latão, metais incrivelmente pesados, e a gente fazia isso como nossa rotina de vida.

E quais as marcas que essa experiência deixou em sua vida? ■ Foi algo que tornou minha infância e adolescência incrivelmente penosas, mas ao mesmo tempo me deu essa contrapartida de endurecer o espírito no sentido de dar a ele a força, a energia e o ímpeto necessários para uma conquista intelectual e pessoal. Meu irmão se tornou engenheiro e eu construí uma carreira de historiador. Em nossa família, praticamente todos os outros tinham a orientação para a área das engenharias e das tecnologias aplicadas; fui o único que caiu para as humanidades. Obviamente isso causou uma certa crise familiar, porque eles não entendiam e achavam que era uma opção completamente irresponsável. Durante um tempo fui estigmatizado, praticamente excluído do convívio familiar, até que começaram a aparecer notícias de um certo sucesso, que deixou todo mundo muito surpreso e restaurou um pouco da minha respeitabilidade no núcleo familiar. Hoje em dia, a situação está muito mais tranquila e cordial.

Como seus pais eram refugiados políticos e pretendiam voltar para a Rússia, imagino que não havia uma assimilação da cultura brasileira em sua casa. Como foi seu contato com nossa língua e cultura? ■ Você tem toda razão. Eles não tinham essa perspectiva de ficarem aqui como imigrantes. Era uma situação de transição e, no fundo, a grande expectativa era que o governo soviético fosse colapsar em algum momento. Eles não tinham a preocupação de criar raízes aqui, então não se deram nunca ao empenho de aprender a língua portuguesa, de assimilar a cultura. Nós fomos educados em russo e com as instituições características da cultura russa, e isso foi um problema muito grande para nossa integração aqui. Quando me dei conta de que as crianças com as quais eu brincava falavam outra língua, me queixei para minha mãe dizendo que eram todas estrangeiras e ela pela primeira vez falou: "Não, estrangeiros somos nós". Como eu não aprendia a língua portuguesa em casa, tinha que aprender com as crianças. E elas eram cruéis: sempre ensinavam palavras que pudessem me causar algum constrangimento, o que me deixou por muito tempo muito inseguro com o uso da língua. Acredito que isso também contribuiu para que eu me tornasse especialista em história e cultura brasileira, na tentativa de entender o que para mim também era um grande enigma.

Deve ter sido penoso... ■ Há também um outro aspecto da minha cultura familiar. O fato de eu ter nascido canhoto era visto como uma perversão do ponto de vista legal e também como um pecado segundo a Igreja. Isso fez com que minha mãe, contra sua vontade, por muito tempo amarrasse minha mão esquerda nas costas para me forçar usar a direita, o que acentuou uma condição de dislexia. Não a culpo, mas isso criou para mim uma condição irreversível, razão pela qual sou assim gaguejante, me faltam palavras óbvias, o que, para quem é professor, é problemático.

Muito de seu trabalho tem como base a articulação entre história e literatura. Essa abordagem encontrou resistência entre historiadores? ■ Quando fiz minha pós-graduação nos anos 1970, no auge da ditadura, os grandes temas eram história econômica e história política. Eu tinha acentuado interesse pela questão cultural, o que não pegava bem porque parecia ser uma alienação do foco do debate e, nesse sentido, eu era percebido como uma presença que estava tirando o foco das discussões e despolitizando o ambiente. Quando formulei o projeto de doutorado, que daria o livro *Literatura como missão*, as pessoas do Departamento de História em geral se acercaram de mim para dizer que aquele tipo de trabalho era incompatível com a pesquisa do departamento e que eu devia procurar o Departamento de Letras. Os responsáveis pela área de Letras, por sua vez, encaminharam o projeto para o Departamento de Sociologia, que o encaminhou novamente para o Departamento de História. Então completei o ciclo e voltei, meio que contra a maré. Mas, na ocasião da defesa, a banca composta por professores consagrados [Sérgio Buarque de Holanda, Boris Schnaiderman, entre outros] me deu uma resposta tão favorável ao trabalho que pela primeira vez começaram a cogitar que talvez houvesse alguma coisa relevante.

O senhor possui quase 25 anos de experiência em universidades do exterior. Como analisa o interesse dos alunos estrangeiros pelo estudo da história brasileira e latino-americana? ■ A sensação que tenho é a de um interesse contínuo que cresce mais ou menos como cresceu a projeção internacional do Brasil nestas últimas décadas. Houve um momento em que havia uma projeção cultural muito significativa, mas não havia, em contrapartida, uma compreensão do processo de desenvolvimento econômico e de remodelação da sociedade brasileira. Hoje em dia, porém, sobretudo nos Estados Unidos, onde há um sentido muito forte de se entender a universidade como um ambiente profissionalizante, há uma enorme parcela da juventude que se interessa por trabalhos de sentido social ou ecológico ligados a ONGs. É esse o público que procura os cursos ligados ao Brasil ou à América Latina e que, de maneira geral, tem uma sensibilidade muito aguçada para a questão social, para a democratização, urbanização e melhoria das condições de vida das populações carentes.

De modo geral, a percepção do exterior com relação à história do Brasil é ainda marcada por estereótipos? ■ Cada vez menos. Eu diria que a mídia sempre traz essa visão mais simplificada e redutiva, mas é claro que no ambiente universitário o interesse é sofisticar e qualificar essa visão. Hoje em dia há pessoas nos Estados Unidos e no Reino Unido que conhecem aspectos da realidade brasileira em profundidade e são capazes de discutir em igualdade de condição com os melhores cientistas sociais brasileiros.

Em comparação a essas universidades, qual a posição do Brasil com relação ao ensino da história? ■ O Brasil tem um conjunto muito rico e diversificado de escolas historiográficas. Temos a influência francesa, especialmente na Universidade de São Paulo, a forte influência britânica na Unicamp e, de uma maneira mais equilibrada, a força de universidades no Rio de Janeiro, Minas Gerais e Rio Grande do Sul. Por toda parte há importantes centros de estudos históricos e encontros regionais e nacionais de historiadores que mantêm o debate no mesmo nível do melhor da produção internacional. Eu me sinto muito orgulhoso de pertencer à comunidade dos historiadores brasileiros e acho que o reconhecimento que encontrei fora do Brasil é justamente devido à qualidade da historiografia brasileira, não só da USP, mas desse grande contexto nacional.

Passemos, então ao livro *A Revolta da Vacina*. No prólogo dessa edição, o senhor afirma se tratar de "um livro amargo", dado o contexto em que foi escrito, em plena ditadura militar. O senhor acredita que muito do ímpeto de indignação característico daquela geração cedeu lugar à acomodação, à manutenção do *status quo*? ■ É obviamente uma impressão pessoal, porque eu venho de uma geração que lutou contra a ditadura militar, contra o obscurantismo da censura e da repressão. A juventude era estigmatizada como uma força turbulenta e "baderneira", pois não se podia viver com espontaneidade a condição de ser jovem. Nós tínhamos a expectativa de que, quando a ditadura acabasse, toda essa enorme massa crítica ia se traduzir em um projeto de transformação do Brasil, traduzir-se em uma sociedade distributiva, democrática e inclusiva, mas absolutamente não foi isso que se deu. O país tomou a linha de um conservadorismo que se instaurou no mundo a partir de meados dos anos 1970, em especial a partir da liderança de Ronald Reagan e Margaret Thatcher, responsáveis por trazer esse discurso que hoje domina o planeta. Então foi terrível ver toda aquela corrente de crítica, de indignação e de esperança acabar sendo reduzida a essa plataforma conservadora, representada pelas forças políticas que se tornaram hegemônicas na sociedade civil após o fim da ditadura militar.

Atualmente, o verbo "revoltar-se" tornou-se sinônimo de "nostalgia tola"? ■ É triste, mas é. O verbo "revoltar-se" foi muito incorporado pela indústria, pelo mercado, pelo marketing no sentido de se fazer da revolta uma espécie de atitude fashion. Ser revoltado é o modo esperto de se assumir a juventude, aquilo que na linguagem do marketing se chama atitude. Infelizmente, tudo a ver com roupas, marcas e estilos, nada a ver com conteúdo e substância. Até a revolta se tornou mercadoria.

À época da Revolta da Vacina, já se mostraram ineficazes os meios de se lidar com nossas mazelas sem se preocupar efetivamente com a raiz do problema. Passados mais de cem anos, ainda não aprendemos a lição? ■ Quando escrevi o livro, eu o dediquei aos mortos da tragédia de Vila Socó, ocorrida em 1983, em Cubatão. Naquela ocasião houve um vazamento nas redes de distribuição de derivados de petróleo das refinarias e a população pobre da região foi se abastecer daquele combustível precioso. A favela se expandiu em cima das áreas ensopadas e as poucas pessoas que tentaram fazer alguma espécie de clamor para que a autoridade pública removesse a população dali não obtiveram sucesso. O fato é que ninguém tinha coragem de atacar o problema, muito menos a autoridade pública, pois ela negocia votos. Logo, quanto mais gente morasse lá, mais votos. Então aquilo cresceu exponencialmente até o dia em que virou uma tocha e todo mundo que estava ali foi reduzido a cinzas. Quantas dessas tragédias anunciadas no Brasil se tornam moeda de negociação política? Por que proliferam essas construções em áreas de risco, onde qualquer alteração das condições atmosféricas ou do regime das águas vai causar uma tragédia? Porque justamente são áreas que se valorizam no mercado informal e atraem uma grande quantidade de pessoas, tornando mais fácil para as autoridades criar um sentido de negociação. Tolera-se que se assentem lá e isso significa que estarão em dívida e, portanto, terão que respaldar essas autoridades nas eleições.

O senhor acredita que por trás do discurso assistencialista à pobreza está, sobretudo, o desejo de preservá-la enquanto elemento essencial para a manutenção do nosso sistema político? ■ Sim, é isso que eu chamo de política assistencial remediadora. Não se quer eliminar a pobreza. O que se quer é um modo de administrar a desigualdade para que ela se torne uma estrutura de manutenção do *status quo* político. *Status* esse que prevalece no país e não é muito diferente daquele que ensejou a Revolta da Vacina no início da República. Se então pensarmos ou na Revolta da Vacina ou na Vila Socó ou nas enchentes desencadeadas do sul até o extremo norte do país, estamos vendo o fenômeno em uma estrutura que se mantém a mesma, por mais que se diga que há um discurso de reforma e de transformação social.

A exemplo do que foi feito nos primórdios da Primeira República, o Brasil ainda busca ocultar a todo custo o flagelo da escravidão? ■ Eu acho que sim. Ela é na verdade a nossa herança maldita, a nossa dívida social que o país não consegue contemplar. Essa estrutura retrógrada praticamente nunca foi confrontada e nunca foi substancialmente transformada na passagem do período monárquico para o período republicano. Quando se objetivava fazer a transição do trabalho escravo para o trabalho assalariado, optou-se imediatamente pelo trabalho assalariado do imigrante europeu, deixando completamente à margem toda essa enorme população egressa da escravidão, como uma espécie de um estorvo social. Fica muito evidente, no contexto da Revolta da Vacina, como o país não tinha uma resposta para sair da escravidão na direção da construção de uma sociedade integrada, equilibrada e distributiva. Se olharmos para a história subsequente e pensarmos na condição dos trabalhadores sazonais hoje em dia – como os cortadores de cana que trabalham em condições subumanas, arrastando em suas costas o sucesso do agronegócio brasileiro –, veremos que não estamos tão longe assim das condições de escravidão. Infelizmente o quadro é de profunda indignidade. E dizer que este país é todo dedicado à promoção social hoje em dia? Isso não só é uma inverdade, mas uma afronta.

EDIÇÃO 153 • DEZEMBRO 2010

EDUARDO VIVEIROS DE CASTRO

"Com Eduardo Viveiros de Castro me sinto em completa harmonia intelectual", afirmou Claude Lévi-Strauss (1908-2009) a respeito da obra do antropólogo brasileiro que fundou uma nova escola na antropologia. Professor da Universidade Federal do Rio de Janeiro, Viveiros de Castro é reconhecido nacional e internacionalmente por seus estudos em etnologia indígena – o ensaio "Os pronomes cosmológicos e o perspectivismo ameríndio", publicado em 1996, recebeu traduções para diversas línguas e foi incluído em duas antologias britânicas de textos-chave da disciplina, a primeira centrada na antropologia da religião, a outra dedicada à teoria antropológica geral. Em 2009, publicou na França o livro *Métaphysiques cannibales*, no qual resume as implicações filosóficas e políticas de suas pesquisas entre os povos indígenas brasileiros. Seu currículo inclui atividades intelectuais em âmbito mundial. Foi professor-associado nas universidades de Manchester e Chicago e ocupou a cátedra Simón Bolívar de Estudos Latino-Americanos da Universidade de Cambridge. Foi diretor de pesquisas no Centro Nacional de Pesquisa Científica, em Paris, tornando-se membro permanente da Equipe de Pesquisa em Etnologia Ameríndia. Ainda na França, foi agraciado em 1998 com o Prix de La Francophonie, concedido pela Academia Francesa. Viveiros de Castro recebeu a CULT em sua sala de trabalho no Museu Nacional, no Rio de Janeiro, e falou sobre a atual política indigenista, a crise ambiental e a inserção do Brasil na economia mundial.

por **Juvenal Savian Filho** *e* **Wilker Sousa**

Como se dá seu trabalho de campo e com que regularidade o senhor visita as comunidades indígenas? ■ O principal de minhas pesquisas de campo com os povos indígenas da Amazônia fez-se entre os anos 1975 e 1988. Estive por breves períodos entre os Yawalapiti do Parque do Xingu, em Mato Grosso (hoje o estado deveria ser chamado de Mato Ralo), os Kulina do Rio Purus, no Acre, os Ianomâmis da Serra de Surucucus, em Roraima, e finalmente entre os Araweté do Igarapé Ipixuna, no Médio Xingu, Pará. Apenas entre os Araweté realizei o que se pode chamar de uma pesquisa etnográfica, que requer uma convivência demorada com o povo estudado, o aprendizado da língua nativa (no meu caso, bem incipiente) e o envolvimento emocional e cognitivo – o compromisso existencial – com as questões e preocupações da vida da comunidade que generosamente aceitou receber o antropólogo. Minha estada com os Araweté não foi tão longa quanto deveria: morei no Ipixuna por cerca de dez meses, entre 1981 e 1983, quando precisei deixar a área por motivos de saúde (malárias repetidas). Depois voltei algumas vezes, em visitas curtas, perfazendo catorze meses até 1995. Isto é, na melhor das hipóteses, a metade do que se precisa para fazer um bom trabalho de campo. Mas cada um faz o que pode. Há quem aprenda mais depressa, outros precisam de mais tempo. Além disso, há povos que demandam muitos anos de convivência até que as coisas comecem a fazer sentido para o pesquisador, e outros que são mais abertos e mais diretos. Por fim, tudo depende daquilo que se quer estudar. De qualquer maneira, não me vejo como um grande pesquisador de campo. Sou um etnógrafo apenas razoável. Há cerca de um mês, após quinze anos de ausência, voltei ao Ipixuna para uma rápida visita. A desculpa para uma ausência tão demorada, a rigor indesculpável, foi que a vida me levou para longe da Amazônia: ensino, família, períodos de residência no exterior, o lento trabalho da escrita, o peso da idade... Isso para não mencionar algumas dificuldades que acabei tendo com a autoridade indigenista local, em Altamira [PA], por causa das empresas evangélicas que queriam se instalar entre os Araweté. Aos olhos desses missionários, eu era uma espécie de Satã que estava ali entravando a almejada conquista espiritual dos índios. Assim que parei de ir com mais frequência ao Ipixuna, esses missionários conseguiram se insinuar nas aldeias, com a complacência da administração indigenista. O estrago que causaram, até agora, ainda não parece ter sido grande demais. O mérito, naturalmente, é dos próprios Araweté. Retornei a convite dos Araweté – não foi o primeiro que me fizeram nesses quinze anos – e da nova administração da Funai em Altamira, com quem tenho a firme intenção de colaborar, nessa fase histórica tão difícil que se abre agora para os povos indígenas do Médio Xingu, com a construção do Complexo Hidrelétrico de Belo Monte. Está na hora também de passar o bastão e apresentar alguns de meus estudantes do Museu Nacional aos Araweté, para que possam continuar o trabalho.

O senhor concorda que, nas últimas duas ou três décadas, os "índios" têm aparecido mais no debate político e nos veículos de comunicação? Por que isso demorou tanto tempo? ■ Em seu livro *Tristes Trópicos*, Lévi-Strauss conta uma anedota reveladora. Era o começo dos anos 1930, ele estava de partida para o Brasil, onde ia ensinar sociologia na USP. Lévi-Strauss encontra o embaixador brasileiro na França, Luiz de Souza Dantas, em um jantar de cerimônia, e lhe pergunta sobre os índios brasileiros, que já então muito lhe interessavam. Ao perguntar ao embaixador como deveria proceder para visitar alguma comunidade indígena, este lhe respondeu: "Ah, meu senhor, no Brasil há muito tempo não há mais índios. Essa é uma história muito triste, mas o fato é que os índios foram exterminados pelos portugueses, pelos colonizadores, e hoje não há mais índios no Brasil. É um capítulo muito triste da história brasileira. Há muitas coisas apaixonantes a serem vistas no Brasil, mas índios, não há mais um só..." Lévi-Strauss conta que, naturalmente, quando chegou ao Brasil, descobriu que não era bem assim. Isso não quer dizer que o embaixador (cuja aparência física, diz maliciosamente Lévi-Strauss, indicava uma óbvia contribuição indígena) estivesse mentindo deliberadamente, procurando negar uma realidade vergonhosa mas sabida. De fato, o embaixador não sabia que havia índios no Brasil; o Brasil que ele representava diplomaticamente não continha índios. O Brasil era um país desesperado para ser moderno, então não havia, porque não podia haver, mais selvagens aqui. Outro fato curioso: em 1970 (portanto, quarenta anos depois do diálogo de Lévi-Strauss com o embaixador), o censo indígena da Funai indicava, para o estado do

Acre, a notável população de "zero indivíduo". Oficialmente, não havia mais índios no Acre. Aí começam a abrir as estradas por lá, a derrubar a mata, a botar boi, e eis que começam a aparecer índios a atravancar a expansão dos pastos e a destruição da floresta. (Junto com índios, como se sabe, começaram também a aparecer os seringueiros, que se imaginava como mais outra "raça" em extinção. E bem que se tentou extingui-los naquela época – lembrem-se de Chico Mendes.) Ora, índios sempre houve lá no Acre, todo mundo no Acre sabia que eles estavam lá, mas eles não existiam em Brasília, ou melhor, para Brasília. Agora sabe-se e aceita-se que o estado do Acre abriga, atualmente, catorze povos indígenas, alguns de significativa expressão demográfica, como os Kaxinauá e os Kulina. O Acre é um estado profundamente indígena, dos pontos de vista cultural, histórico e demográfico. Na verdade, ele é hoje o principal exportador de práticas e símbolos indígenas (mais ou menos transformados) para o Brasil urbano atual.

A que mais se deve essa redescoberta dos índios nas últimas décadas? ■ Tudo começou com uma iniciativa fracassada do governo militar, em 1978, que visava extinguir os índios, entenda-se, acelerar o processo de desconhecimento da população indígena, consagrar seu não reconhecimento como um componente diferenciado dentro da chamada "comunhão nacional". Completar o processo de "assimilação", isto é, de desindianização, que se entendia como inexorável e desejável ao mesmo tempo. O governo propôs um projeto de lei para "emancipar" os índios, isto é, extinguir a tutela oficial do Estado que os protegia. O verdadeiro objetivo da medida era liberar as terras indígenas, terras públicas, de domínio da União, inalienáveis, para que entrassem no mercado fundiário capitalista. Ao declarar que esta ou aquela população indígena não "era mais" índia, porque seus membros falavam português, ou usavam roupa etc., o que o projeto de lei pretendia era entregar as terras públicas de posse dos índios nas mãos dos interesses proprietariais particulares. Simplesmente se queria tirar os índios da frente do trator do capital: em vez de índio, que venham o gado, a soja, os madeireiros, o latifúndio, o mercado de terras, a mineração, a estrada, a poluição e tudo que vem junto. E que muitos chamam de "desenvolvimento".

Mas, naquele momento, os idos de 1978, quando estava se consolidando a resistência organizada à ditadura, muito da insatisfação política da classe média, dos intelectuais principalmente, se cristalizou em torno da questão indígena, como se ela fosse uma espécie de emblema do destino de todos os brasileiros. É também nesse momento que tomam ímpeto o movimento negro, o movimento feminista, a politização ativa da orientação sexual, a emergência de diversas minorias, diversas diversidades por assim dizer: étnicas, locais, sexuais, ocupacionais, culturais etc. A luta de classes assumia cada vez mais o caráter de uma integração parcial de uma série de diferenciais traçados sobre outros eixos que a economia pura e simples (as relações de produção). Começam a surgir outros atores políticos. É o momento da especulação e da experimentação generalizadas: outras práticas do laço social, outras imagens da sociedade, que não se reduzem ao par Estado-classes sociais, mas que envolvem outras formas de vida, outros territórios existenciais. Os índios foram importantes por sua força exemplar, seu poder de condensação simbólica. Eles apareceram como portadores de outro projeto de sociedade, de outra solução de vida que contraprojetava uma imagem crítica da nossa.

Mas, desde o século XVI, a vida indígena aparece como uma imagem crítica da vida "ocidental". ■ Sim, sem dúvida. Há uma frase de um jovem filósofo que eu admiro muito, Patrice Maniglier, um grande especialista em Lévi-Strauss, aliás: "A antropologia nos devolve uma imagem de nós mesmos na qual nós não nos reconhecemos". É por isso que ela é importante, porque nos devolve algo, ela nos "reflete". Mas a gente vê essa imagem e não se reconhece nela. "Então nós, humanos, somos assim também? Podemos ser isso? Somos isso, em potência? Temos em nós a capacidade de viver assim? Essa é uma solução de vida ao nosso alcance, como espécie?" Em suma: "É possível ser feliz sem carro, geladeira e televisão?". Isso nos dá um susto, um susto com valor de conhecimento. Os índios, desde o século XVI, desempenharam essa função para a reflexão político-filosófica ocidental (para uma muito pequena parte dela, na verdade). E essa mesma função, mas modernizada, especificada e tornada mais evidente pelo fato de que os índios brasileiros da década de 1970 – a década que inicia a ocupação destrutiva em larga escala da Amazônia

– eram nossos conterrâneos e nossos contemporâneos, eles nos ensinavam algo não só sobre nós mesmos como sobre nosso projeto de país, o Brasil que queríamos, e que não era certamente o Brasil que tínhamos. Então, foi em torno das sociedades indígenas como diferença emergente que se constituiu a resistência contra o projeto de emancipação: uma resistência contra o projeto de privatização econômica, o branqueamento político e a estupidificação cultural do Brasil. Os antropólogos, nesse contexto, começam a se organizar como categoria, aliando-se aos índios como atores políticos. Houve, é claro, antropólogos que tiveram um papel importantíssimo na história não só da causa indígena, mas da própria República, como Roquette Pinto ou Darcy Ribeiro, antes de (e durante) essa época. Mas naquele momento, no fim da década de 1970, os antropólogos se constituem como corporação para interpelar o governo e se opor ao projeto de emancipação. Essa mobilização sensibilizou a sociedade, entenda-se, outros intelectuais, militantes políticos de outras causas, advogados, juristas, artistas, e também as camadas médias urbanas, os estudantes... Ao mesmo tempo, e muito mais importante, os índios como que "acordaram" para seu poder de intervenção nos circuitos nacionais e internacionais de comunicação. Eles deixavam ali de ser um elemento do folclore nacional, de um passado vago e distante, e passavam a atores políticos do presente, signos críticos e urgentes de uma ultracontemporaneidade: signos do futuro, na verdade. Enfim, é nesse momento, fim dos anos 1970, que ganha vulto todo o movimento de auto-organização de coletivos que não são mais redutíveis nem aos partidos nem aos sindicatos: a célebre "sociedade civil organizada". É então também que começam a aparecer figuras indígenas individuais com destaque político. A primeira delas foi Mário Juruna, um deputado que foi tratado folcloricamente pela imprensa, mas que teve um papel estratégico para a emergência dos índios no cenário político-ideológico nacional e internacional (lembremos do Tribunal Russell). Juruna, que marcou presença por alguns gestos muitos simples, de grande "pega" midiática, ficou famoso com seu gravador – um edificante signo do poder da "tecnologia" nas mãos de um "selvagem"; melhor ainda, e agora de verdade, um dispositivo que preservava a potência e a imediatez da oralidade, o registro semiótico em que os indígenas se sentem completamente em casa – que armazenava as promessas e declarações de autoridades e políticos. Depois, promessa quebrada, declaração falseada pelos fatos, Juruna tocava seu gravador na frente da "otoridade" e dizia: "Mas não foi o contrário que o senhor falou?" "O senhor não havia prometido isso?" Depois de Mário Juruna, o protagonismo indígena, coletivo e individual, proliferou: associações, federações, líderes de grande expressão como Ailton Krenak e David Kopenawa.

Qual o papel da Constituinte de 1988 nesse processo? ■ Esse processo do fim da década de 1970 culminou em 1988, com a Constituinte e a Constituição, que tiveram um papel fundamental para formalizar a presença dos índios dentro da comunhão nacional. É aqui que se começa a reconhecer direitos coletivos, coisa que, salvo engano, mal existia no Brasil: direitos difusos, direitos coletivos, comunidades, sujeitos de direito, índios, quilombolas. Uma vitória imensa, atestável no ódio que a Constituição de 1988 desperta na direita, sempre à espreita de uma oportunidade para "reformar" a Constituição, isto é, para desfigurá-la, e sempre eficaz na protelação da indispensável regulamentação de diversos artigos constitucionais.

O senhor vê com bons olhos as políticas de proteção dos direitos indígenas na era Lula? ■ Houve grandes conquistas; a mais importante, sem dúvida, o reconhecimento da terra indígena Raposa Serra do Sol. Mas manteve-se, ou mais, acentuou-se o projeto de governo baseado na equação falaciosa entre desenvolvimento e crescimento, em uma ideia de crescimento a qualquer preço e, nesse sentido (eu sublinho: apenas nesse sentido), o governo Lula manteve sua continuidade com todos os governos anteriores, pelo menos até Vargas e incluindo os governos da ditadura. Uma ideia de que é preciso conquistar o Brasil, ocupá-lo, civilizá-lo, modernizá-lo, desenvolvê-lo, implicando com isso a ideia de que os índios não são brasileiros, não estão lá, não vivem em suas terras segundo seus próprios esquemas civilizacionais, não possuem uma cultura viva e eficaz. Tudo isso se baseia em um modelo cultural falido, a ideia de modernidade.

E qual é esse modelo? ■ É o modelo de industrialização intensiva, poluente, de exportação maciça de matéria-prima, monocultura, agronegócio, transgênicos, agrotóxicos, petróleo... Ele bate de frente com os interesses das populações indígenas e, arrisco-me a dizer, com as perspectivas de toda a população do país e do planeta. O que precisamos é imaginar uma forma econômica com algum futuro, capaz de assegurar o suficiente para todos, uma vida que seja boa o bastante para as gerações vindouras. Então, eu tenho sérias restrições não à política indigenista do governo Lula – aliás, o atual presidente da Funai [Márcio Augusto Freitas de Meira] é um colega que admiro e respeito –, mas o problema é que essa política indigenista sempre teve de se dobrar aos imperativos de uma geopolítica nacional e internacional ambientalmente desastrosa. Toda vez que algum setor do governo ameaçou criar dificuldades para essa geopolítica desenvolvimentista, foi obrigado a entrar na linha, ou sair de cena. Veja Marina Silva. No caso da Funai, a tendência foi seguir os limites estreitos de manobra deixados pela Casa Civil e seu implacável desenvolvimentismo.

Qual seria, então, a alternativa a esse modelo? ■ O Brasil tem a oportunidade única de ser um dos poucos lugares da Terra onde um novo modelo de sociedade e de civilização poderia se constituir. Somos um dos poucos países do mundo que tem recursos suficientes para inventar outra ideia e outra prática de desenvolvimento. Parece que aprendeu muito pouco com a história recente do mundo. Quando se exporta soja e gado, está se exportando o quê? O solo, a água do país. Para fazer 1 quilo de carne, são necessários 15 mil litros de água; para 1 quilo de soja, são necessários 1.800 litros. O Brasil é o maior exportador de "água virtual" do mundo. Isso para não falarmos nos insumos venenosos: hormônios para o gado, fertilizantes, agrotóxicos... O Brasil é o maior consumidor de defensivos agrícolas do planeta. Imagine o risco sanitário a que estamos expostos. Todas essas maravilhas que tanto aumentam a produtividade agrícola (e ao mesmo tempo baixam a qualidade e a segurança dos alimentos) são-nos enfiadas garganta abaixo por grandes companhias transnacionais como a Monsanto, cuja ficha ambiental e política é mais que suja, é imunda.

E está em curso a polêmica sobre a construção da hidrelétrica de Belo Monte. ■ Quando se fala em hidrelétricas, bem, de fato talvez seja melhor do que a energia nuclear – em princípio, uma vez que a questão do lixo nuclear está bem longe de ser resolvida, além dos problemas de segurança –, mas quais são as implicações do ponto de vista, por exemplo, do abastecimento de água? E, aliás, para quem vai o principal da energia elétrica que é produzida por uma grande hidrelétrica como Tucuruí, ou Belo Monte? Vai para a população ou para as fábricas de alumínio, os projetos de extração e processamento de cobre e níquel da Amazônia? O que fazem essas fábricas de alumínio? Latas de saquê e cerveja, principalmente. Por que as fábricas de alumínio estão aqui? Por que países como o Japão não querem gastar uma imensa quantidade de energia para mover as cubas eletrolíticas onde se funde o alumínio? É melhor que um país grande, periférico e perdulário detone seus rios. A usina de Tucuruí, concebida durante o regime militar, significou dois bilhões de reais de subsídio para as indústrias de alumínio, como constatou um especialista recentemente. O destino real da energia produzida pelo Complexo Hidrelétrico de Belo Monte ainda é uma espécie de segredo de Estado. Mas parece que essa energia virá principalmente para o Sul e o Sudeste, ou servirá para alimentar novas indústrias eletrointensivas – cobre, bauxita, níquel – no Norte, algumas aliás não nacionais (a direita vive falando no perigo de uma invasão estrangeira da Amazônia; ela já aconteceu, mas como é uma invasão do capital, parece que pode...). Os benefícios para a população, e especialmente para a população local, são muito duvidosos.

Como se deu seu contato com o pensamento de Lévi-Strauss? ■ Meu contato com Lévi-Strauss antecede meu contato com a antropologia. Foi enquanto eu fazia ciências sociais, em um curso de teoria literária dado por Luiz Costa Lima. Foi ele quem me aconselhou a fazer antropologia. Isso foi nos idos de 1969, 1970. Naquele momento, o estruturalismo antropológico estava penetrando em diversas áreas das ciências humanas, como a psicanálise e a crítica literária, então o Costa Lima, professor de literatura e grande teórico da área, resolveu dar um curso sobre as Mitológicas na sociologia da PUC-Rio, onde eu estudava.

O senhor poderia apresentar-nos o conceito do perspectivismo indígena? ■ Esse é um assunto sobre o qual hesito um pouco em falar, porque o termo "perspectivismo indígena" se tornou excessivamente popular no meio antropológico, e a ideia que ele designa começa a sofrer o que sofre toda ideia que se difunde muito e rapidamente: banalização, de um lado, despeito, de outro. Passa a servir para tudo, ou a não servir para nada. De qualquer forma, não fui eu quem inventou sozinho a teoria do perspectivismo indígena; foi um trabalho de grupo, em que se destaca a colaboração formativa que mantive com minha colega Tânia Stolze Lima. Tomamos emprestado do vocabulário filosófico esse termo de perspectivismo para qualificar um aspecto marcante de várias, senão de todas, as culturas nativas do Novo Mundo. Trata-se da noção de que o mundo é povoado por um número indefinidamente indeterminado de espécies de seres dotadas de consciência e cultura. Isso está associado à ideia de que a forma manifesta de cada espécie é uma "roupa" que oculta uma forma interna humanoide, normalmente visível apenas aos olhos da própria espécie ou de certos seres transespecíficos, como os xamãs. Até aqui, nada de muito característico: a ideia de que a espécie humana não é um caso à parte dentro da criação, e de que há mais gente, mais pessoas no céu e na terra do que sonham nossas antropologias, é muito difundida entre as culturas tradicionais de todo o planeta. O que distingue as cosmologias ameríndias é um desenvolvimento *sui generis* dessa ideia, a saber, a afirmação de que cada uma dessas espécies é dotada de um ponto de vista singular, ou melhor, é constituída como um ponto de vista singular. Assim, o modo como os seres humanos veem os animais e outras gentes do universo – deuses, espíritos, mortos, plantas, objetos e artefatos – é diferente do modo como esses seres veem os humanos e veem a si mesmos. Cada espécie de ser, a começar pela nossa própria espécie, vê-se a si mesma como humana. Assim, as onças, por exemplo, se veem como gente: cada onça individual vê a si mesma e a seus semelhantes como seres humanos, organismos anatômica e funcionalmente idênticos aos nossos. Além disso, cada tipo de ser vê certos elementos-chave de seu ambiente como se fossem objetos culturalmente elaborados: o sangue dos animais que matam é visto pelas onças como cerveja de mandioca, o barreiro em que se espojam as antas é visto como uma grande casa cerimonial, os grilos que os espectros dos mortos comem são vistos por estes como peixes assados etc. Em contrapartida, os animais não veem os humanos como humanos. As onças, assim, nos veem como animais de caça: porcos selvagens, por exemplo. É por isso que as onças nos atacam e devoram, pois todo ser humano que se preza aprecia a carne de porco selvagem. Quanto aos porcos selvagens (isto é, aqueles seres que vemos como porcos selvagens), estes também se veem como humanos, vendo, por exemplo, as frutas silvestres que comem como se fossem plantas cultivadas, enquanto veem a nós humanos como se fôssemos espíritos canibais – pois os matamos e comemos.

E o que é o humano? É essa capacidade de socialidade. Antes, tudo era transparente a tudo, os futuros animais e os futuros humanos, vamos chamar assim, se entendiam, todos se banhavam num mesmo universo de comunicabilidade recíproca. Lévi-Strauss tem uma definição muito boa, dada numa entrevista. O entrevistador pergunta: "O que é um mito?". Lévi-Strauss responde: "Bom, se você perguntasse a um índio das Américas, é provável que ele respondesse: 'Um mito é uma história do tempo em que os animais falavam'". Essa definição, que parece banal, na verdade é muito profunda. O que ele está querendo dizer é que o mito é uma história do tempo em que os homens e os animais estavam em continuidade, comunicavam-se entre si. Na verdade a humanidade nunca se conformou por ter perdido essa transparência com as demais formas de vida, e os mitos são uma espécie de nostalgia da comunicação perdida. Essa é de fato uma noção universal no pensamento ameríndio, a de um estado originário de coacessibilidade entre os humanos e os animais. As narrativas míticas são povoadas de seres cuja forma, nome e comportamento misturam atributos humanos e não humanos, em um contexto de intercomunicabilidade idêntico ao que define o mundo intra-humano atual. O propósito da mitologia, com efeito, é narrar o fim desse estado: trata-se da célebre separação entre "cultura" e "natureza" analisada nas Mitológicas de Lévi-Strauss. Mas não se trata aqui de uma diferenciação do humano com base no animal, como é o caso em nossa mitologia evolucionista moderna. A condição original comum aos humanos e animais não é a animalidade, mas a humanidade. Os mitos contam como os animais perderam os atributos herdados ou mantidos pelos humanos; os animais são ex-humanos, e não os humanos são ex-animais. Se nossa antropologia popular vê a humanidade como erguida sobre alicerces animais, normalmente ocultos pela cultura – tendo outrora sido "completamente" animais, permanecemos, "no fundo", animais –, o pensamento indígena conclui ao contrário que, tendo outrora sido humanos, os animais e outros seres do cosmo continuam a ser humanos, mesmo que de modo não evidente.

Se tudo está impregnado de humanidade, quais são as consequências disso para o modo de vida indígena? ■ Se tudo é humano, nós não somos especiais; esse é o ponto. E, ao mesmo tempo, se tudo é humano, cuidado com o que você faz, porque, quando corta uma árvore ou mata um bicho, você não está simplesmente movendo partículas de matéria de um lado para o outro, você está tratando com gente que tem memória, vinga-se, contra-ataca, e assim por diante. Como tudo é humano, tudo tem ouvidos, todas as suas ações têm consequências.

EDIÇÃO 175 • DEZEMBRO 2012

MANOEL DE BARROS*

Com Manoel de Barros, a língua portuguesa delira em estado de frescor de chamas e orvalho e gozo e brisa e gosma, e a poesia brasileira se renova para além do óbvio. Como é ser poeta depois dos 90? "O corpo pega dores", desexplica ele, "mas a imaginação flui melhor e com mais liberdade." Apesar de ser um dos poetas que mais vendem livros de poesia no Brasil e um dos mais amados por leitores de todo o país, Manoel se recusa a ocupar o lugar de vedete. Em cerimônia de premiação na Biblioteca Nacional, há dois anos, teve de subir ao palco e fazer um discurso. Em vez disso, fez um desdiscurso: "Tudo o que tenho a dizer é que não tenho nada a dizer". Foi aplaudido de pé até pelo guarda noturno. No *living* de sua bonita casa em Campo Grande, na Rua Piratininga, com muros altos e cerca elétrica, onde vive com a musa Stella, Manoel de Barros conta que nunca enviou livros aos críticos, nem fez média com jornalistas. Entretanto, confessa: "Gostaria de ler uma resenha do Antonio Candido sobre a minha poesia". Dizemos a Manoel que isso seria lindo, mas, ao que parece, infelizmente o autor de *Formação da Literatura Brasileira* já pendurou as chuteiras. Manoel de Barros se equilibra com sua bengala no meio do mundo que flutua desequilibrado. A única coisa permanente na selva ou na cidade é a impermanência da vida. Então lhe dizemos, "adeus, poeta, até logo", e nos perdemos entre as curvas femininas das ruas de Campo Grande, a city morena. A poesia morreu, mas continua viva em meio aos escombros do futuro.

por **Douglas Diegues**

* Manoel de Barros faleceu em novembro de 2014, em Campo Grande.

O que é um andarilho? ■ É um mensageiro que me entrega, de graça, o jeito de ser livre moda ave.

Poderia fazer uma descomparação entre a linguagem do poeta – a aventura errática – e o andar dum andarilho? ■ O andarilho é um ser desajustado no mundo, por isso provoca estranhezas por onde vai, e o poeta (falo de mim), eu não gosto das normas do idioma, eu procuro fazer distúrbios no idioma. Nós somos insatisfeitos com as normas: ele com as normas da sociedade e eu com as normas da linguagem (desfazer o normal é uma norma poética).

Poderia falar algo mais sobre o dialeto-rã e outros dialetos do Pantanal? ■ Penso que em todo lugar onde não acontece nada os moradores desse lugar começam a enfeitar o que não aconteceu. Nascem daí dialetos. Se o lugar tem aguadas de rãs, pode nascer um dialeto-rã. Se o lugar tem jaguaretê, pode nascer o dialeto jaguaretês como no conto do Rosa, se o lugar tem muita arara, pode nascer o ararês etc.

Qual língua os peões do Pantanal usam? Também falam por imagens? ■ A obrigação de completar o que não existe faz com que os peões inventem. E quase sempre inventam por imagens, vez que o vocabulário deles é parco.

Andarilhos não têm pátria nem honras? ■ Todos os andarilhos têm pátria. Todas as pátrias. E todas as pátrias são os caminhos que não têm fim.

Qual a diferença entre andarilhos e mendigos? ■ Os mendigos são parados e vivem de esmolas e os andarilhos procuram a liberdade. Os andarilhos do Pantanal, sobretudo, não dependem de esmolas, eles comem frutas selvagens, pescam, abatem caça etc. Não sei se estou certo. Pode ser que os mendigos sejam mais livres. Eles sabem. Eu não sei.

Que coisas um ou dois ou cinco andarilhos estilo manoelês arcaico levam na bolsa? ■ Carregam pontas de lápis, pregos enferrujados, pregos de veludo, latas, guizos de cobra para dar sorte e outros amuletos. Uma vez eu vi na sacola de Joaquim Sapé um pedaço de formiga frita. Decerto ele deixou para comer depois.

Andarilhos podem virar árvore? ■ Bernardo virou árvore várias vezes. Ele tinha dor de árvore. Solidão de árvore seca. Tristeza de árvore sem pássaro. Bernardo passou de árvore a pássaro, de pássaro a rio, de rio a sol, de sol a gente. Vagou muitos anos sem identidades. Aliás, andarilho não tem identidade, pode de repente adquirir gosto de flor. Andarilho é plural sempre.

Você, que já viu até lobisomem que curte gemada, bugio de fralda, assombração que bebe leite, conhece algum andarilho tipo yaguaretê-aba? ■ Não. Só vi os andarilhos. Minha imaginação que via outros.

Existem passarinhos andarilhos? Sabe a biografia de algum? Quais outros bichos do mato são andarilhos? ■ Passarinho mais andarilho que conheço é andorinha mesmo. Elas mudam de lugar nas estações do ano. Depois vêm voltando. Urubus dizem que viajam muito, mas só viajam quando sentem presença de carniça. Não seriam nunca andarilhos legítimos, porque os andarilhos legítimos não são interesseiros. Viajam por destinação. Por vocação de nada ter.

Como se vestia Joaquim Sapé? ■ Um paletó sebento, velho, que teria sido um dólmã que ganhara de algum soldado. O dólmã era bosteado de passarinho. Sempre um chapéu de palha também bosteado. De calças rasgadas. Descalço. O olhar furado de inocência.

Andarilhos dão flor? ■ Conheci um que tinha o gosto de encher os bolsos de gás. Era o Mário Pega Sapo. Ele era mórbido. Gostava de esfregar a barriga fria das gias no rosto. Esse era um andarilho de cidade. O que caracteriza os andarilhos é o desapego das coisas do mundo. Seguem, sem saber, os conselhos de São Francisco das aves. Eles se apegam à liberdade, ao nada.

Moram peixes e borboletas nos bolsos do andarilho? ■ Eu contei dez gias no bolso do Mário. Imagino que mosca, borboleta, sabiá, peixes. Mas só vi as gias no bolso do Mário.

Andarilhos mbyá-guaranis costumam andar tocando flauta mimby-pu [flauta doce pequena]. Conhece algum andarilho músico? ■ Andarilho músico, não conheci. Conheci andarilho mágico: um que vestia de azul o som das cigarras. Ele transpunha para canto arrulhos de pombas. E ele dava às cores formatos de canto.

Existem andarilhos de cidade e andarilhos da selva ou essa distinção é ilusória? ■ Os andarilhos de mato têm mais intimidade com os pássaros, com as águas, com as árvores. Mas todos são donos de ermos. Enormes trechos de ermo na alma.

O que os caminhos ensinam aos andarilhos? ■ Acho que os caminhos dos andarilhos ensinam a não chegar, a ir em frente com o corpo até ser planta de novo, até ser pedra de novo, até ser água de novo. Isso prega a renovação.

Que pode falar dos paradoxos do andarilho? ■ Do lugar onde estou já fui embora. Andar é um dom da inércia. Eu tenho um dom de traste atravessado em mim. Como trovão eu sou levado a sério. Quero não falar até chegar ao silêncio dos vermes. Um pingo de sol na formiga fica maior que o mar. Sou muito concorrido de bobagens. Eu só ando por dentro de mim; se fui em outro lugar, foi pra me ver. Não saio de dentro de mim nem pra pescar. Ando mais por dentro de mim do que na estrada. Passarinhos existem para dar movimento ao entardecer. Eu me recolho no abandono para ser livre. Desenharam nas pedras meu silêncio. Uma árvore que eu vi dava borboleta em vez de flor. Só o cinzento de uma tarde me amanhece. Mexer com gratuidades me enriquece.

Aos 95 se pode desver ou transver melhor a natureza, as coisas, as palavras? ■ Em criança fui merecido de águas, de árvores, de rãs, de brisas e de garças. Na frente, aprendi a transver esta natureza. Tentei fazer primeiro o desvelhamento das palavras para não copiar as que eu aprendera. As palavras não tinham comportamento. Então inventei desver o que via para ver novas coisas. Um dia achei um lagarto a lamber o rosto da manhã. Não mudou um pouco a feição da natureza? Gostava de fazer isso. Outra vez eu vi um sapo com olhos de orvalho! Transver me dava orgulho!

Você já disse que o Bernardo era o melhor de você... Que aprendeu e ainda aprende com ele? ■ Bernardo me ensinou a ser tonto. Ele fazia desobjetos de inutilidade pública. Entre outros, estes: um ferro de engomar gelo; um alicate cremoso; um prego primaveril – por exemplo: Bernardo dementava as palavras. Através de seu exemplo eu consegui fazer: um besouro de olhar ajoelhado!

A inocência serve à poesia? ■ Inocência para mim é a raiz da palavra. Quando a palavra está nas águas e no amor do chão. Quando a palavra não sabe ainda do nosso egoísmo.

Bernardo falava a língua das aves, o portuñol selvagem do silêncio? ■ Ambos querem pegar na raiz do silêncio.

Bernardo era íntimo das rãs e dos rios? ■ Bernardo benzia com a inocência das mãos e dos lábios porque era irmão dos rios, das rãs e das aves.

Como é viver a quinta infância? ■ Acho que minhas palavras voltaram para as suas raízes. Mas agora estão misturadas às nossas porcarias.

Que é um verso em estado verbal de ave? ■ Um verso em estado verbal de ave seria hoje a voz de um poeta parvo.

A infância, as crianças e as aves seguem influenciando sua poesia? ■ A infância é minha liberdade gramatical. Ela, a infância, pode tudo no sentido de iluminar ou escurecer.

Qual a diferença entre o verbal de ave e o verbal de águas? ■ Não há diferença entre inocências. Acho que água é mais inocente do que ave. Isso eu acho, mas não tenho certeza.

Já viu algo que ninguém viu? ■ Vi um caracol pregado em minhas palavras.

Bernardo tem um acervo de desobjetos... ■ Sim, o acervo de Bernardo consta de 36 desobjetos. Ele tem, por exemplo, um prego que farfalha; um besouro de olhar ajoelhado; uma água viciada em mar.

EDIÇÃO 182 • AGOSTO 2013

MARILENA CHAUI

Não seria possível não ouvir Marilena Chaui a respeito das manifestações de 2013. Pensadora de importância inestimável na história da cultura brasileira, Marilena chamou a atenção nos últimos anos por ter rompido com a mídia. Depois do tratamento imprudente que a maior parte do jornalismo brasileiro deu a questões políticas graves, Marilena decidiu "não falar mais". Seu silêncio tornou-se insuportável para os grandes veículos de comunicação. Frequentemente cronistas dizem: "O que Marilena Chaui pensaria sobre isso?". É óbvia a ironia da pergunta, usada para dar a entender que o silêncio de Marilena se deve ao fato de ela não ter o que dizer diante dos erros do PT e do governo federal, tão defendidos por ela nos últimos dez anos. À CULT, porém, Marilena nunca fechou suas portas. Ela nos acolheu em sua casa para uma conversa franca na qual ela não apenas comenta o sentido das manifestações de rua que tomaram conta do país, como também fala com sinceridade de suas críticas ao PT e ao governo do PT. Não o faz, todavia, com amargura ou ressentimento, mas com a força e a coragem de uma mulher lúcida e clara, engajada numa luta que não se perde nem em posições ligeiras, nem em novidades fáceis. Como dizia Maurice Merleau-Ponty, o intelectual é aquele que "levanta e fala". Mas, muitas vezes, o levantar e o falar têm sido acompanhados de inconsequências que vão desde a incapacidade de análise até o autoritarismo da arrogância em nome da racionalidade (ou em nome de nada...). Definitivamente, esse não é o caso de Marilena Chaui.

por **Juvenal Savian Filho**

Qual foi sua primeira reação ao ver tanta gente nas ruas durante as manifestações de 2013? ■ Um susto! Acompanhei as tentativas de manifestação do Passe Livre na USP e vi que o movimento não conseguia mais do que três gatos pingados para escutar. Nem digo participar da manifestação, mas escutar. Imaginei que iriam para a rua com cinquenta, cem pessoas. Então, levei um susto, pois não tinha entendido a relação entre o que eles estavam fazendo, ou seja, a fórmula clássica da mobilização, e o uso das redes sociais. Se eu soubesse que eles iriam usar as redes sociais, não teria me assustado, pois associaria com outros eventos que já vi no mundo.

E como se deu sua compreensão das manifestações? ■ No primeiro dia, pelo menos em São Paulo, as palavras de ordem eram referentes ao transporte. Depois da primeira manifestação, participei do Conselho da Cidade convocado pelo prefeito Fernando Haddad. Os representantes do Passe Livre foram e falaram. Eles eram cinco e cada um falou quinze minutos. Depois os conselheiros falaram. Todos os conselheiros pediram a revogação do aumento das tarifas. O secretário Municipal de Transportes, Jilmar Tatto, mostrou as planilhas e depois falou o prefeito. Eu imediatamente pensei: se o prefeito revogar, os meninos vão à rua comemorar; se ele não revogar, vai haver uma passeata não só como a primeira, mas sobretudo com incorporação das palavras de ordem das outras cidades. E não deu outra. Algumas pessoas ficaram perplexas; eu não. Diziam: "Como pode haver manifestação? A inflação está sob controle; o desemprego diminuiu; os programas sociais funcionam; há estabilidade econômica e política!". Ou seja, os temas que sempre caracterizaram as manifestações no Brasil estavam ausentes. Eu não fiquei perplexa no que se refere a São Paulo, porque tenho dito há um bom tempo que a cidade está se tornando um inferno urbano. Está impossível viver nela, seja pelo trânsito, pela indecência do transporte coletivo, seja pela explosão demográfica com os condomínios e shopping centers. Achei compreensível, e, num primeiro momento, pensei que as manifestações iriam girar em torno dos temas urbanos. Mas quando se viraram contra a política, contra a mediação institucional, aí, sim, fiquei com medo, porque já vi esse filme em 1964 e em 1969. A gente sabe o que aconteceu nos anos 1920, na Itália, e nos anos 1930, na Alemanha, sobre a recusa da política.

Mas se falou muito que Haddad foi ambíguo. Ele disse que não revogava o aumento das tarifas, mas depois revogou... ■ Não, ele não foi ambíguo. Ele disse o seguinte: "Se eu revogar, significa que tenho de aumentar o subsídio. Para aumentar o subsídio, vou ter de cortar recursos dos programas sociais. Então, tenho de ver isso com meu secretariado; tenho de analisar onde eu vou mexer para subsidiar e para fazer o corte". Na verdade, ele pediu um tempo para as pessoas. Não disse que não iria revogar. E foi nessa hora que alguns conselheiros (como os do movimento Afroeducação) e os membros do Passe Livre disseram que não queriam saber de planilha, que queriam a revogação imediata. Então, não houve ambiguidade. Faltou intuição política, pois Haddad poderia ter dito: "Vou revogar, mas convido imediatamente o Movimento Passe Livre para uma reunião comigo e com o secretariado para fazermos um estudo de onde eu vou tirar o subsídio". Com isso, ele incorporaria o movimento à discussão de outros problemas da cidade e teria sido mais politizador. Haddad deu uma resposta técnica em um momento que pedia uma resposta política.

Algumas pessoas dizem que as manifestações tiveram uma deriva à direita. Um dado curioso é que há políticos da oposição, seja de "esquerda", como os do PSTU e do PSOL, seja de "centro-direita", como os do PSDB, que têm se servido das manifestações para alimentar um discurso anti-PT e anti-Dilma... Você vê uma deriva à direita ou uma deriva antigoverno? ■ Não vejo nem uma coisa nem outra neste momento. Não posso dizer que amanhã não vá ser isso. O que vejo neste momento é que, como o PSOL e o PSTU não têm representatividade social, pois são minúsculos, o crescimento da manifestação de rua fez com que eles julgassem que poderiam se apropriar dela. Não houve liderança da esquerda, mas uma tentativa, desses partidos, de se apropriar de um movimento de massa que seriam incapazes de realizar. A mesma coisa ocorre com a direita, que não tem força de mobilização, operando sempre por lobby e por meio da repressão (basta ver como opera o lobby dos ruralistas contra o MST e os índios). A chamada oposição de centro-direita está caindo pelas tabelas (basta lembrar o que aconteceu com o movimento do PSDB, o "Cansei"), e por isso, depois de investir contra os movimentos de rua por meio da repressão policial, tenta se apropriar deles porque julga que podem desestabilizar o governo Dilma. Afinal, a primeira atitude do Geraldo Alckmin foi chamar a polícia. Na USP, quando há manifestações, a primeira atitude do reitor é chamar a polícia. Não há nenhum vínculo real entre os partidos chamados de oposição, particularmente o PSDB, e os movimentos de massa. Então, o que temos é: o movimento correndo pelo meio e duas tentativas extremas de apropriação.

Isso favorece a apropriação pela direita? ■ Essa é a minha preocupação. Há elementos que favorecem a apropriação e a manipulação pela direita: o primeiro é o fato de os manifestantes confundirem o que significa ter uma direção e o que significa ter uma liderança. Como eles se organizam em termos de autogestão e horizontalidade, sem dirigentes e dirigidos, eles identificam ter um rumo com ter um líder. Não percebem que não é a mesma coisa. As manifestações, por enquanto, estão sem rumo; têm palavras de ordem as mais variadas, mas não um rumo, o que as torna frágeis e apropriáveis pela mídia e pela direita. O segundo elemento é o que eu chamo de pensamento mágico: os manifestantes usaram as redes sociais, ou seja, um instrumento do qual são apenas usuários e de que não têm conhecimento técnico aprofundado nem qualquer controle econômico. As redes estão inseridas numa gigantesca estrutura técnico-científica, econômica e com vigilância e controle geopolíticos (o caso que acaba de ser revelado da espionagem norte-americana sobre todo o planeta não pode ser minimizado), de maneira que, sob a aparência de ser uma alternativa libertária, ela também insere os usuários no mundo do controle e da vigilância. Penso que o caso do Egito é um alerta, embora, evidentemente, seja um caso que não se compara ao nosso, pois lá a luta está mergulhada nos problemas postos pelas ditaduras e pelo fundamentalismo religioso, e, aqui, se dão numa democracia como luta por direitos. Mas o estopim lá (como em Nova York, na Wall Street) foi o uso das redes sociais. Há ainda um outro aspecto das redes que me pareceu muito claro nas manifestações brasileiras, ou seja, como o usuário não conhece bem o modo de funcionamento das redes, e como para ele basta apertar um botão para que coisas aconteçam, passa-se a ter com a realidade uma relação do mesmo tipo: eu quero, então acontece. Como num ato mágico.

Sem nenhuma mediação... ▪ Sem mediação. Essa relação mágica com a realidade está diretamente relacionada com um elemento poderosíssimo da sociedade de consumo e muito usado pelos meios de comunicação: a satisfação imediata do desejo. É uma das raízes da violência, porque anula a mediação, quando, na verdade, o desejo precisa de mediação. No âmbito das manifestações, isso se expressa pela recusa da mediação política. Por que falo em pensamento mágico? Porque o fato de que houve uma longa e difícil negociação em torno da tarifa passa despercebido; é como se o resultado tivesse sido imediato, um passe de mágica. Ora, quando se tira a mediação institucional, o que se pede é a ditadura. Por exemplo, quando vi um rapaz enrolado na bandeira brasileira dizer "meu partido é meu país", falei comigo mesma: "É algum neonazista que comanda esse menino, pois esse foi o discurso nazista para a supressão dos partidos políticos!", o que é muito assustador e ainda mais assustador quando uma parte dos manifestantes espancou e ensanguentou manifestantes de esquerda. Eu sempre digo: a crítica aos partidos brasileiros é justificada, a crítica aos governos é justificada, o que não é justificado é não perceber qual a origem desse sistema partidário, qual é a origem desse sistema eleitoral e como é que se luta contra ele. Não se luta suprimindo os partidos, mas produzindo uma nova institucionalidade. E não há essa percepção por grande parte dos manifestantes. Finalmente, outro elemento a ser pensado é o fato de que – ao menos em São Paulo e no Rio – as manifestações de periferia são qualitativamente diferentes das manifestações do centro das cidades. Na periferia, não são manifestações de juventude; ao contrário, há adultos, idosos, crianças e jovens, e as demandas são muito claras. As manifestações do centro das cidades, pelo menos em São Paulo e no Rio de Janeiro, são predominantemente de classe média, e é essa presença que é preocupante, porque sabemos que, depois do Comício dos Cem Mil, em 1964, no Rio de Janeiro, a resposta foi a Marcha da Família com Deus pela Liberdade, apoiada por Ademar de Barros [governador de São Paulo] e os governadores do Rio de Janeiro, Minas Gerais e da Bahia. Depois ocorreu em outros estados. Foi uma grande marcha de classe média para derrubar o governo Goulart, o que aconteceu no dia 1º de abril daquele ano. E depois foi a classe média que deu o sustentáculo ideológico e apoio social à ditadura civil-militar. Quando vi, nessas duas cidades, as esquerdas tendo de disputar a rua com a direita, não pude deixar de ter essas lembranças. Isso é muito preocupante.

Do que falamos quando falamos de classe média? ■ Há um ano participei de duas reuniões do Conselho de Desenvolvimento Social, criado pela presidente Dilma para pensar o que eles chamam de "nova classe média". Nas duas ocasiões, minhas intervenções foram no sentido de dizer: não há uma nova classe média, e sim a velha classe média, que cresceu, prosperou, e está aí. O que surgiu no Brasil com os programas sociais que tiraram quarenta milhões de pessoas da linha de miséria (garantindo-lhes três refeições diárias, moradia e ensino fundamental) é uma nova classe trabalhadora. Não faz sentido usar os instrumentos dos institutos de pesquisa e da sociologia, falando de classe A, B, C, D, E, definidas por renda e escolaridade. É preciso pensar as classes sociais conforme sua relação com a forma da propriedade e do sistema de produção, isto é, os proprietários privados dos meios sociais de produção e os não proprietários, isto é, a força produtiva, os trabalhadores. Situada fora do poder econômico [do capital] e da organização social [dos trabalhadores] está a classe média, que sonha com aquele poder e tem como pesadelo "cair" na classe trabalhadora. Esse critério nos permite compreender que o que surgiu no Brasil com os programas sociais foi uma nova classe trabalhadora, mas que surge no momento em que vigora o capitalismo neoliberal. Então, ela é precarizada, fragmentada, não possui formas de organização e de referência que lhe permitam ter clara identidade, nem formas de expressão no espaço público. Por isso é atraída pelas ideologias de classe média, como a "teologia da prosperidade" (do pentecostalismo) e a do "empreendedorismo" (dos chamados microempresários). Mas eu não fui ouvida em Brasília. Depois houve uma reunião final de apresentação de resultados e a equipe técnica continuou com as classes A, B, C, D, E. Disse pra mim mesma: "Sou voto vencido. Vou para casa". Mas pensei: "Preciso deixar isso registrado". Então, quando a FLACSO [Faculdade Latino-Americana de Ciências Sociais] e o Emir Sader organizaram o livro sobre os dez anos Lula/Dilma, decidi que meu artigo seria sobre a nova classe trabalhadora e a necessidade de uma reforma tributária, de uma reforma política e de uma reorganização dos movimentos sociais. Eu sei que o meu artigo destoa dos outros, que se referem às conquistas reais e importantes desses dez anos, mas eu achei que tinha um dever político. Voltando precisamente às manifestações: se se opera com a noção de uma nova classe média, quais serão os programas que deverão ser implantados para atender a essa classe? Serão programas de estímulo às montadoras, às empreiteiras imobiliárias, às importadoras, aprofundando ao mesmo tempo o consumo, a competição e o isolamento. E faz-se explodir o inferno urbano. Quando falo no inferno urbano, viso a essa concepção de que os programas governamentais devem estar a serviço dessa classe média.

Isso explica a sua afirmação de que odeia a classe média? ■ É.

De fato, ter uma casa confortável, andar de avião, comer bem e poder ir ao cinema não são sinais de classe média... É outra coisa querer absolutamente comprar um carro 4X4... É essa classe média que você odeia? Quer dizer, um ideal de consumo que se está construindo? ■ Quem ia à Europa nos anos 1950-1960 via trabalhadores dirigindo pequenos carros (na França, o famoso "dois cavalos" da Renault; na Inglaterra, o pequenino "biriba" da Morris; na Itália, o pequeno "cinquecento" da Fiat), saindo de férias com a família (em geral para alguma praia), fazendo compras em lojas de departamento populares, enviando os filhos a creches públicas e, quando maiores, à escola pública de primeiro e segundo graus, às escolas técnicas e mesmo às universidades; também via os trabalhadores tendo direito, juntamente com suas famílias, a hospitais públicos e medicamentos gratuitos, e, evidentemente, possuíam casa própria. Era a Europa da social-democracia e da economia keynesiana, quando as lutas anteriores dos trabalhadores organizados haviam levado à eleição de governantes de centro ou de esquerda e ao surgimento do Estado do Bem-Estar Social, no qual uma parte considerável do fundo público era destinada, sob a forma de salário indireto, aos direitos sociais, reivindicados e, então, conquistados pelas lutas dos trabalhadores. E não viria à cabeça de ninguém dizer que os trabalhadores europeus haviam passado à classe média, como se diz hoje dos trabalhadores brasileiros, após dez anos de políticas de transferência de renda. Mais do que isso, a classe média conservadora (não falo da parte da classe média que se alinha à esquerda) não tolera isso, grita e espuma contra esses direitos dos trabalhadores. É por isso que eu falo nas "três abominações" que definem essa classe média: trata-se de uma abominação política, porque é fascista; uma abominação ética, porque é violenta; e de uma abominação cognitiva, pois ela é ignorante. Eu acho que muito do que as ruas mostraram no Brasil inteiro foram essas três abominações. Não estou celebrando, diferentemente de vários dos meus colegas, que estão dizendo que um novo Brasil começa, que nada será como antes, que o gigante acordou... Pelo contrário, para quem viu a disputa desigual pelo direito à rua entre os manifestantes de esquerda e de direita, talvez valha a pena lembrar o que escreveu Espinosa: não rir, não lamentar, não detestar nem compactuar, mas compreender.

Criticando esse ideal de classe média, você critica o governo federal. O que você diria, então, sobre os comentários que a tomam por alguém de postura fisiológica, cega para os problemas do PT e fascinada pelo fetiche do PT?

■ Vou contar dois episódios. Quando eu estava ainda no governo da Erundina [1989-1993], já no final da administração, houve um congresso do PT. Eu fui no último dia, quando havia deliberações e moções para apresentar na assembleia geral. Entrei na primeira sala, sentei. Disseram algumas coisas. Não concordei e levantei a mão. A pessoa que estava dirigindo os trabalhos disse: "A companheira é delegada?". Eu disse: "Não". "Então a companheira não pode falar". Pensei com meus botões: "Entrei na sala errada. Esta não é uma sala petista. Deixe-me sair". Saí. Entrei numa outra sala, discutia-se outra coisa. Também tive uma discordância e levantei a mão. A pessoa que dirigia me perguntou: "A companheira é delegada?". Eu disse: "Não, mas já participei de tanto congresso do PT em que a gente fala... Eu não vou votar, porque eu não sou delegada, mas eu vou falar". "Não, a companheira não pode falar". Esse congresso era num lugar que tinha um pátio interno grande. Fui, então, para o meio do pátio e comecei a gritar: "Destruíram o PT! O PT acabou! É preciso refazer o PT!". Fui levada para fora do recinto, porque "a companheira não estava entendendo o congresso". Bom, eu venho do período em que o PT era a reunião de movimentos sociais e populares, Comunidades Eclesiais de Base, movimentos sindicais, exilados políticos, ex-guerrilheiros, estudantes, professores, escritores, artistas... Nós formávamos o partido e discutíamos tudo; decidíamos tudo. Quando vi o formato que tinha tomado, falei: "Virou uma máquina burocrática". Tanto que, embora filiada e defensora do partido, não participo de mais nada no interior dele, desde 1993, porque não concordo com essa estrutura. Segundo episódio: quando ocorreu o Mensalão e houve toda a crise, surgiu um grupo que propôs a refundação do PT sob a liderança do Tarso Genro; é um grupo que se chama "Mensagem ao PT". Eu participo desse grupo, que é completamente autônomo. De vez em quando, temos uma ideia e comunicamos uns aos outros. O Juarez Guimarães fez um livro chamado *Leituras da crise*. Lá se encontra minha análise crítica do que aconteceu com o PT: máquina burocrática, máquina eleitoral, sem participação das bases, afastado dos movimentos que deram origem a ele e que o fizeram crescer; portanto, um partido que precisa ser refundado. Dizer que eu estou cegada pelo PT, dizer que eu não faço críticas ao PT é coisa de gente que não lê a literatura política. Basta ler a revista *Teoria & Debate*, o livro do Juarez Guimarães e os artigos que eu publiquei mundo afora para ver que sou extremamente crítica. Mas o fato de eu ser crítica não significa que invalido o partido que vi nascer e que foi a condição do estabelecimento da democracia no Brasil, porque foi o único que introduziu a ideia de direitos sociais, políticos e culturais, pois a democracia se define pela criação e garantia de direitos novos. Eu não abro mão disso. O partido não me traiu (como dizem os que o abandonaram). Ele me encoleriza, me enraivece. Eu quero fazer outro com ele, mudá-lo de cima abaixo. Mas sou petista. Isso faz parte da minha história política, da minha luta e do enorme respeito que tenho pelos grandes militantes ao longo de sua história.

O que você diz sobre as críticas ao governo do PT? ■ Vamos começar pela questão da moralidade. Quando houve a crise do Mensalão, escrevi um artigo para a página 3 da *Folha de S.Paulo* (foi meu último artigo para a *Folha*), em que eu dizia o seguinte: uma visão moralista fala de ética na política. Uma visão efetivamente ética tem que falar em ética da política. A ética na política é a transposição de valores privados para o espaço público; a ética da política é a criação de instituições que tenham valores democráticos e republicanos. Faz mais sentido defender a ética da política, porque se há boa qualidade das instituições, não vai poder haver corrupção, pois a corrupção decorre das péssimas qualidades das nossas instituições, que não são verdadeiramente republicanas nem verdadeiramente democráticas. Eu dizia, naquele artigo, algo que tenho dito desde 1994: que era necessário fazer uma reforma política. Nós herdamos da ditadura o pacote de abril de 1975 do general Golbery [do Couto e Silva]. Esse pacote, que transformou os territórios em estados, dividiu o Mato Grosso, dividiu o Piauí, o Pará, enfim, rearrumou o país, tinha como finalidade garantir a maioria para a ARENA e impedir a ação política do MDB. Dessa decisão vieram os casuísmos, o sistema eleitoral e a forma completamente absurda da representação dos estados que não leva em conta a densidade demográfica de cada estado da federação. Um dos articulistas da *Folha* respondeu, dizendo que eu era fisiológica com relação ao PT e que eu era uma comadre do governo. Nunca mais escrevi na *Folha*. Então, desde 1994 e 2004 eu bato na tecla da reforma política. Por outro lado, me chamar de fisiológica é muito engraçado, porque nunca tive cargo no partido. Ocupei a Secretaria Municipal de Cultura de São Paulo no governo da Erundina (aliás, eu havia recusado, explicando a ela que não podia, não devia nem queria o cargo; mas ela foi mais persuasiva...). Quando me perguntam: "Você tem uma ideia do que poderia ser o inferno?", digo: "Sim. A Secretaria Municipal de Cultura de São Paulo". Essa experiência foi para mim uma violência metafísica. Não tenho cargo em governos. Não tenho cargos no PT. Não represento nenhum político de coisa nenhuma. Eu sou fisiológica no quê? Isso é o que eu chamo de abominação cognitiva, que significa ausência de análise e uso de uma expressão qualquer que não designa realidade nenhuma. Quer dizer, fisiológica no quê? Nas surras políticas que eu levo? Porque o que eu apanho por ser petista e defender o PT e o governo não está no gibi! Já me chamaram de tudo. Só não fui chamada de santa, querubim e duende. Então, é fisiologismo que eu tenha princípios políticos e que os defenda como tais? A minha questão com relação à moralidade é: o sistema gerado pelo general Golbery, que organiza os sistemas partidário e eleitoral, impede que qualquer governante eleito para o poder executivo possa governar só com o seu partido e o obriga a fazer coalizões que destroem a estrutura partidária, os programas e as metas, levando a uma perda de identidade. O exemplo que eu costumo dar é o caso da Luiza Erundina. Era um governo do PT e do PCdoB. Só. Não tinha coalizões, nem "base aliada". Mas, quando ela deixou a Prefeitura, haviam ficado parados na Câmara Municipal 325 projetos de lei, a tarifa zero não passou, e uma série de propostas que foram votadas não foram aprovadas. Alguns políticos influentes pagavam os vereadores. Eu não vou dizer o nome deles, mas vou contar um episódio: quando Erundina apresentou seu primeiro projeto, o José Eduardo Martins Cardoso [atual ministro da Justiça], que era o chefe de gabinete, foi negociar com os vereadores. Havia um vereador, tradicional na casa, que falava pelos outros... Ele fez a seguinte pergunta: "Mas, secretário, o senhor não trouxe a maleta?". O secretário disse: "Qual maleta?". Ele falou: "A maleta para a gente negociar. Tem um cara aí que já ofereceu para cada um de nós dez mil dólares. A prefeita cobre?". Evidentemente, como a prefeita não "cobria", tivemos 325 projetos de lei que não foram discutidos nem votados. Nós governamos com a cara e a coragem. Ela não conseguiu nenhum empréstimo federal, nenhum empréstimo estadual e bloquearam os pedidos de empréstimos internacionais. Ela governou com os impostos de uma Prefeitura que tinha sido quebrada pelo Jânio Quadros. O atual sistema partidário e eleitoral faz com que nenhum eleito para o Executivo disponha de maioria no Legislativo. Ora, a maioria de projetos e programas precisa de um Legislativo que os aprove. Com o sistema atual você é forçado às coalizões. Então, precisamos fazer a reforma política. Mas quando alguém propõe uma Constituinte Específica para isso, o que o PSDB diz? Que é golpe! Ele não quer que mude o sistema político! Vem dizer que a corrupção está do nosso lado, quando eles não querem a mudança do sistema político? Além do que, com esses legislativos que estão aí, quem vai fazer a reforma política? Tem de haver uma Constituinte Específica. A arrogância moralista não faz uma análise de por que o sistema partidário e o sistema eleitoral são como são. Por que a classe média não saiu às ruas numa manifestação nacional para derrubar o general Golbery e o Pacote de Abril, já que ela quer a ética na política? Não vi nenhum deles na rua. Não ouvi um só grito da parte deles. E agora eles gritam contra o efeito daquilo que o Golbery fez como se fosse obra do PT. E não querem que eu fale em abominação política e cognitiva?

Um outro aspecto é a crítica que a esquerda também faz ao governo e ao PT. Por que há, por exemplo, tanta crítica do PSTU, do PSOL e de outros partidos de esquerda? ■ Vou fazer uma distinção entre pensamento mágico e situação efetiva de vários partidos de esquerda. Começo pelo pensamento mágico. Estive em um debate em que uma participante propôs o programa mínimo para os próximos dias: tirar todos os evangélicos dos legislativos, tirar a Dilma, estatizar os bancos, estatizar as empresas multinacionais e aproveitar a crise mundial do capitalismo, que possivelmente é a última. No caso dos mais velhos, porém, o pensamento mágico é irresponsabilidade política. É importantíssimo que a sociedade faça críticas e leve o governo em direção à esquerda. O Lula e a Erundina diziam isso: "Para poder governar eu preciso dos grandes movimentos sociais puxando para a esquerda". Ora, com uma ação e um pensamento mágicos, em vez de você puxar para a esquerda e forçar os governos a ir nessa direção, você levanta uma barreira que faz com que ninguém queira ir na sua direção, porque ela é tão absurda, irresponsável e ingênua, que ninguém leva a sério. Passo à questão dos vários partidos de esquerda menores (em termos de número de filiados e de representantes eleitos). Esses partidos não possuem uma base social sólida que lhes dê uma clara representação nacional. Por isso, existem principalmente sob a forma do discurso intempestivo. Se você perguntar qual é a ação política efetiva que eles realizaram ou que estão realizando, e de alcance nacional, não há nenhuma. Se estivéssemos numa ditadura e eles não pudessem agir, eu calaria minha boca imediatamente. Mas nós estamos numa democracia; portanto, eles podem agir. Mas sua ação é pontual, fragmentada e tem a finalidade (justa e necessária) de marcar presença. Por que isso? Porque é a única forma de aparecer no cenário nacional. Se você tomar os meios de comunicação, vai ver uma coisa interessantíssima. Quando, em termos eleitorais, se achou que Heloísa Helena tinha alguma possibilidade de impedir a eleição da Dilma, os meios de comunicação a promoveram de todas as maneiras, até o instante em que ela fez bobagem, porque ela é despolitizada. Passaram então para Marina. Tentaram usá-la. E quando perceberam que a Marina não ia dar conta, a abandonaram também. Então, há uma espécie de exército político de esquerda que funciona como um exército de reserva que as oposições e a mídia instrumentalizam e, depois de usar, esvaziam.

Como você vê o elogio dos movimentos sociais e das lideranças individuais, feito por alguns intelectuais que defendem a superação do modelo partidário? ■ Eu acho que falta uma verdadeira análise econômica, uma verdadeira análise de classe e uma verdadeira análise do que seja a democracia. Se você não faz uma análise da forma da propriedade, com base na qual você pode pensar a divisão social; se não pensa a sociedade como contraditória e conflituosa; e, sobretudo, se não pensa como exercício de poderes tácitos e implícitos, nunca vai poder operar no campo político. Porque vai operar no campo político sob a forma da explosão espontânea disto ou daquilo. Como é que se garante a vida de coletividades inteiras, a vida de um país inteiro, à espera de que aqui e ali, como cogumelo, brote um líder que fale isso, outro que fale aquilo? Mas não é só isso! Quem vai realizar o que deve ser realizado? Eu posso sair pela rua e dizer: "É o seguinte: amanhã não quero latifúndio no Brasil, não quero agronegócio e quero o fechamento dos bancos. Ponto". Aí, eu vou nas redes sociais e conclamo o país para ouvir a minha voz nessa direção. OK. Todo mundo aprova. Mas quem executa? Esses elogios são de uma cegueira muito grave, porque há um universo que é composto pela propriedade, pelas classes sociais e pelas institucionalidades. Como é que se vai operar sem isso? Você pode transformar tudo isso numa outra direção, mas não pode dizer que você vai operar sem isso. Você não está em Atenas! Você não está em Roma! Até Roma virou Império e Atenas teve os trinta tiranos! Eu insisto que precisamos compreender o sistema planetário de controle e vigilância postos pela web e pela internet, no qual o centro está em toda parte e a circunferência em nenhuma, disseminado numa infinidade de máquinas pelo mundo, formando, como explica Paul Mathias, uma nebulosa informacional amplamente insondável, diversamente organizada, às vezes aberta e disponível, mas frequentemente fechada e secreta. A internet nasce numa infraestrutura econômica que ela mantém invisível, aparecendo como um ambiente universal de informação e comunicação globalmente uniforme. Ora, nossa experiência reticular está circunscrita a um número restrito de programas aplicativos que permitem as múltiplas operações desejadas em um número limitado de gestos previstos e uniformes em todo o planeta, sem que tenhamos a menor ideia do que são e significam os protocolos informáticos que empregamos. Ignoramos os procedimentos operatórios que a criaram e a conservam, as leis de sua formação e configuração, sua arquitetura funcional. Por isso, não é possível celebrar as redes sociais como libertárias em si e por si mesmas, dispensando as mediações políticas.

Você não teria muita ilusão com o sistema de consulta direta... ■ Sou totalmente favorável. Pode-se e deve-se fazer isso. Uma das coisas mais impressionantes dos movimentos sociais e populares dos anos 1970-1980 foi que eles introduziram a noção de democracia participativa e que, portanto, era com base no que havia sido decidido por aqueles movimentos que os representantes agiam. Estabelece-se um tipo de instituição – o movimento social e o movimento popular –, que opera horizontalmente e com autonomia, e que garante por meio da democracia participativa a verdade da democracia representativa. O representante é efetivamente o seu representante. Há mil e uma maneiras de assegurar a consulta direta. Mas não arrebentando a institucionalidade. É uma coisa pueril.

E há uma espécie de incitação à violência por parte de alguns líderes de movimentos sociais e intelectuais de "esquerda". ■ Olha, existe a violência revolucionária. Ela se dá no instante em que, pelo conjunto de condições objetivas e subjetivas que se realizam pela própria ação revolucionária, entra-se num processo revolucionário. E, durante um processo revolucionário, a forma mesma da realização é a violência. O baixo da sociedade diz "não" para o alto e não reconhece a legitimidade do alto da sociedade. Esse é o movimento revolucionário, com a operação da violência no interior dele, porque é um movimento pelo qual se destroem as instituições vigentes, a forma vigente da propriedade, do poder etc., para criar outra sociedade. E isso se faz com violência; não é por meio da conversa e do diálogo. Mas tem de haver organização. Primeiro, a classe revolucionária tem de estar organizada e saber quais são as metas e quais são os alvos físicos. Você não quebra qualquer coisa. Eu me lembro de uma frase lindíssima do

Lênin em que ele dizia assim: "Há uma coisa que a burguesia deixou e que nós não vamos destruir: o bom gosto e as boas maneiras". Ora, não estamos num processo revolucionário, para dizer o mínimo! Se não se está em um processo revolucionário, se não há uma organização da classe revolucionária, se não há a definição de lideranças, metas e alvos, você tem a violência fascista! Porque a forma fascista é a da eliminação do outro. A violência revolucionária não é isso. Ela leva à guerra civil, à destruição física do outro, mas ela não está lá para fazer isso. Ela está lá para produzir a destruição das formas existentes da propriedade e do poder e criar uma sociedade nova. É isso que ela vai fazer. A violência fascista não é isso. Ela é aquela que propõe a exterminação do outro porque ele é outro. Não estamos num processo revolucionário e por isso corremos o risco da violência fascista contra a esquerda (mesmo quando vinda de grupos que se consideram "de esquerda"!).

De onde vêm as referências filosóficas desses intelectuais? ■ Alguns citam Giorgio Agamben; outros, Antonio Negri; outros, ainda, Foucault. Não está claro para mim, porque tenho me ocupado com uma problemática mais ligada aos historiadores ingleses, que procuram saber como se dá o processo de denegação da realidade. Mas tenho um pouco de preocupação com a noção de multitudo de Antonio Negri. Ele parte de Espinosa, afirmando que a multitudo é o sujeito político. O que Espinosa afirma, ao propor a multitudo como sujeito político, é o princípio republicano clássico de que todo poder vem do povo e não pode ser exercido sem ele. Mas, como os humanos são naturalmente seres passionais, eles precisam criar instituições que permitam a convivência sem destruição recíproca, pois, se todo mundo pode tudo (é o que Espinosa chama de direito natural de cada um e da multitudo), ninguém pode nada; a forma da relação será aniquilar o outro, porque o outro é uma barreira ao meu direito e é o meu inimigo. A multitudo é travejada por paixões (medo, esperança, amor, ódio, ambição, inveja, cólera, generosidade, compaixão), ou seja, a multitudo não é a presença da razão no espaço público e é exatamente por isso que a política é instituída como introdução de uma racionalidade prudencial capaz de assegurar que o conflito das paixões não seja eliminado (pois ele define a condição natural dos seres humanos), mas mediado pelo direito coletivo, garantindo um poder que sustente uma sociabilidade segura, pacífica e livre, ou seja, o que Espinosa chama de democracia ou poder popular absoluto. A multitudo espinosana é, ao mesmo tempo, a guardiã da democracia e o maior perigo contra a democracia. Essa contradição é o coração da política. Já a multitudo de Negri não tem conflitos, não é travejada por paixões, não é contraditória, mas é inteiramente positiva. Tudo o que vier dela é bom. Eu digo que as paixões não têm freios, e quando elas estão ligadas à forma da propriedade e ao exercício do governo, você tem de realmente segurar a explosão passional ilimitada. A ideia de uma multitudo essencialmente libertária não foi pensada nem pelos anarquistas. E olha que anarquista adorava o exercício da violência como ação direta!

O plebiscito em vista da reforma política pareceria uma forma de fazer falar a multitudo... Mas há intelectuais e políticos de esquerda e de centro-direita que chamam de autoritária a proposta de plebiscito feita pela presidente Dilma. FHC disse isso. O PSDB está propondo um referendo... ■ Claro! Não é uma gracinha? O plebiscito é o uso perfeito da ideia de multitudo, e por isso os críticos querem impedir que as contradições se manifestem e que ela realize o trabalho político dos conflitos. Os críticos tomam a multitudo no sentido de turba enfurecida e manipulável. Politicamente incompetente. É inacreditável. É claro que querem, no máximo, um referendo... Como se nossos legislativos fossem subitamente tomados de consciência republicana e democrática e, por si mesmos, fizessem a reforma política. Estão querendo brincar com a gente? E mais, o plebiscito está previsto na Constituição brasileira. De onde vem que é autoritário? Pelo contrário. É efetivamente uma consulta, uma expressão da democracia participativa e da soberania da multitudo, que para isso precisa ser amplamente informada a fim de poder deliberar.

JUDITH BUTLER

Uma das medidas de recepção da obra de um autor é a sua tradução, que provoca novas obras em torno de seu pensamento, produz ecos e reflexões. Desde que foi lançado, em 1993, nos Estados Unidos, o livro *Problemas de gênero – feminismo e subversão da identidade*, da filósofa Judith Butler, foi editado em 23 países, entre os quais o Brasil. Desde então, suas proposições sobre gênero como performance, suas críticas ao ideal identitário e sua abordagem sobre a normatividade de gênero se disseminaram em diferentes campos de estudo: filosofia, antropologia, teoria feminista e teoria queer, da qual, particularmente, se tornou símbolo. Embora não seja seu primeiro livro, foi em *Problemas de gênero* que muitas das ideias da filósofa ganharam projeção, inaugurando um debate rico para o campo dos estudos de gênero. Ao deslocar o problema de gênero do campo das diferenças sexuais para o da heterossexualidade normativa, Butler renova a pauta feminista por questioná-la, sem, no entanto, abandoná-la. Professora na Universidade da Califórnia, onde é codiretora do Departamento de Teoria Crítica, Judith Butler é anunciada na França como continuadora do pensamento de Michel Foucault – o que ela recusa – e é tida, por muitos autores, como pós-feminista – o que ela também rejeita como classificação. Nesta entrevista, ela expressa seu vigor ao tratar de questões como a crítica à identidade e a afirmação política de sua condição de lésbica, bem como problematiza a naturalidade do desejo heterossexual e a patologização do transtorno de identidade de gênero.

por **Carla Rodrigues**

Entendo sua filosofia como parte de uma grande linha de pensamento de crítica à identidade e ao humanismo. A crítica à identidade é política, é importante porque pensa os próprios termos em que as identidades são forjadas. No entanto, a senhora também se apresenta e defende determinadas identidades, como lésbica ou judia. Há um paradoxo em criticar as identidades e, ao mesmo tempo, usá-las como estratégia política? ■ Precisamos, inicialmente, estabelecer a distinção entre uma crítica da identidade e uma crítica do humanismo. Por exemplo, podemos imaginar certos humanistas criticando a identidade precisamente porque algumas delas atrapalham nossa compreensão da humanidade comum. Então, os dois projetos são diferentes. Quando falamos numa crítica da identidade, não significa que desejamos nos livrar de toda e qualquer identidade. Pelo contrário, uma crítica da identidade interroga as condições sob as quais elas se formam, as situações nas quais são afirmadas, e avaliamos a promessa política e os limites que tais asserções implicam. Crítica não é abolição. Por fim, faz grande diferença se alguém toma "ser uma lésbica" ou "ser um judeu" como fundamento ou base de todas as suas outras visões políticas, ou se, ativamente, compreende que as categorias são historicamente formadas e ainda estão em processo. Então, minha perspectiva é a de que não é útil basear todas as demandas políticas de alguém em uma posição de identidade, mas faz sentido levantar, como uma questão política explícita, como as identidades foram formadas, e ainda são construídas, e que lugar elas devem ter num espectro político mais amplo. Por exemplo, as alianças tendem a ser descritas como a união de várias identidades, mas uma razão pela qual elas são dinâmicas, mesmo democráticas, é que as identidades são transformadas à luz dessa união e, muitas vezes, tornam-se menos importantes quando são constituídas com certos objetivos em mente, como a privatização, a homofobia ou o estado de violência.

Em que medida ser lésbica foi o que lhe motivou a repensar os termos da separação sexo/gênero tais quais propostos por Simone de Beauvoir? Ou, em outras palavras, podemos colocar o seu pensamento sobre a obra da filósofa francesa como parte de um arcabouço crítico e também excludente ao movimento feminista? ■ Grande parte do meu trabalho se dedica a compreender o que frases como "ser uma lésbica" possam significar.

Sim, sou chamada assim, e chamo-me assim em algumas ocasiões, mas não estou certa de que a expressão me descreve no nível do ser! De fato, eu me preocupo com aqueles momentos nos quais o discurso tem o poder de estabelecer "o que eu sou" ou "o que você é" – esperamos que nossos desejos e vidas permaneçam, de algum modo, sem serem capturados por esse tipo de discurso. Não tenho uma posição sobre Simone de Beauvoir, mas acho algumas de suas formulações extremamente úteis. Então, penso que a sua ideia de que alguém "se torna" uma mulher é importante, abrindo a possibilidade de se tornar algo diferente de uma mulher, talvez um homem, ou talvez algo que exija outra forma de prática de nomeação. Não me importa se Simone de Beauvoir concordaria com a última afirmação ou se podemos encontrar justificativas em sua obra para tal assertiva. O trabalho dela tornou o meu possível. Meu trabalho é diferente, e sou grata pelo que ela ofereceu.

A senhora se define como feminista? ▪ Geralmente não defino a mim mesma, mas se você está perguntando se aceito ser chamada feminista, certamente que sim. Não me compreendo como uma pós-feminista.

A senhora se debate com o problema de ter a sua obra classificada como "teoria queer". Por quê? ▪ Não é um problema, mas não existia "teoria queer" enquanto eu escrevia *Problemas de gênero*. Soube apenas depois de sua publicação que ela foi chamada assim. Então, para mim, é interessante como tais categorias de pensamento subitamente vêm à tona e como alguém pode se encontrar categorizado de uma forma que eu não poderia ter antecipado. Não tenho problemas com isso.

Alguns lacanianos desqualificam as críticas feministas ao pensamento de Lacan, afirmando que as feministas não leram ou, se leram, não o entenderam. Afinal, por que o embate com a teoria psicanalítica é tão importante para a teoria feminista? ▪ Primeiro, é importante notar que há um amplo espectro de teorias psicanalíticas. Na França e em algumas partes da América Latina, as escolas lacanianas se tornaram hegemônicas, mas, no resto do mundo, esse não é o caso. Há pensadores feministas e queer que não se baseiam primariamente em Lacan, e há outros que o empregam de forma seletiva, considerando algumas posições úteis e outras não. Eu mesma li Freud, Laplanche e Winnicott para grande parte de meu trabalho mais recente, e eles foram extremamente úteis para tentar compreender modos relacionais de ser, que não são baseados no ego e que buscam estabelecer possibilidades de desejo e de sociabilidade fora da estrutura do narcisismo. Lembremos também como os teóricos queer Leo Bersani e Lee Edelman mostraram claramente que, para Freud, a sexualidade não está "naturalmente" ligada à reprodução. Ela tem objetivos que muitas vezes não são compatíveis com a reprodução heterossexual, e isso produz um obstáculo permanente para aqueles que querem afirmar a existência de formas naturais de desejo masculino e feminino ou da própria heterossexualidade.

Desde que a senhora publicou "Undiagnosing Gender", houve mudanças no *DSM* [Manual Diagnóstico e Estatístico de Transtornos Mentais] em relação à patologização do chamado transtorno de gênero. Qual a sua opinião sobre os termos do *DSM-5*? Acredita que é necessário manter a disforia de gênero como doença a fim de garantir o apoio dos serviços médicos às cirurgias de mudança de sexo? ■ Minha visão é a de que as instituições sociais e médicas devem afirmar o transgênero como uma importante realidade psíquica e social e fornecer assistência que permita a transição livre da patologização. Considero muito doloroso que as pessoas tenham de se submeter a essa patologização para obter assistência e reconhecimento.

Hegel foi um filósofo marcante na obra de Lacan e também na sua. Em que medida as proposições hegelianas sobre o sujeito influenciam seu pensamento? ■ Escrevi minha dissertação sobre a teoria do desejo e do reconhecimento em Hegel. Na época, estava interessada, principalmente, nos modos pelos quais o desejo de reconhecimento é frequentemente vencido, embora permaneça como possibilidade de ser satisfeito apenas na vida ética ou no que chamamos de sociabilidade. Então, uma implicação dessa posição hegeliana é a de indagar sob quais condições o reconhecimento do desejo seria possível? Para a população LGBT [lésbicas, gays, bissexuais, travestis, transexuais e transgêneros] e para as mulheres, bem como para todas as pessoas, essa é uma questão de grande relevância. Ao mesmo tempo, as categorias disponíveis para o reconhecimento do desejo são invariavelmente limitadas, sofrem transformações e devem ser compreendidas como se constituindo a partir de um processo histórico. Portanto, algumas vezes, a categoria pela qual alguém busca reconhecimento o conduz à derrota do desejo ou o interrompe no percurso. Talvez o desejo exceda qualquer categoria possível de reconhecimento. Se assim é o caso, como isso altera nossa ideia do lugar de tais categorias na política?

Nesse sentido, a senhora se considera uma continuadora da obra de Michel Foucault? ■ Eu não continuo, de fato, a obra de ninguém. Encontro tensões muito importantes no pensamento de Foucault e as sigo. Não pertenço, de fato, a uma escola. Foucault continua a ser muito importante para mim.

Em relação a Jacques Derrida, a senhora assistiu a muitos de seus cursos nos Estados Unidos. Poderia localizar qual a influência especificamente no seu trabalho de desconstrução do par sexo/gênero? ■ Assisti a muitas de suas conferências e creio que ele ajudou a ensinar uma geração inteira de acadêmicos a ler. Portanto, também tem minha gratidão. Não estou certa de que me engajo numa "desconstrução" do par sexo/gênero, mas certamente emprego formas desconstrutivas de leitura para mostrar como a autoidentidade de categorias sociais revela-se mais complexa do que pareceria à primeira vista. É por isso que, apesar de ser chamada de lésbica, e de chamar a mim mesma assim (embora não diariamente e não em todas as circunstâncias), relutaria em instalar o lesbianismo na ordem do ser. Isso não porque as lésbicas não existam – estamos em toda parte. É porque devemos ser cuidadosas sobre aquilo que queremos expressar com o termo, deixando-o ser um campo de contestação e deixando-o como parte de uma situação histórica na qual ele se efetiva. Isso é diferente da ontologia, e a desconstrução nos ajuda a percebê-lo.

EDIÇÃO 186 • DEZEMBRO 2013

VLADIMIR SAFATLE

Da reflexão mais especializada e "abstrata" à imagem mais crua e nua, circula o pensamento de Vladimir Safatle nesta entrevista, em que ele expõe seu itinerário intelectual, sua posição diante de sérios debates filosóficos contemporâneos e seu engajamento político. De sua fascinação por Hegel, Freud e Lacan, Vladimir consegue passar a uma análise do sujeito (tanto do ponto de vista da clínica como do ponto de vista da epistemologia) e desta à política. O leitor encontrará aqui uma autodissecação da experiência de Safatle, jovem pensador brasileiro de destaque no cenário nacional e com importantes inserções também em contextos internacionais. O caráter aparentemente técnico e "abstrato" das primeiras respostas é mais bem compreendido quando se chega à crueza das últimas, mas mesmo a carne das últimas mostra-se finamente articulada. Se a estrutura teórica ilumina as respostas mais nuas do final, percebe-se que a crueza já agia, latejante, desde o início da entrevista.

por **Juvenal Savian Filho**

Como você define seu trabalho intelectual? ■ Meu trabalho é ligado à reflexão epistemológica sobre as ciências humanas, em especial a psicanálise e a psicologia. Eu parti daí. Também estudo a tradição dialética hegeliana e seus desdobramentos no século XX, pois há uma articulação entre ela e o meu primeiro objeto de estudo. Meu doutorado sobre Lacan era uma tentativa de mostrar como no interior de uma experiência clínica, como a psicanálise, pulsavam desdobramentos fundamentais para o pensamento dialético. Daí também a ideia de fazer uma articulação entre Lacan e Adorno, mostrando como existiam duas maneiras de ligar Freud e Hegel. Continuei este trabalho em meu último livro, *Grande hotel abismo*, procurando mostrar as consequências da articulação entre psicanálise e dialética para o redimensionamento da teoria do reconhecimento e da teoria do sujeito. Há ainda duas outras vertentes de pesquisas que desenvolvi. Uma é sobre o esgotamento de certos modelos de crítica social e as consequências políticas de tal situação. Esse é o objeto de *Cinismo e falência da crítica* e, de certa forma, de *A esquerda que não teme dizer seu nome*. A outra é sobre estética musical, que deve ser o tema do meu próximo livro.

Quais os autores contemporâneos que mais o inspiram? ■ São, principalmente, autores da interface entre a filosofia e algumas áreas empíricas do saber, como Adorno e Foucault. Neles há uma constante: a compreensão de que, de certa maneira, a filosofia é um discurso vazio, no sentido de ela não ter objetos próprios. Não é possível fazer estética, por exemplo, sem ter um conhecimento aprofundado sobre crítica de arte; filosofia política sem conhecer ciência política de maneira efetiva; epistemologia sem ter um bom conhecimento de algumas ciências empíricas; mesmo ontologia sem conhecer lógica. Isso demonstra como a filosofia recupera objetos que lhe são exteriores. Não há objetos propriamente filosóficos; há questões filosóficas. Daí porque me interesso também por autores que não são filósofos, mas têm uma forte capacidade especulativa, como Lacan, Freud e Lévi-Strauss. De autores anteriores ao século XX, minha maior ligação é com Hegel, a ponto de me ver como uma espécie de hegeliano de esquerda. Por fim, no Brasil, há dois professores que me influenciaram de maneira decisiva e a quem devo muito mais do que saberia expressar: Bento Prado Júnior e Paulo Arantes.

Você lê outros autores da tradição psicanalítica? O que diria da escola inglesa, que é tão lida no Brasil? ■ Engraçado você perguntar isso, porque acabo de escrever um artigo sobre a leitura que Axel Honneth faz de Winnicott. Minha escolha por Freud e Lacan, especialmente Lacan, se deu porque, do ponto de vista da especulação filosófica, ele era o único psicanalista que tinha, mais claramente, um desejo de filosofia. Quanto aos membros da escola inglesa e alguns continuadores norte-americanos, há muita coisa interessante e mesmo subexplorada do ponto de vista filosófico. Entretanto, muitos deles partem de uma ideia de intersubjetividade primária que acho dificilmente sustentável. Partem de um pressuposto antifreudiano por excelência, ou seja, a crença de que a natureza inter-relacional do sujeito, o fato de que, desde o início, o bebê necessita de segurança emocional vinda do outro garante a existência de uma mutualidade natural no comportamento humano. Freud tem ótimas razões para não admitir essa natureza cooperativa, porque, no seu dizer, o desejo humano é guiado não só pela busca de estabelecer certas normas que permitam autoconservação do eu, mas também pelo impulso que procura abrir espaços para experiências que, do ponto de vista do eu, são impensáveis, indeterminadas, fontes de risco.

Ainda é possível falar de algo universal na experiência humana? ■ Sim, há algo universal. É o desconforto das pessoas com suas limitações identitárias. Essa experiência é partilhada em qualquer tempo e lugar; define a condição humana. Dizer isso é o desdobramento de uma ideia freudiana: o mal-estar é que define o homem. Se quisermos, podemos dizer que o mal-estar é uma categoria ontológica. Ele não é simplesmente um sintoma; é a expressão fundamental da inquietude própria daquilo que é da ordem do humano. Então, acho que é possível construir experiências políticas, estéticas e reflexões clínicas fazendo apelo a essa dimensão profundamente essencial que é a experiência do desconforto.

Você lida com alguma ideia de cura psicanalítica? ■ A maior contribuição que a clínica psicanalítica pôde dar foi justamente a constatação de que não se pode dissolver todos os sintomas de um sujeito. Esse furor de curar todos os sintomas é o maior dos fatores de desestabilização, porque a maneira como o sujeito desenvolve seus traços de caráter é a mesma maneira como ele constitui seus sintomas. Nesse sentido, dá para entender por que, em certas situações, os sujeitos se recusam a ser curados. Eles sabem que, com a cura, vai embora algo que não é só o modo de sofrer, mas o modo particular de desejar, o modo particular de organizar a experiência; e isso eles não estão dispostos a perder. Nesse sentido, uma cura psicanalítica não dissolve os sintomas, mas o vínculo entre os sintomas e a identidade produzida pela doença. Algo acontece quando alguém "se vê" como "neurótico" ou como portador de um "transtorno de personalidade borderline", por exemplo. Há uma performatividade na assunção de tais identidades, pois quando o sujeito absorve seu "novo" nome, novos fenômenos são produzidos e os anteriores são retroativamente reconfigurados. Então, uma dimensão fundamental da cura consiste em quebrar o vínculo entre os sintomas e a identidade produzida pela doença, fazendo com que tais sintomas possam entrar numa espécie de aggiornamento, produzindo outras instabilidades, mas dentro de um processo em que elas possam ser vivenciadas com menos produção de sofrimento.

Você considera ainda possível falar de sujeito? ■ Essa é uma ótima questão. É indefensável qualquer crítica da subjetividade que se baseie na crença de que é impossível dissociar sujeito e consciência. Daí, aliás, meu recurso à filosofia hegeliana. Mas, não existe filosofia da consciência em Hegel? Essa é uma das minhas batalhas filosóficas. Devemos compreender como um dos movimentos decisivos dessa experiência filosófica está na superação da consciência em direção a um conceito de Espírito que, a meu ver, está longe de ser uma consciência de si inflacionada. Espírito não é uma entidade substancial à parte, que, de uma maneira ou de outra, utilizaria as consciências como uma expressão de sua astúcia. Espiritual é a expressão da capacidade que têm os sujeitos de apreenderem autorreflexivamente o processo histórico que os forma. Uma apreensão autorreflexiva que fornece a possibilidade de agir fazendo ressoar ações passadas, desejos que foram anteriormente desejados. Segundo Hegel, os homens fazem sua história, mas não como imaginam. Quer dizer, a consciência age mas não sabe o que faz, porque ela é um modo de presença, é um modo de apresentar objetos, de determinar um campo de visibilidade. Nesse regime, aquilo que é experiência histórica é impensado, porque a experiência histórica não é a experiência de indivíduos dotados de consciência, mas a experiência de sujeitos que, em determinado momento, deixam de ser indivíduos e, por isso, não agem mais a partir de seu sistema particular de interesses. Eles agem de maneira transindividual, ou seja, permitindo que ações passadas de outros habitem minha ação presente. Nesse sentido, a "minha" ação nunca é exatamente "minha", mas é essa ressonância de uma multiplicidade de ações que continuaram em latência. Essa ideia hegeliana mostra, entre outras coisas, como estamos completamente fora de uma filosofia tradicional da consciência.

Mas, dessa perspectiva, como afirmar um sujeito individual? O sujeito não será, como queria Alain Badiou, mero resultado de uma situação e, portanto, no limite, não será sujeito? Muito interessante essa discussão. Há uma estratégia psicanalítica para escapar da alternativa de transformar todas as experiências subjetivas em manifestação de algo como uma potência despersonalizada que paira sobre nossas cabeças, organizando o espírito do mundo. É recolocar essa impessoalidade no interior da experiência corporal. A experiência corporal não é natural; ela não fornece uma normatividade natural, mas é setor da experiência social ou "espiritual", se quisermos usar o vocabulário hegeliano. Há uma normatividade social que está presente no corpo e em todos os desejos, mas ela tem uma configuração tal, que exige que o pensamento se confronte com algo não completamente transparente à consciência. Ou seja, a experiência corporal não é mera expressão de uma consciência. Ela é um espaço de reconhecimento, que não é só reconhecimento intersubjetivo que ocorre quando dois corpos se encontram, mas é o espaço de reconhecimento de algo que poderíamos chamar de "profundidade histórica inconsciente". Há uma série de histórias que construíram meu corpo, histórias de vários sujeitos que construíram meu corpo, e todas elas habitam, em um regime confuso, a experiência da minha corporeidade. A abertura a isso é uma dimensão na qual a natureza e a história se entrelaçam profundamente e também é uma maneira de se dar uma versão materialista àquilo que anteriormente se entendia por Espírito.

Mas, dessa perspectiva, como você concebe a liberdade? O sujeito tem um agir livre? ■ Ainda somos muito tributários de um fantasma do século XIX, o fantasma da distinção entre natureza e liberdade. Hoje, o conceito de natureza é marcado pela ideia de plasticidade; é um conceito que admite, de maneira muito forte, ideias ligadas à indeterminação, ou que admite, por exemplo, teorias que antes pareciam completamente metafísicas, como a ideia da teoria de pulsão de morte de Freud, que hoje pode encontrar respaldo biológico. Há um novo naturalismo se formando, e ele permite resgatar um conceito negativo de liberdade: conceito para o qual a liberdade é indissociável daquilo que nós poderíamos chamar de sentimento de indeterminação, com toda a carga de angústia e de dificuldade que ele carrega. Essa é uma chave ontológica que tem consequências práticas e políticas muito fortes. Isso significa, em última instância, ler a liberdade social como a capacidade que as sociedades têm de abrir espaço para certa indeterminação que habita todo e qualquer sujeito, a capacidade de reconhecer o sujeito como não completamente esgotado no interior de um sistema identitário.

Grande parte dos neurocientistas tem alergia a questões filosóficas. Dizem que elas são restos flutuantes de um barco que afundou, o barco da metafísica dogmática. Você vê razões científicas para pôr em xeque a reflexão filosófica sobre a liberdade? ■ Nenhuma. Na verdade, existem certos setores da neurologia que têm uma espécie de fetiche pelo *pet scan*. Quando eles afirmam o paralelismo entre estados mentais e estados cerebrais, é apenas para dizer que tais estados mentais seriam simplesmente maneiras metafóricas de descrever aquilo cuja realidade é eminentemente física. Acho que há uma série de pressupostos muito mal colocados nesse tipo de discussão. Um fato que mostra isso é o de que pode haver um mesmo estado cerebral que dá dois estados mentais diferentes. Mesmo do ponto de vista clínico, isso já foi demonstrado, ou seja, pode haver situações em que se espera um tipo de reação, mas não é essa que ocorre; é uma outra. Então, até que ponto vai a demonstração de paralelismo? A estrutura cerebral é a condição causal suficiente para o estado mental? Acho que não há nada que diz respeito às pesquisas científicas que possam colocar em questão o debate filosófico sobre a experiência da liberdade. Há uma falsa batalha aí, muito produzida por desconhecimento e por certos interesses que estão longe de serem simplesmente científicos.

Sua ênfase no inumano ou no não normativo da humanidade implica uma crítica ao humanismo? Ela não parece uma tentativa de fundar um novo humanismo, sendo, portanto, no limite, também normativa? ■ Adorno dizia que a humanidade é sempre brutal com aqueles que ela não reconhece como humanos. Há sempre uma estratégia de exclusão em todo discurso normativo sobre o homem. A crítica da antropologia, que animou certo setor da filosofia contemporânea (Foucault, Deleuze, Derrida), tem uma razão de ser, porque tal crítica é fruto da tentativa de construir outro conceito de liberdade que não esteja ligado à expressão normativa do que entenderíamos por atributos essenciais de uma configuração do humano que, no fundo, é historicamente determinada. Nesse sentido, na nossa condição sócio-histórica atual, tal crítica implica uma crítica do humanismo com suas aspirações a colonizar os discursos políticos, filosóficos e morais. Há uma humanidade por vir, e não temos o direito de temê-la. Por isso, diria que o impacto político da ênfase no inumano é o de redimensionar uma teoria do reconhecimento na qual a exigência ética fundamental não seja simplesmente saber como se deve fazer para reconhecer indivíduos, mas saber como reconhecer aqueles que não se configuram completamente como indivíduos, no sentido que nós entendemos. Como dizia Deleuze, alguns acreditam que fora do Eu, fora do indivíduo moderno, só pode haver o caos. Eu diria que tal crença é a pior de todas as falhas morais, pois ela nos prende à defesa do sempre idêntico. Nesse sentido, não se trata de fazer uma defesa do anti-humanismo, mas de defender aquilo que hoje aparece, para nós, como não pensável no interior da imagem atual do homem.

Com base em suas análises das manifestações nas ruas deste ano, alguns críticos chegaram a dizer que você justificava intelectualmente o uso da violência. Você mantém a análise que fez na época das manifestações? Em que sentido se pode dizer que a violência não é algo a ser tirado da experiência política? ■ Há cinco anos, grevistas na França sequestravam patrões. Chegavam na sala do patrão e diziam: "Olha, é o seguinte, você está sequestrado e só sai daqui quando terminarmos a negociação; você vai ficar aqui três dias, quatro, uma semana". O que é interessante é que não passou pela cabeça da polícia invadir e salvar o sequestrado, porque isso é uma ação política, não uma ação de delinquência. É uma ação política no sentido de que essa não é uma violência que busca a destruição do outro. É a violência da urgência do clamor de justiça social. A urgência vinda da compreensão de que se não for assim, não seremos ouvidos. A democracia nunca foi contra essa violência, porque compreende a possibilidade de dissociação entre direito e justiça, principalmente quando aqueles que falam em nome da justiça não estão contemplados pelo direito. Eu não sou a favor do modo como as ações dos black blocs ocorreram nesses últimos meses, porque elas são politicamente equivocadas, mas é verdade que me recuso a estigmatizá-los. As pessoas têm o direito de se revoltar, e se revoltar não é necessariamente mandar flores. Ninguém diz "não" com um sorriso no rosto. A violência que vemos é o sintoma social de um profundo sentimento de impotência e de raiva. Há de se entender de onde vem essa raiva e há de se responder politicamente ao sentimento de impotência. Além disso, há de se lembrar também que nós temos uma das polícias mais violentas do mundo, incapaz de fazer qualquer tipo de mediação social. É a polícia que mais tortura na América Latina. Se existe a violência policial e se existe o sentimento de impotência política, é impossível que não exista violência.

Uma palavra sobre a greve na USP. Alguns acadêmicos consideraram inadmissível o comportamento dos estudantes quando tentaram tolher atividades intelectuais (como aulas, congressos etc.), além de direitos como o de livre circulação na Cidade Universitária. ■ O movimento estudantil, às vezes, tem inabilidades. É necessário repensar muitas de suas práticas. Mas eu lembraria que a situação administrativa da Universidade de São Paulo é aberrante. É um modelo de funcionamento administrativo completamente opaco à própria estrutura interna da universidade. Nem uma das vinte melhores universidades do mundo tem eleição direta para reitor, mas nenhuma tem lista tríplice em que o reitor é escolhido pelo governador! Para justificar essa intervenção, dizem que a sociedade também tem o direito de intervir na universidade, mas ela deve intervir na formação do Conselho Universitário, não por meio do governador. O último reitor da USP gostava de ser visto como xerife; interferia em todas as decisões da universidade, inclusive em questões acadêmicas, sem sequer escutar de fato os pesquisadores e os alunos.

Você chegou a mostrar certo entusiasmo com a forma de intervenção política das manifestações de 2013 e escreveu que talvez fosse interessante buscar novas formas de representação política. A ideia de representação parlamentar, do seu ponto de vista, é superada? ■ Há um esgotamento da democracia representativa ou da democracia liberal, e essas demandas de democracia direta devem ser levadas muito a sério, porque é por aí que nós vamos conseguir construir um modelo de democracia com mais densidade popular. Nós podemos eliminar, cada vez mais, mediações, permitindo que a soberania popular se manifeste. Não há nada que faça com que uma manifestação popular seja menos representativa quando não é mediada por sindicatos, partidos ou qualquer outra instância. Mesmo vários processos administrativos do Estado podem ser feitos com base em consulta popular direta. Impressiona que sempre apareçam as melhores justificativas para desconfiar do povo. Isso me parece muito estranho, porque se há um sentimento que funda a democracia é a confiança no povo. O que não deveria acontecer é esse vazio político no qual nós nos metemos nos últimos anos. Estamos num momento de esgotamento de modelos, sem nenhum outro modelo em gestação para ser colocado no lugar do atual. Quando terminou a ditadura militar, havia toda uma potência de desejos políticos que foi criando, aos trancos e barrancos, um primeiro ciclo de poder, o ciclo FHC, com suas inclinações liberais. Quando esse ciclo se esgotou, um outro se formava: é esse que está durando doze anos, o lulismo, que conseguiu resultados, mas que se esgotou. Não há nenhuma força criativa mais nesse ciclo, ninguém espera nenhuma grande ideia que venha do interior dele. Não há nada pior na vida política do que viver uma situação que se alimenta do medo do que pode vir. Ou do medo de perder o pouco que se conseguiu.

Dessa perspectiva, como você vê a proposta de reforma política em tramitação? ■ É catastrófica. Não existe reforma política só com alguns ajustes eleitorais no limite do irrelevante. Não há reforma política possível sem a constituição de um processo de participação popular efetiva na gestão do Estado. Todo partido, neste momento, deveria encampar, como bandeira fundamental, o enfraquecimento dos próprios partidos em prol do fortalecimento do poder popular direto. Essa é a pauta. Precisamos criar mecanismos que permitam à população poder de veto e poder deliberativo. Não defendo a eliminação do parlamento, mas repensar seus poderes e repensar os poderes do Executivo. Antes, era impossível saber rapidamente o que vinte milhões de pessoas queriam. Hoje, tecnicamente, não é impossível, nem difícil. Mas essa discussão some, porque dar poder ao povo significa restringir o poder de quem concentra a riqueza. Veja a história recente da Grécia, do finado governo Papandreou: o governo tentou chamar um plebiscito para saber se assumiria ou não uma moratória da dívida e caiu no dia seguinte. Na Islândia, fizeram um plebiscito parecido e conseguiram sair da crise. Isso significa politizar a economia. Essas decisões não devem ser tomadas por técnicos, que depois vão trabalhar em bancos, que são os mesmos bancos que vão pegar o dinheiro do Estado para poder financiar os rombos que eles mesmos produziram. O histórico dos técnicos em economia mostra que eles são oriundos do sistema financeiro e colocados no Estado para espoliá-lo.

Você crê na utilidade de pensar uma instância reguladora dos bancos? ■ O presidente da Islândia tem uma bela frase. Ele diz que uma economia com bancos muito fortes é sinal de um país que vai mal. Pois os bancos drenam os melhores cérebros para o sistema financeiro, que é um sistema improdutivo por excelência. Se alguém é um ótimo engenheiro, o banco vai contratá-lo. Onde estão os engenheiros do Brasil? Estão nos bancos. Por que não temos engenheiros para extrair petróleo? Porque eles estão fazendo contas nos bancos. O que nós precisamos é enfraquecer o sistema financeiro. Não há nenhum país que realmente precise da quantidade de bancos que temos. Qualquer discussão econômica deve partir da reflexão de como quebrar a força de intervenção econômica dos bancos na economia mundial.

Você falou dos doze últimos anos, que, aparentemente, fecharam um ciclo na política brasileira. Que avaliação você faria desse ciclo? ■ O governo Lula pode ter tido vários problemas, mas tem coisas a pôr em seu favor na balança. Eu teria altas críticas, do ponto de vista político, mas reconheço que foi importante ele ter criado as condições para um sistema mínimo de segurança social no Brasil, assim como permitir um aumento real do salário mínimo de 50% acima da inflação. Nesse ponto, Lula não é a continuação de FHC. Mas seu maior problema está exatamente em uma das suas ideias mais importantes: a criação de um capitalismo de Estado no Brasil; um capitalismo no qual o Estado é não só o financiador dos maiores atores econômicos, mas também o parceiro de todos eles. O lado importante foi a quebra do processo de desmonte da capacidade de intervenção do Estado, herança de FHC. No entanto, o que aconteceu foi a transformação do Estado no financiador da oligopolização da economia. Um povo como o brasileiro, que tem uma capacidade empreendedora inegável, não teve a oportunidade de se colocar como empreendedor, porque não há nenhum setor da economia que não seja controlado por um oligopólio. Um exemplo clássico: o BNDES injetou uma fortuna na Friboi para ela se transformar num player global. O que eles fizeram com o dinheiro? Compraram todos os pequenos frigoríficos. Com o dinheiro do Estado, oligopolizaram a economia. Isso é uma coisa inaceitável, mesmo do ponto de vista capitalista. A única coisa que presta no capitalismo é a concorrência; e a gente não tem.

E o governo Dilma? O que tem para pôr na balança em seu favor? ■ Muito pouco. Foi um governo de inação absoluta. Achavam que bastava simplesmente gerenciar a herança de Lula. O país continua numa desigualdade econômica brutal, e não se promoveu uma reforma fiscal que obrigasse os ricos a pagar mais impostos e fornecer serviço para os mais pobres. Um país desigual como o Brasil não tem imposto sobre grandes fortunas, por exemplo. Não é possível nem dizer que o país tem imposto progressivo, porque nossa maior alíquota de imposto de renda é de 27,5%. Roosevelt, que não era nenhum comunista, para conseguir tirar o país da crise, implementou uma alíquota de 75%. Temos um governo que se diz de esquerda mas que nunca discutiu reforma fiscal como meio de combate à desigualdade econômica, o que é surreal. Como resultado, hoje as famílias da dita nova classe média têm seus salários corroídos por serem obrigadas a pagar educação e saúde privadas e não vão conseguir mais ascender socialmente. Qual é a resposta do governo? Nenhuma. O governo não teve capacidade de reação porque não tem ideia, não tem criatividade, não consegue pensar. Basta ver o tipo de resposta às manifestações por educação pública: "fiquem tranquilos, pois daqui a oito anos a gente resolve o problema da educação com o dinheiro do Pré-sal". Que tipo de resposta política é essa?

E quanto ao cenário das eleições 2014? ■ Há dois cenários possíveis. Podemos ter a gestão do vácuo político, que pode acontecer porque os candidatos que estão no páreo até agora são candidatos que conseguem o feito de se colocar à direita do governo. Isso é algo assustador, pois vimos a população dizendo que quer educação, saúde, transporte (o que significa que o Estado vai ter de arrecadar mais, vai ter de ter dinheiro e pessoas capacitadas), mas o que se vê nos programas de governo dos candidatos é um antiestatismo primário que lembra os anos 1990, sem dar conta das reais demandas da sociedade brasileira. Esse é um cenário possível. Gere-se o vácuo político. Outra possibilidade é a de que se radicalizem os extremos, tanto à direita quanto à esquerda, porque o Brasil tem uma direita forte. Se precisar ir para a rua, ela vai. É uma direita popular, que pode ser uma direita de costumes, econômica e política. Por isso, é necessário que surja um polo de contraposição forte à esquerda, pois, se não houver, corre-se o risco de toda a agenda debandar para o lado da direita. Seria uma situação muito parecida com a da Europa. Há uma tendência mundial de fortalecimento do polo da direita, e o Brasil corre o risco de cair nisso. A não ser que surja outro polo que possa puxar para o outro lado.

Você é candidato a governador? ■ Hoje? Não. Entrei de fato em um partido, o PSOL, e isso pode soar um pouco contraditório para alguém que falou que acha que a política está além dos partidos. Mas entrei num partido que, de forma muito clara, compreendeu a necessidade de se pensar uma política para além dos partidos. É importante que isso se transforme numa pauta eleitoral, o que nunca aconteceria se a pauta não fosse encampada por um partido. A primeira coisa agora, antes de qualquer discussão sobre nomes, é criar uma clara plataforma para entrar na agenda do debate brasileiro. O que a população brasileira espera é uma alternativa clara. Quer saber como faremos a economia funcionar. A direita sempre tem uma vantagem: ela não precisa deste detalhamento porque opera pelo afeto mais sensível das pessoas, que é o medo (medo da insegurança, medo do Estado, medo da mudança etc.). É nisso que a direita é forte. A esquerda não pode fazer isso. Esse não é o afeto que mobiliza nosso campo político. O afeto que nos mobiliza é o da invenção, da confiança e da crença de que, apesar das dificuldades e das limitações, vamos conseguir criar algo melhor do que temos. Crença de que não estamos condenados a olhar para trás, como a mulher de Lot, até virar uma estátua de sal. As pessoas querem a experiência da liberdade efetiva, da criação, a experiência do enriquecimento – enriquecimento material, cultural e social.

Você pediu para ser fotografado num frigorífico. Qual a razão dessa associação entre o seu trabalho intelectual e a crueza da carne cortada? ■ Primeiro porque eu me lembrei de Sol Lewitt, que dizia: "Eu quis retirar a pele das coisas para ver suas estruturas". Essa é uma boa imagem do que é a filosofia. Existe um desejo dessa natureza em todo aquele que faz filosofia. Retirar a pele das coisas, esfolar um pouco as coisas, ou seja, ver um pouco aquilo que outros não gostariam de ver. Isto está longe de ser uma revelação epifânica. É uma complexificação da visão, acompanhada da decepção em relação a certezas do senso comum. É a consciência de que se vai andar muito tempo brigando consigo mesmo. Sartre tinha essa ideia: "filosofar é pensar contra si mesmo". Não há nada mais natural, numa experiência filosófica, do que, num dado momento, perceber que se estava errado. A filosofia sempre terá essa agressividade, essa estranha agressão contra si mesmo. Pensei na história da carne também porque sempre fui muito impressionado pela capacidade de nos reconhecermos em um animal. Não é possível ficar diante de um animal morto e não se sentir concernido, porque aquela carne é parecida com a sua. É se ver numa outra posição, o que obriga a colocar uma série de questões. É uma modalidade inelutável de pensar contra si mesmo. Por fim, meu avô tinha uma fazenda de gado onde bois eram abatidos, então isso me remete ainda à experiência da infância.

EDIÇÃO 189 • ABRIL 2014

ANTONIO NEGRI

Em entrevista, o filósofo Antonio Negri fala de sua obra e de livros mais recentes, escritos com Michael Hardt (*Bem-estar comum* e *Declaração: isto não é um manifesto*), da importância da leitura de Espinosa em seu próprio pensamento e do papel das manifestações brasileiras no contexto das revoltas globais.

por **Thiago Fonseca** *e* **Giuseppe Cocco**

O senhor veio a São Paulo para falar sobre revoltas globais e a construção do comum. De que trata o comum? ■ O conceito de comum é o resultado da série de estudos que eu e Michael Hardt fizemos a partir de Império, no qual elaborávamos uma análise radical das categorias do pensamento político, não somente daquelas ligadas ao conceito de soberania, mas de todas as que dele derivavam e que deveriam ser modificadas a partir da globalização. A globalização funciona como elemento central, não somente na construção de conceitos relativos ao mercado mundial, mas também na destruição de condições conceituais e discursivas vinculadas ao quadro precedente, o dos Estados-nação. Nessa perspectiva, o conceito de trabalho é fundamental, uma vez que nos mantemos ligados à matriz marxista de análise e de crítica. O trabalho hoje se apresenta radicalmente modificado em relação ao período fordista, e também com relação a cada uma de suas definições tradicionais, como simples prestação de serviço ou execução laboral que comportam extração de mais-valia. A partir de uma nova definição de trabalho, nasce o conceito de multidão, como crítica a todo conceito de "classe massificada". Mas isso não significa que o conceito de multidão não seja um conceito de classe, quer dizer, que não seja profundamente ligado à função do trabalho. Ora, é sobre isso que se estabelece o conceito de comum, como eixo estrutural da multidão, na medida em que ela é constituída por singularidades, por um conjunto de singularidades trabalhando. O conceito de comum não é, portanto, de forma nenhuma, um conceito de organismo, pensado como estrutura orgânica; é, ao contrário, resultante de uma série de atividades singulares que de fato se desenvolvem a partir da consistência subjetiva dos agentes.

Podemos afirmar que as manifestações que ganharam uma nova visibilidade no Brasil a partir de junho, ou mesmo as revoltas globais, sejam um exemplo do desejo de liberdade da multidão? ■ O conceito de multidão pode, sem dúvida, compreender os movimentos nos quais as singularidades se combinam a partir de expressões de desejo, como complexos afetivos, como encontros de corporeidades postas em jogo. Não se trata nem de um processo indiferenciado nem indistinto, ou seja, não lhe faltam qualificações. O processo que reúne multidão e comum é qualificado; não diz respeito somente à fenomenologia das manifestações dos movimentos sociais, mas sim à própria ontologia desse processo. É isso que afasta, por exemplo, cada expressão multitudinária de qualquer interpretação que queira reduzir tais movimentos a experiências reacionárias ou mesmo fascistas. Temos aqui um conceito de bem, pela comunidade, pela totalidade das singularidades que estão em jogo, e que é qualificante. Do meu ponto de vista, a relação comum-multidão não pode em caso algum ser interrompida ou dissolvida se considerada do ponto de vista ontológico. Reafirmar isso me parece importante para responder a algumas afirmações que foram feitas recentemente acerca das potencialidades simplesmente subversivas ou mesmo reacionárias dos movimentos de multidão que se deram no Brasil a partir de junho [de 2013]. Isso não impede que, como em cada realidade, o quadro possa ser invertido pela intervenção de outros poderes... Ao falar de multidão, não estamos descrevendo um processo teleológico. São, antes, processos atravessados por liberdade, por escolhas, pela capacidade de ruptura e descontinuidade, por obstáculos, em suma, por tudo que caracteriza sua aleatoriedade – mas uma aleatoriedade potente. Não se trata de condições necessárias ao desenvolvimento da multidão, mas de condições sempre ditadas pelas decisões subjetivas, produções que se dão no interior desse desenvolvimento.

Essas produções dizem respeito à nova definição do trabalho? ■ Quando a multidão se torna conceito de classe, quando participa do trabalho e entra na relação com o capital, ela entra numa relação que é – por definição – antagônica, entre o desejo que o capital tem de privatização, de propriedade, e, de outro lado, as forças sempre mais produtivas de ser que compõem os movimentos e os desejos da multidão. Aqui o choque é sempre extremamente pesado – verdadeiramente antagônico. E é aqui talvez que se atrela a concepção foucaultiana de poder, e ao mesmo tempo aquela que é a construção marxista da relação de capital. Para ambos se trata da análise de uma relação: entre capital constante e capital variável na acepção marxiana, entre ações de disciplina ou de controle e resistência no pensamento foucaultiano. Eu retomo essa relação antagônica em termos que me vinculam a uma ascendência espinosista.

De fato, é notável no seu vocabulário a terminologia de Espinosa: ser, potência, desejo. Qual a sua experiência como um marxista leitor de Espinosa? ■ Aqui a resposta é um pouco biográfica. Venho de uma experiência marxista muito específica, a do operaísmo italiano, que se põe no quadro das transformações do marxismo ocidental e se insere em sua crise, revisão e reconstrução, que ocorrem no segundo pós-guerra, no quadro de pensamento em que surgem temas como produção de subjetividade, resistência, corporeidade etc. – temas que passam a ser tomados pela temática filosófica e absorvidos na temática do marxismo ocidental. Creio também que o princípio posto por Mario Tronti [militante marxista italiano, autor de *Operários e capital*], de que "as lutas vêm sempre antes do desenvolvimento capitalista, antes da decisão capitalista de reestruturar o desenvolvimento", seja uma afirmação que assume esse contexto histórico como condição fundamental. Para mim, como para muitos outros companheiros, foi extremamente importante aprofundar as condições ontológicas dessa afirmação. Tratava-se de uma tentativa de imersão no ser, tentativa de reencontrar a densidade, a intensidade, a qualidade da produção. A partir daí começamos a enfatizar, por exemplo, os problemas de como qualificar a corporeidade, nos dois sentidos, quer dizer, no da relação homem-máquina e das transformações alienantes que se determinam neste terreno, e no sentido da relação subjetividade-cooperação, e portanto o conceito de singularidade – singularidade na medida em que cada ser é determinado não por sua consistência, mas pela relação com os outros. Vê-se, a partir de tudo isso – e eu poderia continuar por infinitos conceitos –, o quanto Espinosa é central. Espinosa é uma antecipação desse desenvolvimento conceitual. Comigo o encontro se deu em meados dos anos 1970, e posteriormente se beneficiou do muito tempo à disposição quando estive preso: tive a possibilidade de desfrutar Espinosa para me ocupar. Foi a partir daí que assumi uma terminologia espinosista. Espinosa foi para mim uma tentativa de dar sistematização a uma série de pensamentos que nasceram dentro de uma experiência de reflexão e de ação política, que vinha sendo preparada pelo meu trabalho precedente: já nos anos 1960 eu havia começado a trabalhar sobre aquilo que chamava de "alternativas da modernidade", configurando, por um lado, uma linhagem de Descartes a Hegel, passando por Rousseau e pelo pensamento idealista da modernidade, enquanto, de outra parte, encontrei em Espinosa, como em Maquiavel, uma profunda originalidade subversiva, que poderia se vincular ao pensamento marxiano e ao pensamento pós-estruturalista francês.

Uma história alternativa da filosofia? ■ Sempre preferi pensar fora dos termos prescritos pela história da filosofia. Sempre pensei que a história da filosofia, como dizia o bom Deleuze, era o ópio do povo; que a história do pensamento que se retoma coerentemente desde uma obscura ilha grega até hoje é uma narrativa sem sentido. A filosofia é sempre o aprofundamento de uma realidade que temos diante de nós, uma relação sempre nova com a realidade, com os outros, um contínuo discutir. A historicidade filosófica é sempre uma criação. Porém, foi reduzida a um manual, a uma repetição, a uma contínua tentativa de redução à ordem.

No seu caso, temos uma forte relação entre teoria e prática. ■ Sim. A única coisa que se poderia acrescentar é que não se trata simplesmente de uma relação filosófica, objetiva, geral... É também uma relação ética que me parece fundamental: teoria e prática não estão simplesmente vinculadas no pensamento; são também vinculadas na ação. Esta é uma resposta, se você quiser, gramsciana – o pouco de Gramsci que me resta é fundamentalmente esse, e não creio que seja pouco importante.

No texto *Declaração: isto não é um manifesto*, o senhor e Michael Hardt afirmam sobre as lutas que tiveram início em 2011, que esse novo ciclo recusa a representação política. Aqui no Brasil, quando em junho as pessoas saíram às ruas, em princípio para pedir a redução das tarifas do transporte, houve leituras no sentido de que as pessoas não estavam lutando contra a representação, mas fazendo demandas ao Estado. Como o senhor avalia esse tipo de leitura: as pessoas estavam nas ruas recusando a representação ou ainda pensando em termos de representação? ■ Conforme falávamos, as lutas sempre se ligam a conteúdos, e os conteúdos são sempre determinados no interior de uma historicidade específica. Essas lutas nascem através de uma demanda de maior representação – como sempre nascem as revoluções. A Revolução Francesa nasce demandando a convocação dos Estados Gerais; a Revolução Russa é, em parte, luta pela paz (pão e paz), e em parte demanda uma Constituinte; a Revolução Inglesa nasce da recusa do poder absoluto, e também por uma nova legislação sobre a propriedade da terra e uma nova representação; também a Revolução Americana etc. etc. Toda revolta nasce no interior de um quadro historicamente fixo e de uma demanda determinada de representação. Todavia, nas revoluções, na luta e, portanto, na elaboração das demandas, das reivindicações, o quadro político se especifica. Michael e eu estamos convencidos de que o quadro específico da representação democrática, da maneira como está configurado nas constituições representativas liberal-democráticas, esteja profundamente exaurido. Por quê? Porque, poderia dizer teoricamente, as Constituições burguesas liberal-democráticas não compreendem o comum. Em nenhuma Constituição do pós-guerra há o reconhecimento do direito de acesso ao comum. Há o direito da propriedade privada, há o direito da propriedade pública, com funções mais ou menos amplas, mas não há o direito de acesso ao comum. Em segundo lugar, a liberdade de expressão é determinada em termos puramente formais. Dessa maneira, pode-se chegar ao paradoxo de eleições, de processos democráticos de escolha de representantes, completamente dominados pelo poder do dinheiro. A Corte Suprema dos Estados Unidos decidiu recentemente não pôr limites ao financiamento dos candidatos. Em terceiro lugar, a máquina democrático-representativa é uma máquina incapaz de conter e desenvolver um mecanismo democrático de decisão. As próprias estruturas parlamentares são profundamente corruptas, mas não corruptas moralmente, nos indivíduos que as compõem: corruptas como sistema, mesmo quando compostas por pessoas excelentes, porque a corrupção é uma corrupção do poder do dinheiro, que tudo domina. Portanto, qualquer capacidade de intervenção representativa parlamentar fica completamente bloqueada. Já não há governo que decida através do parlamento: decide-se por decretos, através da governança, ou seja, para além dos critérios do Estado de direito, da aplicação de uma lei geral e abstrata. A governança se rege mediante decisões concretas e individuais. Estamos diante de uma crise verdadeiramente radical do sistema democrático. Um sistema político completamente absorvido pelo poder do dinheiro:

isso era o neoliberalismo, mas ele também está em crise, e aqui retornamos ao princípio do ordenamento global, e assim a uma crise da soberania, lá onde, através do mecanismo de débito, a soberania foi patrimonializada pelas finanças, e a coisa pública pelos sistemas privados de gestão.

Por isso o senhor fala sobre revoltas globais e construção do comum? ■ Para voltar ao tema dos movimentos, se querem ser eficazes e construir o comum, ou seja, tornar-se ontologicamente positivos, devem submeter à crítica a série de temáticas que começamos a sugerir. Trata-se de inventar novas formas de instituições, que nós chamamos de "instituições do comum", e assim de conseguir fazer valer a horizontalidade do fazer político, do estar junto, do construir multidão. Mas também aqui é preciso estar muito atento, pois são coisas que se constroem, coisas que não se podem antecipar mentalmente. São temas de dificílima solução que se apresentam, mas que, no entanto, representam problemas reais.

O senhor e Michael Hardt afirmam, em *Declaração*, que "a democracia se realiza quando um sujeito capaz de apreendê-la tiver emergido". Aqui no Brasil, em junho, falou-se que "o gigante acordou". Essa emergência, esse despertar, são processos que podem ser acelerados? ■ Aqui no Brasil, efetivamente, houve uma aceleração da produção de subjetividade resistente. Por quê? Como? Não sei dar uma resposta. Posso dizer genericamente: há um ciclo de lutas global que se desenrola, mas seria uma resposta genérica. Aqui voltamos às razões do político, quer dizer, à experiência política, ao testemunho ético, à atividade militante, ao reconhecimento de que se vive entre outros, que somente com outros se pode construir algo de justo, de correto. É, em suma, um retorno a Espinosa. Retornar a Espinosa quer dizer que somente o comum constrói o comum.

EDIÇÃO 192 • JULHO 2014

MANO BROWN

Dona Ana Soares Pereira batizou seu filho único com o nome de Pedro Paulo, em abril de 1970, no bairro paulistano da Liberdade. Por munição pesada e certeira, astral marginal, talvez por gosto divino, muito amor e muita raiva, ou mesmo por tudo isso mais um talento extraordinário, Pedro Paulo deu à luz Mano Brown.

por **Endrigo Chiri**

Qual sua memória musical mais antiga, o primeiro som que lembra que bateu forte quando era moleque? ■ Acho que foi aquele som que eu fiz "Vida Loka – Parte 1" [música do disco *Nada como um dia após o outro dia*, de 2002] em cima do Liverpool Express, "You are my love". É um som que lembro que gostei há bastante tempo.

Que idade você tinha? ■ Tinha uns 6 anos, estava no colégio interno, por isso que eu lembrei.

E que tipo de som rolava na sua casa? Era uma casa musical? ■ Na minha casa não tinha aparelho de som nessa fase, e eu estava no colégio interno. Quando voltei pra casa, minha mãe tinha um dois em um, era AM e toca-discos, pequenininho. Faz tempo isso aí... nos anos 1970 a gente não tinha quase nada.

Com quantos anos você voltou pra casa? ■ Com oito e meio, quase nove.

E que extrato tira desse período de colégio interno? ■ Eu tenho TOC de arrumação até hoje [risos]. Se o tênis estiver torto, tenho que arrumar. A roupa, a toalha, a roupa de cama, tem que estar tudo dobrado. É herança de lá isso aí.

Por que o Pedro Paulo decidiu virar cantor de rap? ■ Não foi bem uma decisão, começou como uma brincadeira. Eu estava sem fazer nada, desempregado e tal, e não tinha nada que chamasse a atenção de ninguém também. Quando começou essa onda de rap, nos bailes, a gente começou a ouvir falar nas rádios, e ouvi falar que estava tendo um concurso, mas não participei. Só fui participar do terceiro concurso, quando fiz minha primeira letra. Era uma grande brincadeira, coisa de festa, de moleque. Uma coisa de você poder subir no palco e chamar a atenção das minas, no máximo; não tinha uma pretensão de "ah, vou fazer a revolução". Com 17 pra 18 anos você não pensa nessas coisas, não naquela época.

Quanto tempo depois surgiu o Mano Brown pra valer? ■ Não muito depois... Eu também não tinha muito a perder, e nem tinha pra onde ir, certo? Com a terceira música que fiz ganhei um concurso no salão, e despertou uma certa cobiça a partir daí, de pensar um pouco maior. Ganhar o concurso era pouca coisa mas também não era nada. Depois a gente estava na São Bento [estação do metrô de São Paulo que foi berço do hip hop brasileiro no final dos anos 1980] e fomos convidados pra entrar no lugar de um cara que tinha faltado na gravação de uma fita demo. Eu cantava sempre no latão da São Bento, comecei a fazer fama ali, aí o cara da demo chegou perguntando: "Quem são os caras do Capão que rimam pra caralho?". Aí apontaram pra mim e foi assim que aconteceu. A gente foi num apartamento no Edifício Copan e chegando lá estavam o KL Jay, o Edy Rock, Os Gêmeos, que eram uma dupla de rap [famosa dupla de grafiteiros paulistanos], e a gente gravou aquela demo, que não foi pra frente. Na época eu cantava com o Ice Blue, e o Edy Rock e o KL Jay eram uma outra dupla.

E sua mãe? No começo ela gostava? ■ Escondi da minha mãe um bom tempo. Aí passou um tempão, apareci em casa com um disco gravado e mostrei pra ela, que nem sabia que eu cantava.

Você já tinha parado de estudar nessa época? ■ Já tinha. Fazia tempo.

Então não é que você estava trocando uma coisa pela outra... ■ É. Eu podia estar fazendo coisa errada, né? Daí eu fui gravar música. Quando minha mãe viu minha cara no disco, ela não acreditou.

Você achava que o Racionais chegaria onde está ou foi muito além? ■ Foi além, mas eu sabia que ia ser foda. Eu sabia como ia cantar cada ideia, tal batida, como ia parecer o som, só não sabia que ia ficar do tamanho que ficou. Eu sabia que quando a gente chegasse com aquela ideia, seríamos os primeiros, e que quando as pessoas parassem pra ouvir, não iam largar mais. E foi, mas não que nem é hoje, que realmente às vezes me assusta. Não esperava mesmo... mas lá atrás, em 1990, sabia que não tinha ninguém como nós no Brasil. A gente não era nada mas a gente era diferente de todo mundo. Eu sabia que se levasse a sério, se desse continuidade, poderia ser alguma coisa, tinha essa noção.

E quanto tempo depois começou a ganhar dinheiro? ■ Eu vi dinheiro mesmo com "Homem na estrada". Antes disso era couro de rato, trocando moedas. Os carros quebravam pra caralho, tudo o que ganhava, gastava. E o Brasil era difícil também. A gravadora era pequena, a gente vivia com problema financeiro sério, que nem o Santos [Futebol Clube, time do coração de Brown]. Quando lançamos "Homem na estrada" e "Fim de semana no parque" [do disco *Raio-X do Brasil*, de 1993] que realmente virou outra coisa. Foi quando a gente mudou os temas, parei de falar só do movimento negro pra falar mais da periferia. Aí já estava perto do que calculei. Não onde está hoje, mas "Homem na estrada" estava perto do que eu calculei naquela época. Eu morava num barraquinho aqui nessa rua, numa casinha de um cômodo e meio. Um dia saí na rua e estava tocando "Fim de semana no parque" em três casas diferentes. Minha música... na minha rua... Alguma coisa estava errada, entendeu, ou estava começando a ficar certa. Ali cresceu.

E como vocês estão planejando comemorar os 25 anos do Racionais? ■ Eu não pensava em comemorar nada, mas também sou obrigado a reconhecer que 25 anos são 25 anos; 26 já é outra fita, não é a mesma coisa. Então vamos comemorar, tá bom.

O disco novo do Racionais sai este ano ainda? ■ Eu tenho muita música fora do Racionais, e talvez tenha que apelar para esse arquivo para colocar no disco do grupo. Tem bastante música para o meu disco solo, algumas servem para o Racionais, mas vai contrariar muito a lógica.

Por quê? Seu disco solo está indo por outra linha? ■ Não quero ficar chato, morou?

Tem previsão de lançamento? ■ O Racionais está na frente, tem prioridade no momento. E o Racionais exige um pouco mais, vai precisar dar uma atenção.

Os outros integrantes do grupo também têm seus projetos solos. É bom pro Racionais em que sentido? ■ Fortalece o individual, fortalece a pessoa. E grupo é uma parada ótima para você esconder falhas também. Todo mundo é capaz de se sustentar fora do grupo. É bom isso, essa independência dos quatro.

E como está o esquema de produção hoje? Está mais fácil trabalhar, produzir, gravar, fazer show? ■ Está mais organizado. Mais fácil não, a luta é a mesma, mas com mais organização você consegue enfrentar os adversários mais fortes. Os resultados são melhores. Por exemplo, a gente fez duas festas no Rio de Janeiro, na Fundição Progresso, com cinco mil pessoas cada. Mas a gente podia se foder também, podia não ir ninguém, mil pessoas só, fracasso. E fracassar no Rio decreta o fim, porque é dali pra frente. Igual a São Paulo. São cidades formadoras de opinião, e só com organização você consegue fazer isso acontecer. O Racionais foi vítima de muita desorganização ao longo dos anos.

A ideia de centralizar é justamente para não passar nervoso na mão dos outros? ■ Para organizar, na verdade. É um trabalho, eu gostaria que fosse aquela liberdade do começo, mas na verdade os tempos mudaram. Tem muita gente que espera por mim e espera de mim.

Isso te cansa? Às vezes queria ser só o Pedro Paulo? ■ Queria te responder com sinceridade, deixa eu pensar [pausa]. Às vezes sim, mas o Pedro Paulo talvez não estivesse vivo se não fosse o rap, então também não posso ter essa ingratidão. O Pedro Paulo está vivo até hoje por causa de rap. Quando eu conheci o rap, o Pedro Paulo estava fadado a morrer. E na verdade o Pedro Paulo nunca deixou de existir, mas ele poderia ter morrido em 1988.

No sentido de "era o rap ou o crime"? ■ É, exatamente. Não tinha para onde correr. O crime já estava virando uma coisa normal – meus amigos faziam parte daquilo. E, mano, se você vê os amigos em quem confia no barato, você acaba entrando. Se a primeira dá certo, você quer ir na segunda e aí você vai ficando frio, desacreditado, essa é a circunstância.

Você está mais confortável na posição de referência pra molecada da periferia... ■ Tem outras referências. Eu posso ser uma, mas tem muitas outras. Mais de cem, mil.

Isso te incomodava antes... está mais tranquilo hoje em dia? ■ Não é que me incomodava, eu não gosto é da cegueira. Você tem que estar com a visão 3D, entendeu? Todas aquelas ideias do começo dos anos

1990 foram muito importantes, elas são importantes, mas dali pra frente é cada um com seus problemas. Não pode ter esse negócio de grupo de rap ser ONG. A responsabilidade é de todos. Cada um tem que ter responsabilidade sobre si, então se a gente ficar nessa ideia de paternalismo de novo, "ah, vem que eu te ajudo, te dou cesta básica, te dou leite...", isso aí é o que já se faz. Isso está errado, entendeu? Tirar as pessoas da condição de igualdade... A condição de igual, de se sentir igual, é que traz liberdade às pessoas. Mesmo que esteja duro, não posso me sentir menos do que você porque o cara me deu um quilo de açúcar, que merda... Não tinha que estar ninguém dando açúcar pra ninguém. É o mínimo que tinha que ter.

Seu processo de composição mudou nesses 25 anos? ■ Eu componho aqui, com vinte caras fumando maconha e conversando junto. Já compus muita música também na cama da minha casa, sozinho. Componho de qualquer forma.

Mesmo com bagunça? ■ Bagunça vira música para mim, vira letra.

Você está satisfeito com as coisas que conquistou até agora? ■ Eu não sei o que eu conquistei. Eu sei o que eu fiz, eu estou bem, não me arrependo de nada não.

E no profissional? ■ No profissional dava para ter crescido mais, dado um passo além, mas era tudo muito atrasado, muito difícil aqui no Brasil. Era tudo muito turvo. Não tinha uma grande proposta que me confortasse. Tudo o que foi me oferecido ao longo da minha carreira foi perigoso. Não vinha dinheiro de uma fonte boa, tudo de fonte que eu não queria acumular.

Agora seria uma boa hora para... ■ Ó parceiro, vou te falar, hoje em dia já não penso nisso. Penso que eu preciso trabalhar, certo? Trabalhando eu como, bebo, durmo, visto e já era. Eu não penso na carga, no símbolo, no *status* de ficar rico. Mas sempre existiu essa possibilidade, e se eu não estou é porque não dei a atenção devida. Houve condições, mas não era aquele dinheiro que me orgulharia de ter ganhado. Eu prefiro vender sapatos, vender calça jeans, vender pão.

Trabalhar com coisas mais palpáveis? ■ Coisas que não sejam filosóficas, nem ideológicas.

Viver de arte é sofrido? ■ Não deveria ser. Por exemplo, se eu fosse um sambista, viveria de arte sem muita dor de cabeça, arte pela arte, e é muito respeitável por sinal, tá ligado? Como é o Fundo de Quintal, o Zeca [Pagodinho], o Revelação. São muito respeitáveis e não vivem nessa rota de colisão com filosofia. Eles vivem filosofias próprias, não deixaram que ninguém se apoderasse deles. Eles não quiseram ser a luz da humanidade. Houve ali um momento que foi colocado que o rap que tinha que ser a luz da quebrada, a luz da periferia, a luz dos caras. Uma coisa que veio de fora para dentro, que não foi denominada por nós. A mídia falou, a imprensa falou, os fãs falaram. Eu sempre gostei mais de ser o bandido do que ser o líder nas minhas músicas. Mais como um ombro do que como um mentor. Nada de ser mentor, sempre quis ser ombro, braço. Sempre quis ser braço.

Você acha que isso podou o rap de certa forma, tirou a liberdade de experimentar outras coisas? ■ Sim, mas politicamente era prioridade na época. O rap foi usado, e o Racionais de certa forma também foram.

Com todo o cuidado que vocês tinham? ■ É, fomos usados pela revolução, pela causa, a gente se deixou usar, entende?

E os frutos disso nem sempre são bons? ■ O fruto disso é a oposição, hoje aparece uns caras dizendo que a gente é do governo, porque a gente participou daquilo que era uma prioridade na época. Hoje em dia eu não sei se é prioridade. Não sei se é prioridade reeleger o PT. Não é uma coisa que a gente está ali de corpo e alma, mas na época era. Faça ou morra, tá ligado? Era isso, questão de prioridade, de praticidade. Era necessário pôr alguém lá que falasse algumas coisas que a gente pensava, e esse alguém era o Lula.

E agora? ■ Agora somos acusados de ser "governo". Eu já sabia que isso ia acontecer. Lógico que não esperava que viesse do Lobão, que era um cara que estava do mesmo lado naquela época. Eu não sei o que revoltou ele, com certeza não fui eu, não devo nada pra ele.

Não faço parte do governo. Eu participei porque era prioridade para o povo negro que o Lula ganhasse.

E agora não é mais prioridade o PT ganhar de novo? ■ Não, já não é prioridade. Eu acho que as pessoas têm o direito de questionar mesmo. Eu não vou me deixar cair nessa, de defender antigas filosofias. Eu acho que filosofia existe para ser questionada.

O Lula foi bom nos oito anos que ele... ■ Foi muito bom.

Por quê? ■ Eu acho que o mundo precisava disso, e o Brasil experimentou isso. O Obama ganhou lá; e o Lula tinha ganhado aqui, certo? Depois uma mulher foi presidente. Mudanças drásticas! Num país machista uma mulher ganhar. Num país racista um negro ganhar. Aí o Lula, que era um cara limitado, semianalfabeto – tinha essa lenda que o Lula era analfabeto – ganhou. Era impossível o Lula ganhar, entendeu? Ele tinha perdido três eleições direto. Eu participei de todas. Era prioridade o Lula ganhar porque em 2002 era outro Brasil. Era prioridade. Tinha que ganhar. Era vital.

E qual deveria ser nossa prioridade política agora? Isto é, a do povo que quer mudança. ■ O povo tem que tomar cuidado para não ser manipulado nesse ímpeto político. Querer mudança é muito importante, mas tem que tomar cuidado para não ser manipulado. Porque, realmente, o povo quando quer, muda mesmo. A lição que eu tirei dos protestos do ano passado foi a que existe um povo. Existe um perigo, que pode realmente invadir Brasília. Pode acontecer. Era uma lenda que você imaginava rolar na Argentina, mas no Brasil, nunca. E o Brasil mostrou que se quiser, faz. Então é bom todos ficarem bem espertos com isso. Mas tem que tomar cuidado para o povo não ser manipulado, tirar um do cargo pra colocar outro no lugar, virar massa de manobra. Como os Racionais também podem ser, caso se deixarem ser, entendeu?

Cada vez mais esportistas e artistas estão indo pra Brasília, se envolvendo na atuação política direta. Acha que é um caminho possível ou existem outros interesses envolvidos, como dinheiro? ■ Eu não acredito que ninguém faça mais nada só por dinheiro. Não é só o dinheiro que conta hoje. É influência, é fazer parte. As pessoas estão lutando pra fazer parte das coisas, né? Nos dias de hoje as lentes estão viradas para essas pessoas mesmo. Então está todo mundo olhando para elas, e a informação é muito rápida. Ter um dinheiro indevido na mão é muito perigoso para qualquer um: pra rapper, pra sambista, pra jogador... Não é só o dinheiro. É estar perto. Os caras chamam de *network*. É o caldeirão da bruxa. É o *lobby*, a antiga panela. Eu tenho um pouco de receio disso. Nunca quis estar perto do governo por isso. Fui chamado para muitas reuniões do governo e nunca fui em nenhuma.

Não foi pra não se misturar mesmo... ■ É que meu lugar não é lá, entendeu? Mas eu não escondo: a gente se posicionou a favor da eleição do Lula e ficou marcado por isso. Porque o Lula ganhou, fez a diferença e muita gente não gosta do que ele fez. Esses dias eu vi na internet: "É, o Mano Brown votou na Dilma!". Eu votei na Dilma mesmo. Eu acho que 85% da população na época votou na Dilma, mas tem 40% que vai dizer agora que não votou... Como assim?

E votaria na Dilma de novo? ■ Questionaria. Ouviria os que estão em volta de mim. Eu ia parar para ouvir.

Em 2007, no "Roda Viva", você disse que a maioria já estava a favor do povo, que a periferia é a maioria. Eu queria saber de você o que é que falta ainda? Se envolver em Brasília, criar um partido político? ■ É fazer muito mais fora de Brasília. A sociedade civil, as pessoas, os trabalhadores, os formadores de opinião, os jornalistas, os que fazem, os que escrevem, os que emitem opiniões, que têm contato com o público, eles têm força pra fazer o que o governo não faz. Verdade reta? É isso que tem que ser feito. Todo mundo sabe da sua obrigação. Esperar do governo é ultrapassado. Eu acho que o que tem que fazer é exigir do governo, não esperar. Se a sociedade souber o que quer, dificilmente vai ser enganada. Eu acho que o brasileiro flerta com muita coisa e não sabe exatamente o que quer. O brasileiro acabou de se descobrir, está consumindo pra caralho, está vivendo um momento que nunca viveu, entende? Se a sociedade quer mesmo lutar por hospital e escola, por que não se organiza pra pressionar o governo? Por que sobra para alguns caras, alguns estudantes, reclamarem disso? Porque o restante está acomodado.

Mas às vezes não é só uma faísca que precisa para fazer o acomodado se mexer? ■ Ah! Mas já teve várias faíscas. Está tendo faísca agora. Dever ter alguém que tá com o pé na vitrine agora, em algum lugar da cidade.

Mas não gera pressão? ■ É, tá, mas é isso mesmo? É hospital e escola? Ou são outras coisas e os cara querem pressionar o governo pra tumultuar? Qual o setor da sociedade que está preocupado com hospital e escola mesmo?

Você sentia que as manifestações batiam aqui? Que a molecada da periferia se ligava? ■ Olha, foi meio confuso... Foi intenso pra caralho, mas foi confuso pra caralho. A gente ficava falando sobre isso aqui, se era certo ou não, se ia participar ou não. No começo parecia ser uma coisa bem clara, depois virou de muitos interesses. Muitas insatisfações até. Isso mostrou que o governo não estava tão bem quanto a gente pensava. Mas muitos motins pré-organizados surgiram, esperando pra poder pegar essa carona, e um movimento inocente foi manipulado.

A que conclusão vocês chegaram? ■ Que estava sendo manipulado. Que existiu uma pureza no começo, mas tinham manipuladores também. Nunca foi fácil, né?

Mas não é melhor isso do que nada? ■ Lógico. Para acordar, né? Acordou os que achavam que estavam protegidos... Se o povo quiser e tiver uma boa causa, ele vai pra rua e toma. Deu para ver isso. Agora, que não seja para agradar um setor, para tirar um e pôr o outro, tirar um do governo e colocar outro que é igual no lugar dele. Você vai continuar sendo peça.

Qual sua expectativa para a Copa do Mundo? ■ Não estou ligando... Engraçado, eu sofria com Copa e com a Seleção Brasileira.

E você gosta de futebol! ■ Gosto pra caralho e sofria com a Seleção. Não sei o porquê.

É uma hora boa pra isso estar acontecendo aqui, acha que a Copa vai servir pra alguma coisa? ■ Vou te falar uma coisa: depois que chegou o metrô no Capão e depois que o Lula ganhou, nada mais parece ser impossível.

[risos] O metrô chegar foi foda... ■ O Lula ganhar também foi foda! Nada mais parece impossível. Tudo é possível. A Copa no Brasil? O que é a Copa, né? A Seleção Brasileira? Mistura muita coisa... O brasileiro gosta do futebol pra caralho e vai comemorar. Agora, se o Brasil não ganhar a Copa, pode fazer um bem fodido pro país.

Em que sentido? ■ De realmente o país entrar num mergulho de autoanálise profundo que pode ser algo pouco visto no Brasil moderno.

E depois tem Eleições na sequência... ■ Com certeza o resultado da Copa vai interferir.

O que você está achando do pleito desse ano? Acredita em algum candidato? ■ Eu vou aguardar um pouco...

Conversa com seus filhos sobre isso? ■ Meus filhos têm opinião formada. Inclusive, acho que eles são até mais informados do que eu sobre política. Eles estudam, né? Estão sempre em contato com estudantes... E no meio que a gente vive é fácil de se alienar, então ter dois filhos estudantes traz informações a que você não tem acesso.

Como você separa o Pedro Paulo do Mano Brown dentro de casa? ■ Não existe mais separação... Eles são a mesma pessoa. O Pedro Paulo sem o Mano Brown não estaria vivo, já te falei isso. Eles têm que aceitar o Mano Brown de igual. É a mesma coisa. Eu consigo viver bem esse barato aí. É suave. Eu sou um cara comum em qualquer lugar, não só dentro da minha casa. Eu tenho minha opinião formada, e a teria de qualquer forma. Eu não pago de Mano Brown pra cima de ninguém.

Como a ausência da figura paterna influenciou sua vida? ■ Ah, aprendi a me defender bem... e que a vida é uma guerra. Não tive quem me protegesse. Vi que eu não era perfeito mesmo, por causa disso, né? Já tinha defeito na raiz. Então eu teria que me ajeitar na vida para ser alguma coisa, para conseguir alguma coisa. Eu tinha que melhorar muito como pessoa. Sempre soube que eu tinha muito defeito.

Você acha que isso te deixou mais arisco? Ou mais ressabiado com as coisas? ■ Não. Nem mais ressabiado nem mais arisco. Eu não sou nem tão arisco. Eu sou destemido. E não posso dizer que sou um cara ressabiado porque já fui traído, eu sou um cara sem medo. Não tenho medo do futuro. Não tenho nem medo de ser traído. Eu só quero fazer o que eu faço e já era. Não tenho medo de nada.

Você já pensou em procurar seu pai? Como é que é isso pra você? ■ O meu pai talvez nem esteja mais vivo, né? Já faz tempo. Acho que meu pai não está vivo há muitos anos.

E isso influencia na criação dos seus filhos? ■ Meus filhos já nasceram numa casa com pai e mãe. Pai e mãe vividos, de vida sofrida mesmo. Então a gente soube mostrar pra eles que a vida não era um mar de rosas, que é difícil. Minha casa nunca foi de luxo, de coisas caras. É uma casa comum. Se você entrar na casa de qualquer pessoa aqui, é igual. Tem televisão, geladeira, sofá. Então eles foram criados de forma bem comum mesmo. Não teve esse lance de Brown.

Mas você faz questão de deixar o canal da comunicação aberto, especialmente com seu filho? ■ Eu falo com meu filho do mesmo jeito que eu falo com você. De homem pra homem. Minha filha, sim, eu já trato com um pouco mais de cuidado, é mulher e tal... Mas ela é bastante inteligente também. É independente. Então tá suave.

Você pensa no futuro dos seus filhos? ■ Meus filhos têm que fazer as próprias vidas. Não penso no futuro. Eu não protejo as vidas deles.

Mas você se preocupa com o mundo que está deixando para eles, ou isso é problema deles também? ■ Problema deles também. Cada um com a sua missão. Não tem essa, eu aprendi que a gente tem que criar o filho para o mundo, e não para a gente. E tem que ser forte, que nem eu sou. Tem que ser guerreiro, saber que as coisas não são fáceis. Aqui é uma guerra.

O rap é um meio machista... ■ Mas está melhorando...

E muitas vezes quem segura a bronca são as mães, as mulheres, não é uma contradição? ■ O Brasil é machista, e o rap é retrato do Brasil. Feito para o brasileiro, certo? Machista. Ponto.

E você acha que tem melhorado por quê? ■ Porque as mulheres estão ocupando espaço. Não é que o homem está cedendo, ele está perdendo. A mulher está avançando. Mas quem cria os caras mimados, fracos, são elas, então as mulheres têm lá sua parcela de culpa dos caras serem assim. Elas estão ocupando espaço porque eles também não estão conseguindo segurar os ímpetos das mulheres. E as mulheres estão chegando. A nova ordem, né? Mulher liberta, né? Mulher moderna. Essa liberdade que estão loucas para ter, estão começando a construir agora.

E você acha bom ou ruim? ■ Acho bom. Sou a favor das mulheres! Desde que o mundo é mundo o homem esteve no comando da situação. Quem sabe com as mulheres mude. Mulher é mãe, é mais apegada à vida.

Acha que está na hora do rap nacional esquecer os Estados Unidos pra trilhar um caminho mais... ■ Difícil... Quase impossível.

Por quê? ■ Porque os Estados Unidos são a torre. O mundo está globalizado, então tudo tem influência americana. Não é só o brasileiro que segue, o mundo inteiro segue. E o negro brasileiro deve muito ao negro americano. Porque quando se fala de rap, se fala de negro, e foi baseado na postura do negro americano que o negro brasileiro começou a reivindicar coisas básicas.

A música negra americana é rica, mas a música negra brasileira é tão ou... ■ Mais... Mas aí é que está! O poder bélico. O negro americano sempre teve aquela postura combatível, passou a ter dos anos 1960 pra frente. Então isso serviu de inspiração para os negros daqui. Foi um canal pra trazer essa ideia de periferia também, de classe. Aí sai do quesito raça e vai pra classe. É praticamente impossível separar uma coisa da outra. Aí vira uma coisa politizada. Eu nunca abri mão da liberdade da música, de fazer música livre. Nunca gostei de ter que falar disso ou daquilo. Mas que serviu, serviu.

Lá atrás, você esperava gravar com o Jorge Ben um dia? ■ Esperava. Era uma meta. Eu quando quero uma coisa é foda.

No começo do Racionais vocês sampleavam o Jorge Ben, e muito tempo depois você gravou com ele. Acha que os grupos de hoje estão mais conectados com outros artistas? O Emicida gravou com os sambistas Juçara Marçal e Wilson das Neves recentemente, por exemplo. ■ É, mas o Emicida já vem com a grife de artista que a gente não tinha. O Emicida tem essa grife de artista. O cara é reconhecido pelos outros músicos. Ele foi reconhecido muito mais rapidamente do que a gente na época.

Mas por causa de vocês também, não? ■ Não. Por causa dele. Tem músicos da época dele que também ouviram a gente e não deram em nada. Foi inteligência dele. A gente não deu nada pra ele. Ele que aprendeu isso. Ponto dele.

Você acha que, com a ajuda da internet, ele conseguiu mudar o jogo do rap? ■ Ele é um bom jogador. É um cara que sobrevive, um cara forte, inteligente.

Nesse sentido, hoje, a música é mais democrática? ■ Completamente. Você consegue comunicar com as pessoas, com a sua rede. Eu sempre falei que periferia é massa, e essa massa existe, desde que você não negligencie e nem ignore, eles vão estar com você. É simples assim. Eu cantei para aquele povo que não tinha acesso à internet. Ele canta para o povo que já tem acesso à internet. Sou totalmente consciente da minha situação no jogo.

Gosta do disco do Criolo? Acha que ele é um cara que... ■ Inteligente.

Ele ter chegado em outros ouvidos acrescenta o que para o rap? ■ Ele não tem que acrescentar nada para o rap. Ele tem que acrescentar para as pessoas. O rap é só uma classe. Eu não sou a favor de defender classes. O rap tem que servir e não ser servido. A gente não pode esperar, por exemplo, que quando o cara do rap chega lá em cima, que ele vá olhar para baixo e começar a ajudar. Não tem nada a ver! Não pode ser assim, não deve ser isso. Tem que ser forte o bastante pra chegar lá também. Não é chegar lá em cima e olhar para baixo para resgatar. Já está no trabalho, normalmente, o resgate.

Só de chegar lá, automaticamente já... ■ Automaticamente já vem um bolão de gente junto com você. Você já teve que construir para chegar lá. Você não chega lá e vai começar a resgatar um por um. Não dá para chegar lá assim.

Como é que você vê a indústria fonográfica no momento? ■ Existe um comércio sim, só que não é só a música, certo? Você tem que ter outras coisas para oferecer às pessoas. É som e imagem. Então já não é mais o fonográfico, já é um monte de coisa, já é uma calda longa. É a música mais a imagem, mais a roupa, mais a pessoa, mais o posicionamento dela. É um monte de coisa. Já foi a época em que você vendia o CD e bastava. Hoje não basta mais. É muito pouco. Precisa de um monte de coisa. É um trabalho mesmo.

E vocês têm pensado nisso? ■ Tenho vivido isso. De 2002 a 2010 passamos uma crise profunda. Deu para aprender um pouco. Teve uma crise fodida, de realmente a moeda bater no fundo da lata. Da época, né? Eu vi o rap subir de novo de 2010 pra frente. Nesses últimos quatro anos foi o grande lance. Cresceu mais do que nos últimos vinte anos que antecederam.

Por quê? ■ Por essa visão profissional que está sendo instaurada agora. De que é um movimento estabelecido, de que tem que ser levado a sério, de que tem que ter compromisso com horário, organização. Não é só um discurso, não é mais aquele bagulho de adolescente. Agora são homens.

E tem uma história a ser respeitada... ■ Qual é o maior compromisso da "revolução", entre aspas? É mostrar envolvimento, você pôr sua inteligência dentro dela, sua mão de obra, o conhecimento que você aprendeu naquela causa. Como é que você consegue mostrar isso? Quando a sua empresa vai bem, quando você paga as pessoas direito, quando você dá emprego para mais pessoas. Aí é trabalho! Não é movimento, onde um faz e fica um monte de gente sem condições de fazer nada. Tem que dar condições das pessoas fazerem para ganharem seu dinheiro. Esse é o momento que a gente está vivendo hoje. Essa é a maior evolução. Já não é revolução do discurso, das coisas abstratas, morou? É do trabalho. Se fosse no campo, seria enxada e terra. É na cidade. É trabalho. É envolvimento. É vida, sabe? E é ideologia também.

Então a expectativa para os próximos anos é boa? ■ Boa. Talvez melhor para os caras do que para mim, mas vai ser boa.

Melhor para o sangue novo que está chegando? ■ Com menos cobrança, menos questionamento. Uma visão mais ampla, mais livre.

Você sempre se questionou muito? ■ Eu questiono porque não basta ser.

Mas ultimamente você está mais de boa? ■ De boa mesmo nunca. Eu me questiono porque é fácil você parar no tempo. Então eu tenho que estar sempre procurando ser útil, né? Você tem que conseguir fazer sua parte, saber que muito mais gente vai ser beneficiada com aquela atitude que você tomou. Não uma atitude que vai fazer bem para você, encher seu ego. Então, o "revolucionário" tem que passar a ser útil. Parar de ser mentor dos comuns. Não! Vai crescer junto.

É essa revolução interna que você está passando agora? ■ É interna também, mas não é uma coisa que eu mudei. Nunca achei que o movimento tinha que ser uma ONG. Houve um momento em que a ideia da ONG era prioridade, mas na melhor oportunidade, o mais rápido possível, tem que deixar de ser ONG. É questão de sobrevivência. É que nem o lance de cotas. É polêmico, mas fundamental agora. Um dia vai deixar de ser. Vai chegar o dia em que o negro não vai precisar de cotas. As pessoas vão disputar a vaga de igual para igual. Naquele momento do rap era necessário ser uma ONG. Em 1992, não em 2014.

E a revolução vem de dentro? ■ Vem de dentro e de fora. A revolução está em volta de você. E dentro de você. Está acontecendo. Mas se você não fizer, alguém vai fazer de qualquer forma.

Esse novo momento do rap tem relação com vocês estarem mais abertos para falar com a imprensa? ■ Mas quem está mais aberto a falar com a imprensa?

Nós queremos te entrevistar faz tempo... É uma vontade não só da CULT, mas de toda imprensa... ■ Hoje mesmo eu fui convidado para fazer uma entrevista para o Estadão. E falei não.

A postura é a mesma de sempre ou... ■ Eu escolho com quem quero fazer e na época que quero fazer. Quando me é conveniente, eu faço.

Pode ser útil... ■ Considero útil. Mas eu sou imprensa também. Se quiser soltar uma nota agora eu solto, escrita por mim mesmo. Tenho 120 mil seguidores no Instagram. Tem jornal que não tem tantos assinantes.

E serve para semear ideias? ■ Semear ideias, eu já faço há muito tempo. Tem muita gente semeando ideias, todas dignas de serem ouvidas. Tem muita gente falando o que pensa e não é só o Brown, né? Senão vira chavão. Eu virei chavão dessas ideias, de ter que falar essas coisas. "É assunto de racismo? Chama o Brown." De todas as palestras que teve sobre racismo nos últimos anos, eu corri.

Mas mesmo assim o chavão continua? ■ É. Tem alguns encontros que já viraram chavão. Se eu for no movimento negro pra falar dos negros para os negros é fazer o de sempre. É fazer o óbvio. E dá pra viver de óbvio também, fingindo que está fazendo. Eu não quero isso, entendeu? Que evolução tem nisso? "Solta as músicas revolucionárias aí, Brown!" É assim? Oxe! Revolução é assim? Como assim?

Tá louco? Não é assim não. Revolução de 2014 é o quê? É Regina Casé, tá ligado? Melhor programa da televisão brasileira hoje, querendo ou não. O movimento negro vai vomitar quando ler isso. É uma pessoa que vem lutando, vem disputando, vem acompanhando e chega um momento que faz um grande programa de TV, morou? Do jeito que as pessoas são, fazendo o que elas são, vivendo o que elas são. Não tenho vergonha de ninguém ali, tenho orgulho. Eu me vejo em todos eles ali.

O disco solo funciona pra isso, pra você se libertar? ■ Eu sou livre! Está fodido quem quiser me aprisionar. Eu sou livre. Quando falei que vou fazer *soul music*, vou fazer doa a quem doer. Não estou nem aí. Eu sou rebelado. Se falar de amor é rebelião, eu tô nessa, entendeu?

EDIÇÃO 196 • NOVEMBRO 2014

JACQUES RANCIÈRE

O ódio à democracia foi escrito pelo filósofo Jacques Rancière como parte de um debate político da França de 2005, mas também poderia ser sobre o contexto político brasileiro de 2014, as eleições presidenciais sob influência das manifestações de rua do ano passado e o fortalecimento da representação de forças de extrema-direita no parlamento, sobretudo no Congresso Nacional. Quando menciona um dos *slogans* que animaram manifestações de rua em Madri – "Vocês não nos representam"–, Rancière também poderia estar se referindo aos cartazes exibidos nas ruas de São Paulo ou do Rio de Janeiro. Numa análise que combina perspectiva crítica aguda dos impasses da política contemporânea com uma forma original de questionamento da democracia representativa, o pensamento desse franco-argelino de 74 anos expande o conceito de estética, seu ponto de partida para provocações políticas. Editado pela Boitempo, *O ódio à democracia* é seu primeiro título de abordagem diretamente política traduzido no Brasil. Seu livro pode se inscrever numa longa linhagem de crítica às propostas habermasianas de aprimoramento da democracia representativa a partir de um ideal de consenso e aproximar-se de pensadores para os quais a democracia significa ao mesmo tempo uma falta – dada a sua impossibilidade de representação perfeita – e um excesso naquilo que resta de irrepresentável. A democracia, provoca ele, só existe se for o governo daqueles que não têm nenhum título para governar, daqueles que excedem toda possibilidade de representação.

por **Carla Rodrigues**

"O bom governo democrático é aquele capaz de dominar um mal que se chama simplesmente vida democrática." A frase expressa o que o senhor aponta como sendo o "ódio à democracia". A expansão da democracia é a expansão desse ódio ao povo? ■ Essa frase resume o pensamento daqueles que, nos anos 1970, propuseram dar fim a uma década de turbulência democrática, marcada pela luta contra a Guerra do Vietnã, pelo movimento de direitos civis dos EUA, pelo movimento estudantil na Europa e no Japão, pela greve geral na França em 1968, e a Revolução dos Cravos em Portugal. Era a preocupação dos políticos e dos homens de negócios reunidos para a célebre Conferência Trilateral, em 1972. Tratava-se, para eles, de opor uma "boa" democracia a essa democracia perigosa dos movimentos sociais, restringindo a atividade democrática ao processo eleitoral. A partir daí, procuro marcar a existência de uma distância muito antiga que separa a democracia como forma de governo e a democracia como poder do povo, como aquilo que excede todas as formas institucionais. "Democracia" quer dizer o poder daqueles que não têm nenhum título para exercer o poder. Em um certo sentido, esse poder é o próprio fundamento da política. Mas é desse fundamento que os poderes existentes sempre se utilizam para reprimi-la.

A leitura do seu livro me interessou particularmente porque sou pesquisadora da filosofia política de Jacques Derrida e da sua proposição de democracia por vir. O senhor acredita que essa possa ser uma formulação que nos permite pensar o paradoxo sobre o qual o senhor escreveu, isto é, que a boa democracia é sempre um paradoxo não resolvido? ■ Em Derrida, assim como no meu pensamento, trata-se de pensar a distância entre o princípio democrático e a forma de governo que carrega esse nome. Mas nós concebemos essa distância democrática de maneira diferente. Para mim, o paradoxo democrático é o fato de que a ideia de poder do povo excede sempre o princípio do governo. A mim parece que Derrida, ao contrário, concebe ainda a política como princípio de aplicação da soberania. O paradoxo democrático tende, então, a se identificar, para ele, na contradição de uma forma de governo. Foi o que aconteceu em 1991, quanto os islâmicos ganharam "democraticamente" as eleições argelinas e o governo argelino as anulou em nome da defesa da democracia. Para mim, a contradição é o enfrentamento de duas forças antidemocráticas, um enfrentamento que testemunha a ausência de uma verdadeira vida democrática na Argélia. Por pensar a política em termos de soberania, Derrida é levado a pensar a democracia por vir não apenas como uma distância em relação à forma estatal, mas em uma distância da própria política. Sua democracia tem mais aspecto de uma tarefa ética do que uma dinâmica política.

Desde 2005, quando seu livro foi publicado na França, forças de direita cresceram em toda a Europa. Há uma relação necessária entre o crescimento da extrema-direita e o ódio à democracia? ■ O crescimento dos movimentos de extrema-direita na França é mais um efeito do que uma causa. O fato fundamental é o crescimento da distância entre as decisões estatais e o controle popular. O sistema eleitoral tornou-se cada vez mais um simples modo de reprodução de uma classe de políticos profissionais, assessorados por especialistas totalmente alheios a qualquer controle popular. E as instituições supraestatais, como a Comissão Europeia, acentuaram esse processo que esvazia de toda substância a noção de democracia e submete as pessoas, por meio de seus Estados, a decisões dos poderes econômicos. Foi nesse contexto que a extrema-direita cresceu. É uma visão redutora e simplista ligar seu progresso ao desenvolvimento do racismo contra os imigrantes. Grande parte do seu sucesso se deve ao fato de ela explorar, em seu benefício, a distância entre a democracia oficial e o poder do povo. Em um sistema em que o poder estatal é cada vez mais estritamente ligado ao poder financeiro, e onde os partidos ditos de esquerda não se distinguem mais dos partidos de direita, a extrema-direita conseguiu se colocar como a única força exterior ao sistema dominante. Mas é claro que ela é um produto desse sistema.

As manifestações e os movimentos de rua, as chamadas "primaveras", fizeram tremer o que se chama de democracia. Pode-se pensar esses movimentos como uma demonstração da força do "demos" da democracia? ■ Esses movimentos certamente revigoraram a ideia de democracia no que ela tem de específica: a ideia de um poder dos anônimos como tais e a distância entre esse poder dos anônimos e o "poder do povo" incorporado no Estado. Os *slogans* indignados de Madri (como o

"Vocês não nos representam") são, nesse sentido, exemplares. Não é simplesmente uma denúncia voltada para os deputados que fazem mal o próprio trabalho. É a afirmação que a potência do povo e dos anônimos não se representa, que ela excede necessariamente a representação de tais ou tais grupos ou destes e daqueles interesses. A maneira como esses movimentos começaram é, nesse sentido, significativa. Mesmo que grupos políticos constituídos tenham participado dessas manifestações, não foi ao apelo desses grupos que as pessoas responderam. Elas se reuniram a partir dessas ligações à distância e dessas formas de endereçamento aleatórias que são próprias das redes sociais. Existe aí uma experimentação de novas maneiras de se reunir e de estar junto, novas maneiras de se fazer povo: à distância das formas do jogo estatal, mas também à distância das formas de manifestação étnica ou identitária nas quais os grupos de extrema-direita nos confinam.

O senhor estabelece uma relação entre os discursos contra a democracia e o fim da URSS. Poderia explicar? ■ Enquanto a URSS e o bloco soviético existiram, o discurso oficial opunha o "totalitarismo" *versus* a democracia, concebida como a harmonia entre Estado parlamentar, livre mercado e liberdade dos indivíduos. Mas desde que o adversário desapareceu, surgiu a concepção de que o livre mercado tem seus próprios contratos, aos quais o poder coletivo do povo e a liberdade dos indivíduos devem se submeter. Foi assim que vimos se desenvolver, particularmente na França, uma crítica aos perigos da democracia. Filósofos e sociólogos começaram a nos explicar que o conteúdo real da democracia é o poder dos indivíduos na sociedade de massa, e que a liberdade e a igualdade que esses indivíduos reivindicavam eram direitos de consumidores egoístas, em todos os mercados e de todos os prazeres. Essa busca frenética de igualdade de prazeres pelos indivíduos democráticos teria o mesmo resultado que a busca, pelos comunistas, da igualdade coletiva. Ela seria, também, um novo princípio de totalitarismo que, para satisfazer a paixão narcísica do "indivíduo democrático", arruína todas as formas tradicionais de relações sociais e humanas: família, religião, comunidade política etc. A ironia da coisa é que, evidentemente, essas críticas encontraram o protótipo desses consumidores liberados naqueles que têm menos a consumir: os operários lutando por seus empregos ou os jovens imigrantes nas periferias.

O senhor pode nos explicar qual é a relação entre a vida democrática e a vida apolítica? ■ Tentei mostrar que a democracia não era uma forma particular de política, mas o fundamento mesmo da política: a ideia de um poder coletivo que não pode ser ameaçado por nenhuma forma de autoridade fundada sobre uma superioridade natural. O poder dos que não têm título para exercer o poder é o fundamento paradoxal da política. Esse paradoxo sempre foi vivido como um escândalo por todos os que pensavam ter um título para exercer o poder. É por isso que eles estão sempre dedicados a inverter as coisas, a apresentar a democracia como uma coisa não política, um estilo social de vida. Era o que Platão já fazia em seu perfil do homem democrático ateniense como um indivíduo entregue a seu bel-prazer. É o que a sociologia moderna retomou com o famoso tema da "igualdade de condições" e com as descrições de uma sociedade democrática como aquela da individualidade de massa, do consumo, da padronização etc. Mas também a lógica do funcionamento estatal tende a fazer desaparecer os excessos democráticos, reduzindo a política à boa gestão e boa harmonização dos interesses de diversos grupos sociais. Isso que se chamou de consenso, e que foi apresentado como o aperfeiçoamento da democracia, é o seu contrário.

Se a democracia representativa é apenas uma forma de oligarquia, se nos elogios a essa democracia há sempre o ódio ao "demos", e se o senhor faz também uma crítica à democracia direta, eu pergunto: existe a real possibilidade de um governo do "demos"? ■ O governo do "demos" é e permanecerá sendo um paradoxo por ser, no seu fundamento, o governo daqueles que não têm título para governar. Nesse sentido, o governo do povo não poderá jamais se encarnar simplesmente em uma forma de governo. Mas a isso não se segue uma lógica do tudo ou nada. O que nós chamamos de democracia representativa não é simplesmente um governo oligárquico mascarado por uma aparência democrática. É um governo contraditório, fundado sobre uma dupla legitimidade (a do poder de todos e a do poder daqueles que "sabem" gerir o negócio coletivo). Isso quer dizer que se deve deixar um espaço para o exercício de um outro "poder do povo", esse poder dos anônimos que excede as formas estatais de representação. A questão então é saber se é possível construir formas duradouras de exercício autônomo desse poder, de instâncias populares que tenham formas autônomas de informação, discussão, decisão e ação: formas de existência diferentes, portanto, daquelas dos partidos, estruturados para a tomada do poder, seja por um partido parlamentar ou pela organização revolucionária tradicional. Esta é a questão posta por todos os movimentos recentes que procuraram não apenas ocupar o espaço público, mas recriar uma vida democrática que tem seus órgãos autônomos, suas formas de vida própria em todos os setores. Isso permanece sem solução, mas essa irresolução porta melhor o futuro que a crítica indefinida à ilusão democrática.

EDIÇÃO 201 • MAIO 2015

FREI BETTO

Prestes a completar 71 anos e com sessenta livros publicados, Frei Betto descobriu o amor pela escrita muito cedo, quando suas redações escolares fizeram os professores identificarem seu talento. Integrante da Ação Católica, grupo que se opunha ao regime militar, Carlos Alberto Libânio Christo foi preso duas vezes: em 1964 e no período 1969-1973, quando estava no Rio Grande do Sul e participava de uma rede clandestina formada pelos dominicanos para apoiar os insurgentes. Dessa segunda experiência, resultaram dois livros de cartas, atualmente reunidas num único volume intitulado *Cartas da prisão*. Começava a se desenhar aí o perfil do religioso e militante que publicou vários títulos de caráter memorialístico – entre eles, *Batismo de sangue*, que narra os episódios que levaram ao assassinato do ativista Carlos Marighella e que daria origem ao filme homônimo de Helvécio Ratton. O cruzamento de atuação política com religião aproximou Frei Betto do cristianismo progressista dos dominicanos e da teologia da libertação, mas jamais sufocou sua verdadeira vocação – a literatura. Na entrevista a seguir, concedida no convento dos dominicanos, no bairro paulistano de Perdizes, o autor de *Minas do ouro* fala da preocupação de dissociar a ficção das questões ideológicas – que continuaram presentes em suas intervenções públicas, levando-o a participar do programa Fome Zero, durante o governo Lula, mas não o impedindo de ser um crítico dos desvios de rota do PT e da timidez da esquerda.

por **Manuel da Costa Pinto**

Quando a literatura e a escrita aparecem na sua vida? ■ Comecei a escrever muito cedo. Sempre conto que, aos 8 anos, quando estava no grupo escolar, minha professora, Dercy Passos, entrou na sala com um maço de composições (belo nome que se usava então para as redações) e, ao fazer a correção, deixou a minha por último. No fim, disse à classe: "Vocês deveriam fazer como Carlos Alberto; ele escreve as próprias composições, não pede para os pais fazerem por ele". Aí meu ego bateu lá em cima... E mais tarde, no primeiro ano de ginásio, no Colégio Marista, meu professor de português me chamou e disse: "Você só não será escritor se não quiser". Só que, para mim, ser escritor era coisa de outro mundo, para gente muito erudita. Foi daí que me meti no jornalismo. Comecei, em 1966, por onde muitos almejavam concluir carreira: a revista *Realidade*. Mas só me tornei autor graças aos generais brasileiros, ao escrever *Cartas da prisão* – que foram publicadas primeiramente no exterior [com outros títulos e em volumes separados], primeiro na Itália, em 1971, em seguida na França e em outros países. Depois, em 1977, saíram no Brasil.

A experiência política marcou muito sua literatura. Em que momento surge uma ficção "pura", sem essa preocupação? ■ A militância me dificultou muito na ficção, que é o que mais gosto de fazer. Tive de lutar para me desfazer dessa camisa de força. Meu primeiro romance foi *O dia de Ângelo*, onde ainda havia essa camisa de força, tinha um pouco das minhas experiências em celas solitárias. Depois vieram *Hotel Brasil* e *Minas do ouro* – em que me soltei mais.

Essa mudança coincide com o período posterior à queda do Muro de Berlim, quando as grandes questões ideológicas declinam. É só depois disso, por exemplo, que você escreve *Hotel Brasil*, um romance policial. Há alguma relação? ■ Até onde consigo enxergar conscientemente, queria enfrentar o desafio de fazer um policial – duplo desafio de criar a ficção e o mistério, conduzir o leitor até o fim sem que ele descubra quem é o assassino. Foi isso que passou na minha cabeça. Não tive a consciência de que, com a crise das ideologias, iria fazer literatura "pura". Reservo 120 dias do ano só para escrever. Não são dias seguidos, mas são sagrados. E muitas vezes estou fazendo ficção e fico árido;

daí, inevitavelmente, leio Machado de Assis. Ele me reaquece, provoca minha inventividade. Fui um leitor voraz de Jorge Amado e Érico Veríssimo, de quem era amigo e que me ajudou a montar uma biblioteca na penitenciária em que estive preso – e fui muito marcado pela literatura francesa, Camus, o Sartre do teatro e de *A náusea*.

Falando em Jorge Amado e Sartre, que eram escritores muito engajados, como você avalia a esquerda de hoje? ■ A esquerda hoje é uma raridade. Conheci muito intimamente o mundo socialista, na Nicarágua, depois em Cuba, onde durante dez anos, entre 1981 e 1991, fiz um trabalho institucional de reaproximação entre Igreja e Estado. Com a queda do Muro de Berlim, a esquerda acadêmica, que nunca teve um trabalho popular, foi cooptada pelo neoliberalismo, a ponto de hoje acontecer uma enorme crise econômica na Europa Ocidental e não haver qualquer proposta de esquerda. O principal problema filosófico hoje é a desistoricização do tempo. Isso se reflete na esquerda mundial, que está perdendo o horizonte histórico (não tem utopia, não tem projeto), e também no plano pessoal – a dificuldade de se ter projeto pessoal na vida profissional, artística, afetiva (todos ficam vulneráveis a qualquer dificuldade na relação conjugal). Isso está nos levando à falta de esperança, e faz com que a discussão política desça do racional ao emocional. Sempre participei de discussões políticas e nunca vi nível de animosidade tão forte como agora, porque se apagou o horizonte histórico. Não é fácil ser de esquerda em um mundo tão sedutor quanto o do capitalismo neoliberal. Daí o problema do PT, que foi perdendo o horizonte histórico de um projeto Brasil e trocando-o pelo horizonte imediato de um projeto de poder.

Quando percebeu que o PT abandonou seu projeto inicial? ■ Isso desaparece na campanha de 2002, quando o PT faz a opção de assegurar a governabilidade pelo mercado e pelo Congresso – daí as alianças e a "Carta aos Brasileiros", que na verdade é a "carta aos banqueiros". Ali, o PT abandona sua matéria-prima, que são os movimentos sociais pelos quais deveria ter assegurado a governabilidade, como fez Evo Morales na Bolívia, que não tinha apoio no congresso, se apoiou nos movimentos sociais e, através deles, conseguiu mudar o perfil do congresso. Hoje, ele tem apoio dos dois, é o presidente mais consolidado de toda essa safra progressista. O PT optou pelo mercado e pelo Congresso. Agora, está refém dos dois e pagando um preço muito alto. Tanto que chamou um homem do mercado para ver se melhora a economia e entregou a parte política para o PMDB.

Se você já havia se decepcionado desde a "Carta aos Brasileiros", por que participou do programa Fome Zero do governo Lula? ■ Achei que a "Carta aos Brasileiros" fosse uma coisa tática, que, uma vez eleito, o PT faria reformas estruturais, tributária, agrária, algum tipo de reforma. Estava altamente entusiasmado. Sempre fui convidado para trabalhar em administração, mas nunca quis trabalhar nem para a iniciativa privada nem para governos. Gosto dessa vida cigana, solta. Quando Lula foi eleito e me convidou para o Fome Zero, achei que trabalhar com os mais pobres entre os pobres – os famintos – se enquadrava em minha perspectiva pastoral e tive todo apoio de meus superiores dominicanos e até de Roma. Fiquei dois anos e, de repente, o governo matou o Fome Zero para substituí-lo pelo Bolsa Família. Tive então a certeza de que essa opção contrariava tudo aquilo que o PT vinha pregando desde a fundação. O Fome Zero era um programa emancipador, o Bolsa Família é compensatório. O Fome Zero ia mexer na estrutura do país e por isso foi boicotado pelos prefeitos. Era coordenado por comitês gestores municipais, não passava pelos prefeitos, não havia como usar os recursos para fazer jogo eleitoreiro, então os prefeitos se rebelaram, pressionaram a Casa Civil, que pressionou Lula. No fim, Lula cedeu e eu caí fora.

Você chegou a escrever que o PT faz "populismo cosmético". ■ O erro do Lula foi ter facilitado o acesso do povo a bens pessoais, e não a bens sociais – o contrário do que fez a Europa no começo do século XX, que primeiro deu acesso à educação, moradia, transporte e saúde, para então as pessoas chegarem aos bens pessoais. Aqui, não. Você vai a uma favela e as pessoas têm TV a cores, fogão, geladeira, micro-ondas (graças à desoneração da linha branca), celular, computador e até um carrinho no pé do morro, mas estão morando na favela, não têm saneamento, educação de qualidade. É um governo que fez a inclusão econômica na base do consumismo e não fez inclusão política. As pessoas estavam consumindo, o dinheiro rolando e a inflação sob controle, mas não se criou sustentabilidade para isso. Agora a farra acabou, está na hora de pagar a conta e chama-se o Joaquim Levy [ministro da Fazenda].

Os católicos de esquerda foram preteridos pelo PT por conta dos compromissos com os evangélicos? ■ Lula sempre reconheceu que as Comunidades Eclesiais de Base [CEBs] tiveram mais importância na capilaridade do PT pelo território brasileiro do que o sindicalismo. Nos anos 1980, havia núcleos do PT no fundo do Maranhão ou do Amazonas graças a essas comunidades. Enquanto foram atuantes, não havia evasão de fiéis para as igrejas pentecostais. Foi o fato de o Pontificado de João Paulo II reprimir as CEBs que fez com que os bispos já não as patrocinassem e que muitas pessoas bandeassem para as igrejas evangélicas. Nas CEBs, o pobre se sente à vontade. Mas numa igreja, não. Você vai à paróquia e só tem classe média, tem a patroa, tudo é centrado no padre – não há convivência como numa comunidade. Ainda existem as CEBs, mas não com aquela força de antes. As CEBs produziram muitos militantes, como Erundina, Vicentinho, Chico Alencar. As figuras éticas [do PT] têm uma tradição de igreja. O PT é formado por três segmentos: o pessoal da Igreja, o do sindicalismo e o da esquerda – remanescentes da esquerda da época da ditadura (Zé Dirceu, Paulo Vannuchi etc.). O pessoal das CEBs, por formação pessoal, nunca teve muita gana de poder. Aos poucos, ficaram em segundo plano. Por outro lado, os evangélicos estão armando uma grande estratégia de domínio da política brasileira, que se resume ao seguinte: "Nossos princípios religiosos exigem determinadas atitudes morais e nós só podemos impor isso de duas maneiras: convertendo toda a nação (o que é impossível) ou tendo o poder de fazer a lei civil obrigar as pessoas a agirem como nós queremos (já que a lei é universal)". Se você tem a caneta, você transforma seu princípio religioso em lei.

Você vê sinceridade religiosa nessas posturas ou é manipulação de sentimentos reativos dos fiéis? ■ As duas coisas. Há os fundamentalistas e há os que são meramente oportunistas. Estes perceberam que aquilo é um manancial de votos. O pastor diz claramente: "o candidato é esse". Isso não acontece na Igreja Católica – aconteceu lá nos anos 1930, com a LEC [Liga Eleitoral Católica], em que o bispo dizia "isso sim, isso não". Nas igrejas evangélicas, há hoje um direcionamento muito explícito. Muitos políticos estão ali por fundamentalismo, muitos por oportunismo.

Qual sua posição sobre a liberação do aborto? ■ Defendo o modelo francês. Tudo deve ser feito pelo Estado para convencer a mulher a não abortar, mas a decisão final é dela. Esse modelo, em primeiro lugar, fez com que acabasse o aborto clandestino e, portanto, diminuísse o índice de mortes. Em segundo lugar, o fato de o médico e o ministro da confissão religiosa da mulher induzirem-na a não abortar aumentou o índice de mulheres que foram à procura do aborto, mas decidiram assumir o filho. Eu mesmo tenho experiência pessoal disso. Já recebi vários adolescentes nessa situação e sempre disse o seguinte: "Tenha o filho e deixe aqui que eu crio, pode deixar na porta do convento". Nunca ninguém trouxe e hoje tenho uma porção de apadrinhados... Tenho uma posição aberta, acho que aborto em última instância é um direito da mulher e não pode ser criminalizado de jeito nenhum.

Mas isso não vai contra os dogmas da Igreja? ■ Não é dogma. Se fosse, a Igreja também teria de ser contra a guerra, não haveria capelão militar e, nos EUA, seria contra a pena de morte. Na verdade, há uma ambiguidade na teologia. São Tomás de Aquino aceitava o aborto até quarenta dias após a fecundação, porque ainda não haveria ali, propriamente, uma pessoa – e ele é a doutrina oficial da Igreja. A discussão teológica não está fechada. Tanto que escrevi um texto sobre isso em 1988, que circulou na CNBB, e nunca recebi advertência. Aliás, nesse texto digo que "se homem parisse, aborto seria um sacramento"...

E em relação ao casamento homossexual? ■ O fundamento da relação de qualquer ser humano é o amor – e, se há amor, há Deus. O tema da sexualidade e da família está congelado na Igreja Católica desde o século XVI. Tentou-se várias vezes abrir esse tema nos concílios, mas ele foi podado. Acho que o papa Francisco, muito inteligentemente, está conseguindo quebrar esse preconceito. Em vez de falar "vamos aceitar o casamento homoafetivo", ele fala "esses casais têm filhos, as crianças não têm direito à catequese?" Com isso, já abriu o caminho. Ele acaba de receber no Vaticano um transexual espanhol que foi discriminado pelos bispos e que agora vai casar. Foi um escândalo na Espanha, tanto que dizem que a direita de lá reza assim para o papa: "Senhor, iluminai-o ou eliminai-o".

Outro tema atual que divide a opinião pública é a redução da maioridade penal. Qual sua posição? ■ Criminalizar a juventude é uma maneira cômoda de se omitir naquilo que deveria ser feito para evitar a criminalidade juvenil: dar educação. É o caso das UPPs do Rio: a polícia sobe à favela, mas não sobem escola, teatro, cinema, esporte, música – e o traficante não quer que seu filho seja bandido, quer que ele seja doutor. Uma geração já poderia ter sido salva no Rio se os equipamentos sociais também tivessem subido às favelas.

Como militante e ex-preso político, como vê o clamor pelo impeachment da presidente e pela volta da ditadura? ■ Não me preocupam ameaças de impeachment ou golpe. Não há caldo de cultura. Os militares nem saem de farda na rua. Militar, no Brasil, antes andava orgulhosamente de farda, até para arrumar namorada... O que me preocupa é a despolitização da juventude brasileira. Os segmentos de esquerda deveriam estar preocupados com a politização, como houve imensamente nos anos 1970 e 1980. Não há mais formação de consciência crítica – e aí o pessoal vai no emocional, no oba-oba da volta dos militares, sem ter ideia do que foi a ditadura, que pode parecer que foi tranquila, mas é porque havia uma censura brutal. Estamos voltando a esse nível de desinformação, a esse horror à política.

EDIÇÃO 208 • DEZEMBRO 2015

CELSO LAFER

Professor titular aposentado da Faculdade de Direito da Universidade de São Paulo, ex-ministro das Relações Exteriores do governo Fernando Henrique Cardoso, ex-embaixador do Brasil em Genebra e membro efetivo da Academia Brasileira de Letras são algumas das atividades exercidas pelo jurista Celso Lafer; poucos talvez conheçam uma relevante passagem de sua biografia: aos 24 anos de idade, ele foi aluno da filósofa alemã Hannah Arendt no curso de pós-graduação em Ciência Política na Universidade Cornell, nos EUA. Na entrevista a seguir, ele relembra a experiência de conviver com uma das maiores pensadoras do século XX.

por **Renan Quinalha**

O senhor foi um dos responsáveis pela introdução do pensamento da Hannah Arendt no Brasil na década de 1970, depois de ter sido aluno dela nos Estados Unidos. ■ Eu fui aluno dela nos EUA em 1965. Ela foi professora visitante em Cornell, no período em que estudei Ciência Política.

Era um curso de pós-graduação? Com que tema? ■ Era um seminário de pós-graduação, com poucos alunos, cerca de vinte, e tínhamos essas aulas em uma sala muito simpática localizada na grande biblioteca de Cornell. O curso que ela ministrou – "Experiências políticas do século XX" – era uma espécie de biografia imaginária de alguém que nasceu no fim do século XIX e passou pelas grandes experiências do século XX até o ano em que estávamos: a Revolução Comunista, a Primeira Guerra Mundial, a Crise de 1929, a ascensão do nazismo, o stalinismo, a Guerra Civil Espanhola, a bomba atômica, o início do macarthismo nos EUA... E a maneira como Hannah Arendt dava o curso era fascinante. A ideia que permeava a reflexão dela era o papel da narrativa: as coisas adquirem sentido se você consegue contar uma história a respeito delas.

Ela era uma professora que mantinha uma relação próxima dos estudantes? ■ Sim, ela era muito atenciosa com seus alunos, muito preocupada em dar a eles a oportunidade de conhecer, saber as coisas. Ela era uma professora no sentido pleno da palavra, que aplicava no trato com os alunos a importância do diálogo. Era uma pessoa muito educada, mais europeia do que qualquer outra coisa. Falava inglês com absoluta fluência, mas com o alemão subjacente à fala. Vale uma observação: eu tinha deixado a barba crescer e era muito cerrada. Um dia, então, ela me falou: "Você precisa dar uma aparada nessa sua barba porque desse jeito você não está bem". Naturalmente, eu fui ao barbeiro assim que pude e fiquei com a aparência mais apropriada. Em um de seus grandes livros, *A vida do espírito*, ela afirma que há uma relação entre ser e aparência, então, eu achei que, se ela achava que a minha aparência não estava boa, o meu ser também não estava apropriado.

Ela ministrou esse curso em uma época de efervescência cultural e política nos EUA e no mundo. Ela tratava propriamente do que acontecia nos anos 1960? ■ Ela era muito sensível ao que estava acontecendo e estava atenta à Guerra do Vietnã, ao movimento estudantil, à desobediência civil. Assuntos que, depois, integraram alguns de seus livros. Eu acho que uma das grandes características dela era a capacidade de pensar o sentido geral das coisas a partir de acontecimentos concretos.

Como ela se colocava diante desses acontecimentos? Ela resistia a determinadas tentativas de enquadramento da sua produção intelectual? ■ Ela afirmou em um colóquio em 1972: "I somehow don't fit" [Eu não me enquadro]. De fato, ela tinha essa dimensão de rebeldia, digamos, intelectual, que fazia com que não fosse uma pensadora convencional. Quando fui aluno da Hannah Arendt, ela já era uma pessoa conhecida por *Origens do totalitarismo*, mas controvertida. Havia muita polêmica sobre sua análise do caso Eichmann e não havia muita clareza sobre como enquadrar sua obra no âmbito dos conceitos consagrados do conhecimento. Era uma filósofa, uma historiadora ou uma pessoa dedicada à teoria política? Para a esquerda, ela era criticada porque havia feito na análise do totalitarismo a identificação do stalinismo com o nazismo. Para a direita, era vista como alguém que tinha escrito sobre a revolução e seu significado, sobre o sentido inaugural de uma mudança fundamental nas coisas políticas, que também era algo que gerava algum desconforto. Aí, eu me motivei a tornar a obra dela conhecida no Brasil.

O senhor chegou a conversar com ela a respeito da divulgação de sua obra no Brasil? ■ Eu lhe disse: "Quero ajudar a tornar sua obra conhecida. Qual é a sua sugestão?". E ela me respondeu: "Sugiro *Entre o passado e o futuro*, que é uma coletânea de ensaios, porque, de certa forma, esses exercícios em pensamento político (como ela qualificou tais trabalhos) dão um sentido de direção da minha obra". Na introdução desse livro, ela afirma que, na brecha entre o passado e o futuro, uma das características do século XX e de suas rupturas nessa "era de extremos" era a de ter colocado em questão as categorias tradicionais do pensamento. E que, por isso mesmo, o pensamento deve emergir da experiência vivida e estar ligado a esta experiência como critério de aferição da sua relevância. Há aí muitas discussões sobre o que é autoridade, o que é liberdade, qual é o significado da história, o que é verdade factual, o que é a crise da cultura da era contemporânea e assim sucessivamente. Foi justamente para esse livro que eu preparei uma introdução que discute a dignidade da política na leitura de Hannah Arendt.

Neste ano, completam-se quarenta anos da morte de Hannah Arendt e sua obra tornou-se uma referência indiscutível em diversas áreas do conhecimento. Como explicar a vitalidade dessas reflexões? ■ Um clássico é um intérprete autêntico do seu tempo. Eu acho, indiscutivelmente, na medida em que os anos foram passando, que Hannah Arendt é uma grande intérprete daquilo que foi o século XX, da sua era de extremos. Segundo ponto de um clássico: é uma autora que instiga contínuas leituras e releituras, que encontram pistas esclarecedoras de suas dúvidas e inquietações. Passados esses anos todos de sua morte, a bibliografia arendtiana tornou-se imensa e cresce, ano a ano, em todos os quadrantes culturais. Na Europa, sem dúvida alguma – não só na Alemanha, como na França, Itália e Espanha –, mas também nos Estados Unidos e na América Latina.

Nota-se também um crescente interesse de pesquisadores dedicados a explorar diferentes aspectos do rico legado deixado por ela. Quem o senhor destacaria nessa bibliografia de arendtianos? ■ Temos inúmeros autores debruçando-se sobre sua obra. E aí eu faço um pequeno parêntese: Ortega y Gasset dizia que toda geração é a expressão de uma sensibilidade compartilhada – você identifica uma geração em virtude dessa sensibilidade. Se você olha a bibliografia arendtiana, verifica que há gerações de estudiosos. Existem aqueles que foram seus companheiros. Depois, há os que foram seus alunos – entre os quais me incluo. Eu mencionaria aí o Jerome Kohn, o último assistente de Hannah Arendt, que hoje é o responsável por organizar muitos de seus textos esparsos e interpretá-los; ou a Elisabeth Young-Bruehl, que é autora de uma grande biografia, clássica, que está traduzida para o português. Depois há as sucessivas gerações que foram vendo coisas interessantes e procurando lidar com o que elas traziam para suas inquietações. Por exemplo, há hoje em dia reflexões sobre o que ela diz a respeito das Relações Internacionais – um assunto pouco trabalhado na época.

Os textos clássicos do pensamento de Arendt foram publicados em vida. Depois de sua morte, houve a publicação de muitos inéditos que ampliaram o *corpus* de sua obra? ■ Coisas muito significativas foram publicadas, sim. Uma delas é o diário que reúne apontamentos de 1950 até praticamente sua morte. Como disseram alguns especialistas, é uma espécie de ateliê do pensamento dela. Foi escrito parte em alemão, parte em inglês e parte em francês, e é cheio de enormes citações em grego e latim – que para ela não eram expressões de erudição, mas aquilo de que estava habituada a se valer em seu processo de reflexão. Na ampliação do *corpus* da obra de Hannah Arendt, também se encontram muitas publicações da correspondência dela, ativa e passiva. Uma das mais interessantes é a correspondência com Karl Jaspers, que sempre foi uma referência importante para ela, representando o que havia sobrado da qualidade da cultura alemã dentro da qual ela foi criada. A correspondência com Mary McCarthy, uma grande amiga dela, também é excelente. Exemplar não do feminismo, mas do trato da condição feminina. Ambas eram mulheres de forte personalidade, grandes intelectuais de vida intensa que ainda tinham de lidar com casamento, marido, família... Foi Mary McCarthy, inclusive, que preparou a edição de *A vida do espírito*.

O senhor poderia voltar à questão específica da condição da mulher em Hannah Arendt? A demora na recepção da obra dela pela academia teria relação com o machismo dos círculos acadêmicos? ■ Eu acho que não havia tal preterição por conta disto, não. Porque, por exemplo, Simone de Beauvoir circulava. Os livros de Hannah Arendt foram sendo sucessivamente publicados. *Entre o passado e o futuro*, *Crises da república*, *Origens do totalitarismo*, *A condição humana*... Todos livros de grande envergadura.

Ela tem uma relação bastante singular com o judaísmo e com o sionismo. Como ela pensava a formação do Estado de Israel e os conflitos daí decorrentes? ■ Ela discutiu o que significava esse problema. Participou, inclusive, num certo momento, do movimento sionista nos anos 1930, baseada na França, propiciando a ida de jovens judeus para a Palestina. Na década seguinte, também se envolveu na discussão dos temas do sionismo. Esteve ligada ao reitor da Universidade de

Jerusalém, com quem se identificou a respeito dos problemas futuros e, seguramente, pressentiu que o tema da relação do estado de Israel com os países e com a população árabe seria um problema a ser enfrentado muito mais significativo do que se pensava naquele tempo. Ela acompanhou – diz isso em cartas – o que foram as guerras de 1967 e de 1973, com uma grande sensibilidade a respeito da ideia de que a sobrevivência do estado de Israel era uma coisa importante.

Mas ela sempre se posicionou de modo crítico em relação à violência? ■ Ela faz muito a crítica à violência, acha que a violência destrói e não cria. A história de Mao Tse-Tung de que o poder está na ponta de uma arma não era a compreensão dela, que faz a distinção entre força, poder, violência e autoridade. Força é um pouco o desencadear de forças. Violência é o uso instrumental que se multiplica com os instrumentos técnicos – as armas nucleares são exemplo disso. O poder, e este é um ponto importante para ela, resulta do agir conjunto, da capacidade de os seres humanos se unirem em torno de um curso comum de ação, por isso ela vê na desobediência civil uma forma de geração de poder. Já a noção de autoridade dela é muito interessante. Autoridade vem de *auctoritas*, que significa aumentar, acrescentar. A partir da experiência romana, ela diz: "O poder está com o povo, mas a autoridade está com o Senado". Com isso, ela está querendo dizer que o papel da autoridade é acrescentar coisas àquilo que foi o significado da fundação de Roma.

Hannah Arendt critica não apenas os totalitarismos mas também a democracia liberal. Ela aponta os limites de um governo que só cuida dos direitos individuais e não se preocupa, por exemplo, com a participação política – para ela, uma questão fundamental. Como podemos dialogar com essa crítica hoje, em um momento de crise do sistema político pela falta? ■ O tema da dimensão participativa era sempre uma preocupação constante dela, como também a história da transparência, do público, sendo, ao mesmo tempo, o comum e o visível, que é a forma pela qual a cidadania toma conhecimento daquilo que acontece e exerce seu poder de controle. Em *A condição humana*, ela discute os conceitos de *labor*, *work* e ação. Há uma grande discussão sobre como traduzir *labor* e *work*. A primeira dimensão diz respeito às coisas exigidas pelo metabolismo da vida; a segunda é a do *work*, aquilo que você extrai da natureza e com o qual cria objetos duráveis (esta mesa, a cadeira ou uma obra de arte). Por fim, existe a ação. Ela diz que são dois os elementos que permitem lidar com a imprevisibilidade e o inesperado da ação: um é a promessa e o outro, o perdão. A promessa está ligada à ideia do contrato, do entendimento e da possibilidade de estruturar uma comunidade política a partir da promessa recíproca – a noção de Constituição e de Constituinte se enquadra nessa história. E o perdão, diz ela, é a única maneira pela qual você pode lidar com fatos irremediáveis que derivam da ação – perdão judicial, anistia, são exemplos disso.

Como o conceito dela de cidadania enquanto "direito a ter direitos" pode ser visto, hoje, com o enorme fluxo de refugiados e imigrantes? ■ Eu acho que ela elaborou a noção do direito a ter direitos a partir da experiência dos *displaced people*, dos refugiados. Você só pode pensar no direito a ter direitos com acesso à ordem jurídica. E aí ela faz a brilhante análise de que a temática dos direitos humanos surge, basicamente, na linha do modelo francês – pela declaração francesa dos direitos humanos – e na ideia de que há uma coincidência entre os direitos dos povos e os direitos dos seres humanos, modelo da Revolução Francesa. Conjugam-se os direitos dos integrantes de uma nação por uma declaração de direitos. O padrão de normalidade dos séculos XVIII e XIX são as nacionalidades dentro dos estados nacionais. Mas isso se transforma com a Primeira Guerra Mundial e com o fim dos impérios multinacionais. O império czarista foi substituído pela União Soviética, que afirmou a universalidade do comunismo. A desagregação da União Soviética fez aflorar todos os problemas das nacionalidades da região que fazia parte do império czarista. O fim do império austro-húngaro levou, depois da Primeira Guerra Mundial, à existência de minorias que não estavam à vontade dentro de estados organizados em torno do princípio das nacionalidades – daí o sistema montado pela Liga das Nações de proteção das minorias, que se revelou incapaz de lidar com vários fenômenos: o primeiro, a cassação em massa da cidadania promovida na Alemanha por razões raciais, promovida na União Soviética por motivos políticos. Depois, a crise de 1929 e a existência do fechamento das fronteiras por razões de economia, mas também por xenofobia. Então, essas pessoas que não tinham acesso à ordem jurídica se tornaram indesejáveis e os indesejáveis se tornaram descartáveis e foram para os campos de concentração. Hoje, criou-se um alto comissariado de refugiados, que exerce uma espécie de proteção diplomática para aqueles que não têm *status*. E vê-se a multiplicação dos refugiados – que, por sua vez, é o resultado do esfacelamento de Estados-nação, dos *failed states*. A Síria e o Iraque são exemplos desse fluxo de pessoas que não estão mais à vontade dentro de seus estados. *Failed states* é uma expressão da crise do Estado-nação. A minha tese é construída em torno da ideia das rupturas, da reconstrução dos direitos humanos, da ideia de que o direito a ter direitos representa um acesso à ordem jurídica, e que essa não pode ser apenas a ordem jurídica nacional, daí a internacionalização dos direitos humanos. Outros tipos de direitos procedem da reflexão dela – como, por exemplo, o direito à associação por expressão, ao poder da ação conjunta, à liberdade de pensamento como forma de lidar com o pluralismo da condição humana...

Como o pensamento de Hannah Arendt nos ajuda a entender o momento em que vivemos hoje, marcado pela emergência do ódio, de uma agressividade muito forte nas relações humanas? ■ Hannah Arendt critica os chamados ódios públicos, porque eles destroem a pluralidade da condição humana. No entender dela, o que caracteriza justamente a condição humana é a pluralidade. Se destruímos essa pluralidade, um pedaço do mundo, consequentemente, será destruído.

EDIÇÃO 216 • SETEMBRO 2016

MARIA RITA KEHL

Maria Rita Kehl é psicanalista e escritora. Também trabalhou como jornalista e integrou a Comissão Nacional da Verdade. Premiada com o Jabuti 2010, na categoria não ficção, pela obra *O tempo e o cão: a atualidade das depressões*, ela tem outros dez livros, de crônicas ou sobre psicanálise, escritos ou publicados. Dentre eles, *Deslocamentos do feminino*, lançado originalmente em 1998 e relançado neste mês pela Boitempo Editorial. A nova edição foi revisada pela autora e traz, na orelha, um elogioso comentário de Marilena Chaui: "Como surgiu a 'mulher freudiana'? Com essa indagação – e partindo da declaração de Freud de que não se nasce mulher nem homem, mas nos tornamos um ou outro –, Maria Rita Kehl propõe desconstruir a figura universal e abstrata d'A Mulher, isto é, um conjunto de imagens e representações que tentam produzir uma identidade para todas as mulheres, sem alcançar nenhuma delas em sua singularidade". Nesse momento em que o debate sobre gênero se expande, a entrevista a seguir trata, primordialmente, de *Deslocamentos do feminino*, um livro feminista, não só por colocar as mulheres como sujeito social e político, mas também por apontar restos de ideias arcaicas na psicanálise lacaniana.

por **Bianca Santana**

No livro, você apresenta uma diferença entre mulher, feminilidade e feminino. É possível explicar essas noções em poucas palavras? ■ A primeira é bem fácil, está no senso comum. Mulher se define com o sexo biológico: vagina, aí se desenvolvem os seios, a capacidade reprodutiva. E pode mudar depois. Quando eu escrevi o livro não existia transgênero. Coelho macho e fêmea, cachorro macho e fêmea, ser humano macho e fêmea. Mesmo pessoas transgênero, ao nascer, a primeira coisa que o médico diz é se é menina ou menino. Essa é nossa primeira noção de identidade. Homem e mulher é uma definição muito básica, muito calcada no biológico, com a qual você se identifica desde a certidão de nascimento. Independentemente de você mudar isso no futuro ou não.

E feminilidade? ■ É o modo como você se transveste de mulher. E isso muda em cada cultura, tribo, país. É o que Freud diz: não nascemos homem ou mulher, nos tornamos. Morreu Elke Maravilha. Pensando agora é como se ela fosse a feminilidade no mais alto grau, a ponto de ficar quase uma palhaçada. Aquilo que é do feminino: se maquiar, mudar isso, aquilo, ela se transformava quase em uma caricatura de mulher. O gênero dela ficava genial. Não fazia isso de mau gosto, era de propósito, criando um estilo artístico. A feminilidade é uma construção de estilo.

Dilma foi muito questionada por não se adequar a um modelo de feminilidade. ■ É machismo. Ponto. A Dilma não é a Marcela Temer. Politicamente, podem chamá-la de horrorosa, isso é oposição política. É de uma má-fé... Usam o fato de ela ser a primeira presidente mulher. Se fosse uma deusa grega de decote talvez fosse chamada de vulgar, puta. Acho isso muito baixo. Não piora nem melhora em nada o valor político da Dilma. Talvez, uma mulher no comando tenha sido obrigada a ser mais dura. Mas parece que ela tem esse traço. Quem sou eu para dizer, não sou amiga dela para saber se sempre foi assim. O que eu sei, do pouco convívio que a gente teve pela Comissão da Verdade – eu vou usar uma impressão de propósito –, é que ela é uma fofa. Quando estava bem, entre nós, feliz de nos receber, a gente brincou, fez piada. Quando ela acorda de noite e quer fazer um chá, precisa chamar alguém do cerimonial. Ela não se sente bem.

E aí eu brinquei: põe um fogareirinho no quarto, esconde debaixo da cama para fazer um chazinho de noite. Ela falou: é, mas se virem uma fumacinha saindo pela minha janela, em cinco minutos tem o exército, os bombeiros, a polícia. Ela estava rindo dessa prisão que é ser presidente. E era uma conversa divertida. Provavelmente, os presidentes homens achavam essa a coisa mais normal: serem servidos. Uma mulher que sempre circulou pela casa, que não era rica, não tinha criadagem, para ela era uma restrição, não um privilégio.

Falamos da mulher, da feminilidade. E o feminino? ■ Feminino é como você elabora e compõe a sua relação subjetiva com a sexualidade, com o seu desejo, que pode ser hétero ou homo. Também numa mulher pode ter um desejo masculino. Não há norma para isso. Eu usei esses três critérios até para dizer: olha, para compor cada mulher essas três coisas [mulher, feminilidade e feminino] se combinam de maneiras diferentes.

Assim, o desejo sexual feminino seria o de receber? ■ É. Até pela natureza biológica do órgão. O que não quer dizer que as mulheres não possam ser fálicas. Freud tem uma restrição de homem da sua época. Ele foi o cara que chocou todo mundo por falar de sexualidade infantil, que as neuroses têm natureza sexual. Ele foi muito ousado, mas não conseguiu totalmente ultrapassar uma ideia do sexual muito ligado ao reprodutivo. Então, é como se o órgão sexual da mulher, por excelência, fosse a vagina. E o do homem, o pênis. Mas a mulher tem dois órgãos sexuais: o tecido vaginal, que é um órgão de prazer, e o clitóris. Só que Freud considera – e aí é uma limitação mesmo de geração –, que a sexualidade clitoridiana é infantil, e que a mulher madura tem que passar da sexualidade clitoridiana para a vaginal. Claro que ela tem que passar para a vaginal se ela quiser o sexo com penetração. Mas não exclui a clitoridiana. A questão é que não tem o abandono de um pelo outro. A hipótese dele é que quando a mulher fica decepcionada porque ela nunca vai ter um pênis, abandona a masturbação clitoridiana. Como se você pudesse recusar uma excitação porque aquele órgão não vale tanta coisa. Tem muita ignorância. Claro, toda a formação dele, a principal concepção da psicanálise, é tudo do século XIX. As mulheres não diziam para ele as coisas que hoje dizem em qualquer consultório de psicanálise. Em primeiro lugar, a zona erógena, que é o clitóris, não deixa nunca de ser excitável e ser excitada no ato sexual. E só os homens que são, aqui entre nós, ruins de cama, não sabem se colocar com a mulher de um jeito que ela possa ter esse duplo prazer. Só os homens que têm aquela estereotipia masculina de um jeito específico de penetrar a mulher é que não conseguem atender a essa possibilidade inscrita no corpo. A região anal não é só para os homossexuais, ela é excitável para todos os seres humanos. E as possibilidades de carícias anais podem ser mais ou menos reprimidas. Freud não contempla. Mas foi pioneiro, esteve na linha de ponta de sua época.

No livro você também traz Madame Bovary. ■ Sim, porque ela é uma mulher insatisfeita com a condição feminina. Tem fantasias com uma vida diferente da vidinha de uma esposa de província. E ao mesmo tempo é mulher de uma época, que leu muitos romances. Por isso meu livro tem um capítulo sobre as mulheres do século XIX, falando inclusive do momento em que começam a ler romances. As mulheres casadas não tinham o que fazer, ficavam entediadas. Abre-se um mercado de romance para mulheres, pois elas eram as que liam. E a mulher começa a ser a protagonista do romance. Naquele momento em que a família nuclear burguesa se forma, as mulheres vão para dentro da casa. Nas sociedades de corte, elas podiam ser rainhas. Mesmo as mulheres do povo, antes, tinham uma vida coletiva, comunitária, digamos assim. E é nesse período que a vida se privatiza. A figura da rainha do lar é quase que um prêmio de consolação: você vai ter um monte de filho, vai se entediar pelo resto da vida, mas você é a rainha dessa casa. Quem vai para a rua é seu marido, quem entende de política é seu marido, quem não é obrigado a voltar para casa e pode ficar conversando com os amigos é seu marido. E você pode, de vez em quando, fazer um chá para as amigas, vai costurar muito, se for burguesa ainda vai ter empregadas. Você vai morrer de tédio, mas você é a rainha do lar. É nessa passagem que Flaubert escreve o romance de uma menina que estudou em colégio de freira, leu muito, e se casa achando que vai ter a vida das heroínas dos romances que leu. Em um mês a vida dela é um tédio. Então ela se engaja com os amantes. Mas é muito importante lembrar que ela não se mata por amor. Além de tudo, ela não tem autonomia com o próprio dinheiro. Ela tem uma fantasia de ter uma vida mais elegante do que aquele médico de província podia dar, então começa a se endividar. Ela se mata porque ela se endivida, o que é muito mais radical. Uma mulher que quer bancar uma vida que não pode ter e não tem condições nem de pagar suas contas porque depende do marido.

Você está falando da mulher branca, do Ocidente. É uma visão eurocentrada. Não necessariamente essas noções são universais. ■ Veja, não estou fazendo uma análise da mulher. Estou tentando entender como a psicanálise criou uma teoria sobre a mulher. Que mulher estava sendo escutada. Não tinha como Freud escutar a indiana, a africana, a nordestina, a brasileira. Eram as europeias que ele podia escutar.

Olhar para essa pluralidade de mulheres ainda é um desafio para a psicanálise? ■ Desafio eu diria se fosse uma coisa que a psicanálise ainda não faz e tem que fazer. Acho que não. Nos quase vinte anos que nos separam da primeira edição desse livro, também a psicanálise mudou muito. Não por mérito da psicanálise, mas porque as moças estão se fazendo ouvir e quem não escuta fica para trás. Se não quiserem ouvir, nem adianta algodão. Tem que pôr chumbo no ouvido.

O que havia de arcaico na psicanálise quando você escreveu o livro? ■ Freud cria uma teoria da feminilidade a partir do que ele escuta das histéricas. O que estou discutindo é o que chega à psicanálise como sendo próprio do feminino que não é exatamente próprio do feminino. É próprio ou da histeria ou de uma condição muito específica do século XIX, começo do XX, que cerceou e colocou as mulheres em um lugar onde elas não estavam antes e de onde elas saíram depois. A histeria se torna quase que símbolo da feminilidade porque a histérica manifesta um sofrimento que é de todas as mulheres. Por exemplo: dizer que a menina tem um complexo de inferioridade porque ela não tem um pênis é quase uma afirmação de época. Isso vale para uma época em que não ter o pênis vinha junto com uma série de limitações. Então a menina pequena pensa: eu sou que nem a minha mãe, ela não pode sair de casa, não pode trabalhar, não pode ganhar dinheiro, obedece meu pai. Minha mãe é inferior e eu também sou.

Hoje, a filha de uma feminista, minha filha, a sua, vão achar que faz diferença ter ou não ter um pênis para serem superiores ou inferiores? A ideia de que a menina tem um complexo de inferioridade, que precisa superar, que tem fantasias de que seria bom ter um pênis, que se sente castrada, tudo isso acontece, você ainda escuta ecos disso na clínica. Ora, o importante é o que Lacan fez pela psicanálise freudiana, sem desvirtuar em nada a teoria freudiana. Castração não é a perda do pênis. Castração é a condição humana. Isso também está no Freud, mas Lacan dá uma ampliação. Quer dizer, nenhum de nós é completo. Nenhum de nós não tem falta. A castração é simbólica. A castração é a incompletude de todo ser humano. E depois que você passa o Édipo, digamos assim, ou na análise, é aí que você deve chegar. Não é no sentido de perceber que eu sou perfeita, eu sou maravilhosa. É descobrir que essa é a minha condição. É a condição do meu desejo. Se eu não tivesse falta, eu não teria desejo. E essa é a condição humana. Essa é universal. Acho interessante ver como Freud trouxe para a cultura do Ocidente um dispositivo altamente progressista. Porque hoje, isso tem a ver com o capitalismo também, com sociedade do consumo: temos uma diversidade de modos de compor gênero. E mais, não só de compor gêneros, a diversidade de opções sexuais que se inventam, que não existiam no final do século XIX. E que não são mais consideradas perversões. Aquilo que era ainda homossexualidade e heterossexualidade explodiu, multiplicou. Há, praticamente, uma sexualidade para cada ser humano. Claro que a psicanálise tem uma responsabilidade enorme por isso. Do ponto de vista do moral, ideológico e por trazer isso como saúde psíquica e não como doença.

EDIÇÃO 218 • NOVEMBRO 2016

PAULO MENDES DA ROCHA

Paulo Mendes da Rocha costuma ser identificado como arquiteto. Engano. Muito além de suas obras de arte em concreto e das intervenções em prédios históricos, está em ação, o tempo todo, um filósofo nos moldes pré-socráticos, que vai tecendo seu pensamento em diálogo generoso com o outro, somando a isso uma vivência de leituras pontuais para traçar o pensamento contemporâneo. Como ele próprio afirma nesta entrevista, "o grande tema da arquitetura não é o edifício como fato isolado, mas sim a construção da cidade". No caso, a construção do conhecimento de cidadania. Ele vive um momento especial. É o arquiteto brasileiro mais premiado de todos os tempos. Entre os inúmeros prêmios, há os famosos Mies van der Rohe, mais importante da arquitetura europeia, e o Pritzker, considerado o Nobel da arquitetura. Em 2016, aos 87 anos de idade e em plena atividade – ele inaugurou o monumental Museu dos Coches, em Lisboa, Portugal, no ano passado –, Mendes da Rocha ganhou três importantes prêmios outorgados por instituições de prestígio na Itália, na Inglaterra e no Japão. Recebeu o Leão de Ouro, em maio, pelo conjunto da obra, na Bienal de Arquitetura, em Veneza. Mais tarde, em setembro, o Praemium Imperiale Prize, outorgado em Tóquio pela Japan Art Association. Finalmente, coroando um "grande slam" do circuito da arquitetura, recebeu, no mesmo mês, a Royal Gold Medal, concedida pelo Royal Institute of British Architects (RIBA), em Londres. No texto que acompanhou este prêmio está a expressão "*living legend*", ou seja, "lenda viva". Os britânicos, usualmente tão comedidos, foram de uma precisão cirúrgica ao usar essa expressão. Esta entrevista mostra o porquê.

por **Angélica de Moraes**

Certa vez você afirmou que o lucro não pode ser a única razão de construir e que a cidade não pode ser produto do puro mercado. A especulação imobiliária é o maior problema urbanístico das cidades brasileiras? ■ Sem dúvida nenhuma é, mas também seria interessante responder que não é por si. É na maneira degenerada com que o liberalismo do não planejamento age, o liberalismo da incompetência dos órgãos públicos que seriam responsáveis pela regulação dessas questões. É absurdo dar total liberdade para o puro mercantilismo. A população tem que exigir a cidade competente, uma cidade para todos, porque uma cidade onde ficam os pobres e outra onde ficam os ricos é uma besteira. O conhecimento e a técnica são patrimônio da humanidade.

O arquiteto como agente político de transformação da cidade teria perdido o jogo para as corporações de construtores e para essa aliança que sempre fazem com o poder público? ■ Esta é justamente a dimensão política de qualquer forma de conhecimento e a mais dramática de nosso tempo é em relação à física quântica: a ideia dos cientistas nunca foi produzir a bomba atômica, mas a contrariedade frequenta permanentemente essa visão dialética entre conhecimento e aquilo que vai se fazer. Porque a arquitetura como forma de conhecimento sabe dizer que, se não sei exatamente como fazer aquilo, sei perfeitamente o que não deve ser feito. Um dos paradigmas da arquitetura, no sentido de ocupação do território para torná-lo habitável, é evitar o desastre.

Certa vez você se referiu à sabedoria da construção das catedrais góticas como um exemplo disso. ■ Sim. O exemplo mais dramático da história da humanidade talvez seja o empilhamento maravilhoso das catedrais góticas, feitas de pedras sobre pedras. Pedra sem nenhum adesivo, sem nenhum cimento. É só a geometria que contraria as leis inexoráveis da natureza. Aquilo que faz a pedra cair é justamente a força que mantém, com a geometria adequada, as pedras em pé em uma catedral. Há quem diga, com muita propriedade, que as palavras estão para um literato, um poeta, um escritor, como as pedras estão para uma catedral. Construir um raciocínio com as palavras é arrumá-las de maneira construtiva. Isso para alimentar uma divagação em torno da ideia de projeto.

Já que o objetivo da arquitetura é, como você defende, "evitar o desastre", seria agora a arquitetura mais do que nunca uma ferramenta civilizatória no debate que surge diante de um país cindido, em crise e com falta de rumos? Como vê o Brasil hoje? ■ O que se vê na América, e muito particularmente neste grande território que é o Brasil, é a falta de planejamento fundamental. Isso envolve transformação da natureza. É necessário planejar, por exemplo, no campo particular do território americano, o sistema de navegação pluvial. Há que fazer as ligações desejadas do Atlântico com o Pacífico. Hidrovias e ferrovias, com certeza. O que traria grande progresso para a América Latina e principalmente à ideia implícita de que não teríamos que invadir outros países porque os rios saem de um país e atravessam outro, e essas ferrovias também assim o fariam. Um planejamento que exige parceria entre vários países. A aplicação do conhecimento humano sobre nossas ações são instrumentos da construção da paz na América Latina, da construção da solidariedade entre os povos. A falta desse planejamento básico faz com que a iniciativa industrial, de modo geral, seja liberada para uma simples especulação mercantilista, o que só pode resultar em desastre, haja vista a cidade de São Paulo. Basta observar o que aconteceu com as águas aqui e o desastre do sistema de transportes. O que se vê é degenerescência, o mau uso ou o uso errático das virtudes do conhecimento.

Sim, porque gasta-se muito dinheiro para fazer algo e depois se destrói ou se abandona isso tudo. ■ Uma constatação interessante é considerar as virtudes da verticalização. Na medida em que concentra a população, ela favorece o transporte público e a convivência das pessoas. Eis o quadro da cidade moderna: adensada, concentrada. O conhecimento da mecânica dos solos, a invenção do elevador... O que se podia chamar de moderno em relação aos novos tempos, a verticalização, não pode ser imaginada para ser aplicada sobre a matriz anterior, que são os pequenos lotes feitos para construir casinhas. Portanto, você tirar uma casinha aqui e fazer um prédio e tirar outra casinha acolá e fazer outro prédio só pode dar em grande desastre. É aplicar o novo na matriz antiga. Para verticalizar é preciso recompor o desenho do território. Foi o que aconteceu na implantação do edifício Copan, que contempla o espaço do pedestre e o espaço do solo urbano na sua fruição, tornando público o chão do pedestre. É o que não aconteceu na avenida Paulista. O único quarteirão da avenida Paulista onde você pode flanar, passear, é o quarteirão do Conjunto Nacional, porque esse projeto foi feito em uma quadra inteira. Ali ficam evidentes as virtudes de se possuir um largo espaço e transformar a questão básica da nova implantação de edificações em uma cidade contemporânea. O grande tema da arquitetura não é o edifício como fato isolado, mas sim a construção da cidade.

Trata-se de percepção do que é espaço público e espaço privado, não? ■ Há uma arquitetura que ofende, que agride a convivência cotidiana do cidadão, porque a cidade foi feita principalmente para que possamos conversar uns com os outros. A cidade é sempre, por si, uma universidade, uma escola. Um arquiteto, diante do conceito de espaço, deve se obrigar a ver que não há espaço privado. Se é espaço, já é por si público.

Certa vez você falou que "o condomínio fechado é o ovo da serpente". A arquitetura de especulação imobiliária reduziu a arquitetura a uma simples questão de metros quadrados de quarto, banheiro, terraço gourmet, guarita de segurança? ■ Sim, esses são exemplos claros de degenerescência do que poderia ser a dimensão atual do homem. Esses edifícios de até trinta andares com terraço gourmet em cada unidade parecem churrascos gregos em que se empilham carnes e se tiram fatias. Para um homem urbano, a graça do churrasco não é comer carne feita na brasa, mas sim frequentar uma churrascaria, conviver com o outro. O tal terraço gourmet é uma anedota. É como uma piscina diante da praia e do mar. É uma coisa ridícula.

Gostaria de seu comentário sobre aquela imagem, muito divulgada na imprensa, da família de favelados que assiste, do morro, à abertura das Olimpíadas no Maracanã. Essa imagem define o Brasil de hoje? ■ Define e muito bem. Porque naquele instante, aquilo que era tido como precário, a favela, mostra-se extremamente virtuoso. São as famosas lajes, alugadas para turistas no réveillon. São as contradições que revelam a maneira errática como tudo isso evoluiu diante das idiossincrasias da especulação imobiliária. Como é mais dispendioso construir em algo que não seja horizontal, abandonaram as encostas, que foram ocupadas pelas favelas. No fundo, é casa-grande e senzala. Aqueles edifícios feitos para a classe mais abastada não funcionariam sem o contingente serviçal de porteiros, faxineiros, babás. Então foi concedida, como se ninguém estivesse vendo, aquela ocupação que acabou configurando esse quadro que você descreveu. É uma imagem deliciosa em suas contradições porque ela nos faz ver agora, com as lajes, o quanto é invejável morar na favela. Sob certos aspectos, é claro.

O aspecto da paisagem basicamente, não? ■ Do desfrute do horizonte, sim. Porque a questão do banditismo que está se passando lá é outra questão. Degenerescência, aliás, que acontece em qualquer edifício burguês também. Degenera por dentro, aqui ou ali, na favela ou no prédio de alto padrão. O problema não está na localização, mas no comportamento. A questão é de civilização. Hoje tudo isso vem à luz com muita clareza. Você vê a dificuldade da Europa em construir, em estruturar bem aquilo que ela mesma se propôs e não está conseguindo: a União Europeia. É uma questão de civilização como um projeto para ser construído e não algo que possa haver por si. Não é à toa que nunca se falou simplesmente em paz, mas sempre se fala em construção da paz. Porque essas supostas virtudes que imaginamos para nós jamais aconteceriam naturalmente. São projetos humanos.

Você é o arquiteto brasileiro mais premiado de todos os tempos. Esse reconhecimento internacional a seu legado arquitetônico pode ajudar a restaurar, preservar e manter íntegros os projetos que construiu? ■ Eu não tenho nenhuma responsabilidade pelo fato em si das premiações. Eu só fiz o meu trabalho. Se há um argumento para me sentir feliz com essas premiações é que a decisão é do outro. E isso, para quem, como eu, trabalha há quase 70 anos, não deixa de ser estimulante. Eu nasci em 1928 e trabalho desde os 20 anos. É estimulante você pensar que o seu trabalho pode continuar e contribuir para o conhecimento universal, como todos esses prêmios estão dizendo. O Leão de Ouro da Bienal de Veneza é um prêmio particularmente delicioso para os arquitetos, porque é a figura do leão alado que, além de estar na Piazza San Marco, é uma lindíssima quimera, animal mitológico que pode ser entendido como metáfora da invenção.

Seu trabalho falou por si e conquistou os prêmios. ■ São os outros que estão dizendo. A própria existência desses prêmios talvez seja uma questão interessante de cogitar, porque mostra que essas instituições sabem que é verdade aquilo que dizem os filósofos e que eu gosto muito: se cada um de nós sabe que vai morrer, no entanto sabemos também que não nascemos para morrer, que nascemos para continuar.

Isso abrange toda a produção humana. O homem produz para continuar, seja na obra arquitetônica, na obra literária... ■ Quaisquer formas de conhecimento, dos bailarinos, dos físicos, dos poetas, é política de ação humana. É o que se chama transmissão do conhecimento enquanto experiência, que é um privilégio do homem, essa concomitância entre consciência e linguagem. A linguagem foi inventada entre nós para dizer ao outro aquilo que acabei de perceber. Nos dias atuais, esse raciocínio mostra que é um absurdo transformar o ensino em mercadoria. Escola paga não pode existir. O ensino tem que ser grátis, o ensino tem que ser público.

Até porque o ensino público permite convivência entre diversas camadas da população. ■ É para todos. O acesso ao ensino precisa ser livre, porque é um privilégio do homem.

Você é um otimista? ■ Todo homem que trabalha imagina o êxito do que está fazendo. Isso não é otimismo: é uma condição humana. Se você bate com um martelo em um prego, você pretende que algo fique pregado. Mas, se bater no dedo, é o que chamamos de desastre. Se construirmos uma mesa, diremos que é um êxito. Portanto, é outro paradigma da arquitetura. Não há como dizer qual é o objeto da arquitetura. São infinitos os seus horizontes. Porém, por graça, pode-se dizer que é exibir o êxito da técnica.

E da arte, não? ■ Quando você diz exibir já está na dimensão da arte. Porque arte é seduzir o outro. Portanto, você tem que usar na linguagem da forma algo sedutor. Essa é a dimensão artística que inventa a linguagem. Nós estamos condenados a transformar ideias em coisas. Se a ideia está em sua mente, ninguém pode ler isso a não ser que se transforme em uma coisa. Entendendo que o poema também é uma coisa, que deve estar escrita com palavras.

Você diz que a arquitetura deve amparar a imprevisibilidade da vida, e que ela não é feita para determinar o que você deve fazer. Como vê essa declaração de princípios na supremacia da liberdade de pensamento e ação nesta época em que cada vez mais se acirram ideias sectárias? Como vê o recrudescimento do pensamento totalitário hoje no Brasil? ■ O século XX, como já disseram grandes historiadores da atualidade, foi um século de horrores. O que se espera é que esse tipo de antagonismo, por experiência, não se repita mais naquilo que se chama projeto do homem. A repetição daqueles horrores só mostra a urgência da convivência entre nós, diante da consciência de que somos todos habitantes do planeta Terra. Quando se fala em amparar a imprevisibilidade da vida, quero relativizar a ideia de funcionalidade e os programas que se fazem para este ou aquele edifício funcionar. Quero relativizar a ideia de que aquilo seja uma forma que vai se tornar, no edifício construído, um modo inexorável de viver. Quando você faz uma casa, nunca pode dizer que é para aquela determinada pessoa. Isso é só um argumento inicial, porque amanhã a casa poderá ser de qualquer outro.

Você concorda que o recente vandalismo ao Monumento às Bandeiras demarca o surgimento dos neotalibãs, que querem a destruição dos símbolos mesmo que estes sejam patrimônios culturais da população? A condenação dos bandeirantes como escravagistas de índios, análise histórica mais do que correta, justificaria a agressão a essa obra artística? ■ Não parece uma ação política digna do conhecimento atual que se tem sobre as ações políticas. O vandalismo, de modo geral, já é uma atitude retrógrada. Pode-se ficar de acordo com o significado do ato, mas em desacordo com a forma como ele foi feito. Porque aquele ato foi um desprezo muito grande pelo trabalho do outro, do escultor que fez aquilo. O problema não é ficar contra a ideia do ato, mas ficar contra essa forma de exprimir ideias hoje. É má política.

O protesto podia ser feito, com foto do monumento modificada digitalmente, por exemplo, e distribuída amplamente na internet. Algo que exprimisse a necessária defesa dos direitos indígenas, mas não atentasse contra a obra

de arte de Brecheret. ■ Claro. A gente fica chocado quando vê que alguém pode ter coragem de fazer aquilo com algo que um artista esculpiu meticulosamente na pedra, durante anos. Feito de pedra porosa, frágil. Jogar tinta nesse monumento é arriscar que a tinta não saia ou que ela saia com prejuízo do monumento. No Rio de Janeiro, por exemplo, picharam o Museu Nacional de Belas Artes, na frente do Teatro Municipal. Todas aquelas guarnições são de granito e nesse material há uma absorção daquelas tintas vagabundas que não saem nunca mais. É uma grande tolice fazer isso. Melhor se organizar politicamente para ter voz junto às instituições. Buscar ações que possam ter mais efeito na república. Vejo como altamente positivas, por exemplo, as ocupações de prédios desabitados. Algo que faz parte da transformação da cidade: novos usos para a mesma coisa, diante da urgência da questão habitacional. Ocupação não é destruição, é reutilização. Um edifício precisa ter utilidade, ter uma função desejada por todos.

Este livro foi composto com tipografia Bembo e impresso
em papel Off-White 90g/m² na gráfica Assahi.